本书受到"北京大学国家发展研究院腾讯基金"资助

北京大学国家发展研究院智库丛书
主编 黄益平

# 金融管制

## 理解中国的金融改革与经济增长：1979-2008

Financial Repression

Financial Reform and Economic Growth in China: 1979-2008

王勋 著

中国社会科学出版社

# 图书在版编目(CIP)数据

金融管制：理解中国的金融改革与经济增长：1979-2008 / 王勋著. —北京：中国社会科学出版社，2018.12
（北京大学国家发展研究院智库丛书）
ISBN 978-7-5203-3614-7

Ⅰ.①金… Ⅱ.①王… Ⅲ.①金融改革—研究—中国—1979-2008 Ⅳ.①F832.1

中国版本图书馆CIP数据核字（2018）第273245号

| | |
|---|---|
| 出 版 人 | 赵剑英 |
| 责任编辑 | 王 茵 |
| 责任校对 | 朱妍洁 |
| 责任印制 | 王 超 |

| | |
|---|---|
| 出　　版 | 中国社会科学出版社 |
| 社　　址 | 北京鼓楼西大街甲158号 |
| 邮　　编 | 100720 |
| 网　　址 | http://www.csspw.cn |
| 发 行 部 | 010-84083685 |
| 门 市 部 | 010-84029450 |
| 经　　销 | 新华书店及其他书店 |
| 印　　刷 | 北京明恒达印务有限公司 |
| 装　　订 | 廊坊市广阳区广增装订厂 |
| 版　　次 | 2018年12月第1版 |
| 印　　次 | 2018年12月第1次印刷 |
| 开　　本 | 710×1000　1/16 |
| 印　　张 | 20.25 |
| 插　　页 | 2 |
| 字　　数 | 235千字 |
| 定　　价 | 86.00元 |

凡购买中国社会科学出版社图书，如有质量问题请与本社营销中心联系调换
电话：010-84083683
**版权所有　侵权必究**

# 序　言

　　中国金融改革和经济增长的实践中，产生了两个有趣且相互联系的研究问题：一是，尽管扭曲性的金融管制仍然普遍存在，但是中国的金融体系在数量和规模上已经取得了较快的发展；二是，金融管制的同时，中国实现了良好的宏观经济绩效。本书尝试运用非对称的市场化改革视角，解释中国金融改革的独特模式：在金融体系构建与金融市场规模扩张的过程中，保持并审慎降低对金融体系的管制程度。

　　理解金融政策对中国经济改革和增长的特殊作用是本书的主要目的。通过回顾金融改革的进程，评估金融改革取得的成效和面临的挑战，我们发现，中国金融改革总体上注重框架和数量，而在改善金融监管和开放市场方面较为薄弱。我们可以将改革以来金融部门的演进分为四个方面：（1）发展金融框架和体系，如中央银行和股票市场的建立和发展；（2）扩大金融活动，如金融机构数量和金融资产规模的增加；（3）金融机构重组，如国有商业银行改革；（4）金融市场开放，如取消利率限制，开放市场竞争。

　　我们可以将前两个方面归于数量变化，后两个方面归于质量变化。我国金融改革总体表现出明显的注重数量扩张而轻视质量改进的特征。我国在较短的时间内建立了一个几乎包含所有类型的金融机构和金融中介的综合金融体系。同时，对金融价格、金融机构行为和金融市场功能施加重要影响的政府干预很严重，也很普遍。由于间接金融比直接金融更易于进行政府干预，我国银行业的发展要远快于资本市场的发展。

金融部门发展模式的深层次根源在于政府非对称的市场开放措施（Huang，2010a；2010b）。产品市场基本放开，然而，要素市场，尤其是资本市场，仍存在严重扭曲。这些扭曲普遍抑制了要素价格，降低了生产成本，同时也导致了严重的结构失衡。这些扭曲如同对生产者、投资者和出口商给予补贴，以促进生产、出口和快速的经济增长。换言之，政府采取了选择性的政策扭曲以更好地实现政策目标。

为实现经济快速增长，政府在发展金融部门，快速扩张金融资产总量的同时，继续保留金融抑制的政策。原因在于：第一，政府担心市场完全开放会导致较大的市场波动和金融风险；第二，政府可以采取金融抑制政策，直接将金融资源分配到优先发展的行业；第三，受抑制的资本成本（如扭曲的利率和汇率），至少在短期内促进了投资和出口。如果没有金融抑制政策，中国可能不会在金融危机期间实现强劲的经济增长。

抑制性的金融政策和强劲的宏观经济增长并存，意味着金融管制政策并没有严重损害宏观经济。过去的40年中，中国的经济和金融状况要比那些经历了较激进的金融开放进程的发展中国家更加稳定。这至少在一定程度上归因于金融抑制政策（Stiglitz 2000；Li 2001）。特别是如果政策的明确目标是追求经济快速增长，那么在金融抑制下采取的资金分配方式是有效的。从这个意义上看，金融抑制政策并没有损害中国经济增长的活力。

实证分析得出了两个有趣的结论：第一，金融管制指标表明，改革开放以来，中国金融体系经历了渐进且稳定的金融市场化进程。第二，20世纪80—90年代，金融管制政策对经济增长有显著的促进作用（斯蒂格利茨效果），而进入21世纪后，金融管制表现出显著的阻碍作用（麦金农效果）。这意味着，政府在利用金融抑制政策促进经济增长方面取得了较大成功。然而，继续采用金融管制政策将会影响经济增长效率[①]。

金融管制政策对经济增长先促进然后阻碍的效果，与中国的金融改革密切相关。中国在较短的时间内建立了综合的金融体系，以金融资产与GDP的比例或者以M2与GDP的比例衡量的金融规模快速扩张。然而，中国的金融体系仍以国有银行为主导，政府干预在贷款资金配置上仍有显著效果。国有企业以较低的融资成本，优先得到贷款。由于国有企业整体效率低下，大量金融资源流入国有部门导致的后果是，贷款效率低下，不良贷款率提高。同时，有前途的项目以及较有活力的中小企业却面临融资难的问题。这种偏重规

---

① 数据说明：受数据可得性所限以及考虑到金融危机等外生结构性影响，本书中的实证分析采用的数据为2008年前的数据。构建金融管制指标用到的金融机构向私有部门贷款的比重数据，《中国金融统计年鉴》2008年后不再公布；省级面板数据中国有银行各省贷款比重数据《金融统计年鉴》2005年后不再公布，《中国市场化指数》一书中的相关数据2008年后统计标准发生变化，与之前指标不再可比。同时，2008年全球金融危机对中国造成较大冲击，加之随后出现的大规模经济刺激计划，也可能会对参数估计造成结构性影响。然而，作者认为，采用2008年之前的数据研究中国金融管制对经济增长的影响，仍不失一般性。更重要的是，在市场环境和信息条件日益改善的背景下，金融管制造成的信贷资源扭曲对经济效率的损害只会进一步增强。因此，实证分析所得结论，仍然对当前中国推进供给侧结构性改革，尤其以消除金融扭曲作为突破口增加金融有效供给以提升资源配置效率，具有重要的政策参考意义。

模和框架，轻视质量和效率的金融改革，尽管在短期内有利于经济增长，从长期来看，却制约着金融资源的效率，损害经济增长的可持续性。

相对于金融结构而言，中国的金融规模明显偏高。以广义货币占GDP的比例衡量的金融规模不但高于新兴经济体，也高于发达国家。畸高的金融规模的根源正在于中国的金融管制。政府采取金融抑制政策，压低了实际利率，相当于利用居民家庭部门补贴企业部门，以较低的融资成本支持特定产业和部门发展以促进经济较快增长。然而，以投资和出口驱动的增长模式中，难有充足的资源支持和建立相对完善的社会保障体系。居民出于养老、医疗、子女教育等方面的考虑，必须压缩消费，增加储蓄。由于中国资本市场不完善，金融资产结构较为单一，可供选择的金融资产种类较少，对于居民和企业而言，银行储蓄自然地成为了安排金融资产的主要渠道。这两方面的原因，造成了中国货币化率过高的事实。

在金融管制损害经济效率，阻碍经济增长的效果越来越显著的情况下，积极稳妥地推进金融市场化，进而坚定扩大金融开放具有现实的必要性。中国目前具有良好的改革条件：健康的财政金融状况，充足的外汇储备，不断改善的资产质量和金融监管，以及中高速的经济增长等。同时，人民币长期面临升值压力，资本项目管制的有效性不断降低，资本项目管制成为抑制经济增长的主要因素之一，都意味着进一步推进金融市场化改革与金融开放势在必行。

总之，金融管制的成本在显著增加。尽管金融管制政策在过去有助于经济金融稳定，但是现在已日益成为不稳定的根源。尤其是2012年经济进入常规增长以来，扭曲性的金融管制政策造成的金融风险已显著增加。金融危机期间中国的资本市场承受了地方政府大规模的债券和商业银行大规模的贷款。金融抑制造成的金融有效供给不足催生了影子银行和互联网金融的无序扩张。这些很可能会增加将来的财政和金融风险。更重要的是，金融管制政策的负面效果已经开始延续，试图继续通过管制资金的价格与配置来稳定金融的努力，不但会降低效率，同时还会增加风险。金融管制政策也已经成为其他重要政策的障碍。例如，扭曲的资金价格和金融结构使得国有企业杠杆率上升而民营企业杠杆率下降。资本项目管制也是政府推进金融开放和将上海打造成国际金融中心的主要障碍。因此，进一步推进金融市场化改革和开放，已成为当前政府面临的重要任务。

# 目　录

第一章　导论 ·································································· (1)
　　一　有关中国经济增长的几种解释 ······························ (2)
　　二　中国金融部门的发展：增长与抑制并存 ················ (5)
　　三　研究的主要问题 ················································· (6)
　　四　研究的主要结论 ················································· (11)
　　五　章节结构安排 ···················································· (15)

第二章　金融与经济的关系 ··············································· (18)
　　一　金融发展与经济增长 ·········································· (19)
　　二　金融结构与经济增长 ·········································· (25)
　　三　金融抑制与经济增长 ·········································· (31)
　　四　金融开放与资本项目自由化 ································ (39)
　　五　有关中国金融体系与经济增长的研究 ·················· (46)

第三章　非对称的中国金融改革 ········································· (57)
　　一　中国金融改革的总体特征 ···································· (57)
　　二　银行业的发展和改革 ·········································· (61)

三　金融市场的发展 …………………………………………（75）
　　四　货币政策和金融监管 ……………………………………（93）
　　五　汇率制度和资本项目改革 ………………………………（108）

**第四章　中国金融管制的理论与衡量** ……………………………（118）
　　一　引言 ………………………………………………………（119）
　　二　理论模型 …………………………………………………（121）
　　三　数据及各变量指标的构建 ………………………………（125）
　　四　中国金融管制综合指标的测算 …………………………（134）
　　五　结论及政策含义 …………………………………………（138）
　　附录1　各变量的统计性描述 ………………………………（140）
　　附录2　政府政策与政府收入 ………………………………（141）

**第五章　中国的金融管制与经济增长** ……………………………（143）
　　一　问题提出 …………………………………………………（144）
　　二　金融监管对经济增长的影响 ……………………………（147）
　　三　稳健性检验 ………………………………………………（154）
　　四　增长效应改变的机制探讨 ………………………………（157）
　　五　结论 ………………………………………………………（162）
　　附录 ……………………………………………………………（164）

**第六章　中国金融规模、金融结构与经济增长** …………………（170）
　　一　问题提出 …………………………………………………（171）
　　二　金融发展的界定及假设检验 ……………………………（173）

三　数据及变量描述 …………………………………（176）
　　四　计量模型设定 ……………………………………（179）
　　五　经验分析与稳健性检验 …………………………（182）
　　六　最优金融规模 ……………………………………（190）
　　七　结论及政策含义 …………………………………（192）

**第七章　中国金融规模快速增长的原因** ………………（194）
　　一　问题提出 …………………………………………（195）
　　二　指标构建及数据描述 ……………………………（197）
　　三　模型设定及经验分析 ……………………………（202）
　　四　稳健性检验 ………………………………………（208）
　　五　结论及政策含义 …………………………………（214）

**第八章　中国的金融开放** ………………………………（217）
　　一　人民币国际化的现状、条件及改革 ……………（218）
　　二　中国资本项目管制以及有效性 …………………（229）
　　三　资本项目管制对经济增长的影响 ………………（268）

**参考文献** …………………………………………………（280）

**后记** ………………………………………………………（306）

# 第一章

# 导　论

改革开放以来，中国经济改革奇迹与谜题并存。尽管中国经济保持了40年的高速增长，然而，中国的经济体系仍然在很多方面与传统经济学理论所描述的"良好的经济体系"的特征不同，如市场体系不健全、产权界定不明晰、金融部门受抑制、货币政策不独立等。这些扭曲与高增长并存，使得中国的发展经验成为诸多学术研究的主题之一。

本书研究的中心主题为中国的金融改革及其对经济增长的影响。自实施改革开放政策以来，中国经济保持了40年的高速增长。与此同时，中国的经济体系却仍然呈现典型的金融管制的特征，如受管制的低利率体系、政府对信贷决策的影响、较高的法定准备金率、较严格的资本项目管制等。与中国相比，许多新兴市场经济的金融改革更为彻底，但增长速度反而要慢一些。这就引出了金融自由化是否是高速增长的必要条件的疑问。回答这个问题对中国同样重要，即中国金融管制的政策是否真的阻碍了经济增长？如果在存在金融管制的情况下，中国依然能够取得良好的经济绩效，是否仍有必要放松金融管制，进一步推进金融自由化呢？

## ◇ 一 有关中国经济增长的几种解释

以市场为导向的经济改革取得了巨大成功,极大地促进了经济增长(Naughton,2004;Brandt and Rawski,2008)。改革不但极大地改善了居民的生活条件,而且扭转了中国改革之前长期的衰退趋势,并使中国成为推动世界经济增长的重要引擎。中国的经济增长正影响着世界经济的重心不断向发展中国家,尤其是亚洲的新兴经济体倾斜。

在历史上,中国曾保持过长达2000多年世界上最大经济体的地位。自18世纪以来,由于国内战争和西欧工业革命的兴起,中国的经济地位开始迅速下降。中华人民共和国成立以来,由于实行中央计划经济政策,资源配置效率低下,严重挫伤了生产的积极性和创造力。随后的"文化大革命"几乎将国内经济推到了崩溃的边缘。按照购买力平价(Purchasing Power Parity,PPP)衡量,中国经济总量占世界经济的份额已从1820年的32.9%大幅下降为1977的4.0%(Maddison,2006)。

改革开放以来,中国经济突飞猛进,国民生产总值(GDP)保持着年均10%的增长速度。到2010年年底,以美元计价的用市场汇率衡量的中国经济总量已经超过日本,中国成为世界第二大经济体。按照不变价格计算,中国的经济总量比改革开放之初提升了20多倍。强劲的经济增长在国内外产生了显著影响。国内数亿人摆脱了贫困,人民的生活水平不断提高。中国已经成为世界上水泥、汽车等多种产品最大的市场,其消费和生产的市场份额对世界市场产生了显著影响。中国的经济增长和经济地位的提高对世界经济产生了重要作用。一些学者甚至提议中国和美国成立 G2,共同商议世界经济事务(Bergsten,2007;Zoellic and Lin,2009)。

中国如何在过去 40 年间取得如此显著的经济成就,是大量文献研究的主题。经济学家提出了不同的观点,解释中国的经济增长现象。主要包括如下观点。

(1)采用符合本国比较优势的发展战略(林毅夫、蔡昉和李周,1995):以前优先发展资本密集型的重工业,违背了比较优势理论,导致了较差的经济绩效。而取代违背比较优势的战略,发展符合本国比较优势的行业,提高了资源配置的效率,促进了生产效率的提高。

(2)计划体制外的边际突破(Naughton,1995):在保持原来计划体制不变的同时,为非国有部门的发展提供空间和机会。非国有部门的引入和发展,促进了市场竞争。优胜劣汰的竞争机制,激励微观主体不断改善经济管理,采用先进技术,提高了整个经济的创造力和生产效率。

(3)回归东南亚经济发展模式(Sachs and Woo,2000):中国的经济改革并不是所谓的制度创新,而是亚洲新兴经济体成功经验的复制。抓住上游国家产业转移的机遇,积极发展外向型经济,吸引外资,不断推进产业升级和技术进步。

(4)双轨制改革的引入(Fan,1994):双轨制改革是各利益方都会得到帕累托改进的有效机制，因此改革迅速获得了政治支持，得以顺利进行。

（5）交易成本的下降（周其仁，2010）：改革期间中国经济的高增长，并不是主要依靠有竞争力的生产成本，而是主要依靠交易成本的迅速下降和生产效率的提高。

（6）非对称的产品和要素市场自由化（Huang，2010a；2010b）：产品市场的自由化，促进竞争和市场效率的提高。长期存在的要素市场价格扭曲，进一步降低了生产成本，提高了产品的国际竞争力，促进了经济增长。然而不容忽视的是，要素市场的扭曲也加剧了结构性失衡。

理解和总结中国经济转型和增长的经验，对于指导今后的经济发展有重要意义。应该指出的是，经济学家对中国经济增长的解释，分别强调了改革影响经济增长的不同机制。虽然观点有别，但是并非相互矛盾，而是关注了同一改革进程中的不同方面。这些解释都从不同的角度强调了从计划经济体制向市场经济体制转型的重要性。

同时，多数学者认为中国的市场改革尚未完成。产品市场的价格形成机制已由市场供求决定，基本实现了自由化；然而要素市场，包括劳动力、资本、土地和资源等，其价格仍然存在较大程度的扭曲。以金融市场为例，中国的经济体系仍然呈现典型的金融管制特征，如受管制的低利率体系、政府对信贷决策的影响、较高的法定准备金率、较严格的资本项目管制等。中国的金融自由化不但滞后于国内产品市场的自由化，而且也滞后于许多其他发展中国家的金融改革。

## ◇◇ 二 中国金融部门的发展：增长与抑制并存

改革开放以来，中国金融部门发展迅速。40年前，中国几乎不存在真正意义上的金融部门（Huang，2001）。而现在，中国已经建立起了相对健全的金融体系。银行、证券、基金和保险等金融机构种类和数量不断增加。中国的金融深化程度得到了显著提高。一个简单而有用的关于测算金融深化程度的比例是广义货币与国内生产总值的比例（M2/GDP），该比例已经从1978年的32%跃升至2017年的203%，已经超过多数发达国家和发展中国家，居于世界高位。同样，包含金融机构贷款、债券、股票等在内的中国国内金融资产总量与GDP的比例也得以显著提升。金融资产总量和金融资产支持的实体经济规模得到了迅速增长。

然而，中国的金融部门依然存在典型的金融管制特征（黄益平和王勋，2010a）。存贷款基准利率仍由中国人民银行设定，政府干预对贷款决策产生重要影响，国有银行在银行体系中占有主导地位，资本账户依然没有开放。总结中国金融改革的历程，可以发现，中国金融改革总体上注重框架和数量，而在改善质量和效率方面较为薄弱。

金融管制理论认为，健全的金融体制能够有效地动员储蓄，合理配置稀缺的金融资源，有助于企业家创新，从而促进经济发展

(Schumpter，1911)，而受压抑、缺乏效率的金融体系则会束缚金融发展，不利于经济增长（McKinnon，1973；Shaw，1973）。这一传统理论的政策含义非常明确：为促进经济的可持续增长，实施金融管制政策的发展中国家应该积极推进金融深化，放弃抑制性的金融政策，解除对金融资产价格的不适当管制，实行以市场利率为核心的金融自由化政策。

20世纪70年代以来，货币和金融自由化的改革也给一些国家带来了相当严重的经济和金融危机，如20世纪70年代的阿根廷、智利和乌拉圭，80年代的菲律宾和土耳其，1997年的亚洲金融危机等。针对这些现象，有些学者认为不断出现的金融危机与发展中国家的金融自由化有密切关系（Stiglitz，2000）。他们认为金融自由化对新兴市场经济的利弊得失的影响需要重新认真评估。Hellman，Murdock和Stiglitz（1997）提出的金融约束理论则认为发展中国家金融市场不发达，信息不对称问题严重，采取约束金融发展的政策，有利于发展中国家的效率改善和经济发展。

## ◇ 三 研究的主要问题

普遍金融管制和强劲的经济增长并存的事实，自然提出了如何评估金融市场化改革对经济增长的影响，以及如何进行金融市场化改革的问题。回答这一问题，将是本书的重要内容。更具体地，为了客观地评估中国的金融改革，本书将分别考察以下问题：（1）中国金融市场化改革和金融发展的主要特征是什么？（2）政策制定者为什么采取这样的金融政策？（3）金融市场化和金融管制是如何影响中国宏观经济绩效的？（4）目前的金融管制政策潜在的风险和成本是什么？（5）中国是否应该推动并完成金融市场化改革？如果是，什么时候完成，如何完成？

本书将采用非对称的市场化分析框架，研究中国金融改革对经济增长的影响。理论上，中国金融管制与经济增长并存的现象可以从多个角度进行解释。首先，在市场竞争不充分、信息不完善的环境中，采取利率管制、信贷配给等金融约束的政策，有利于实现帕累托改进。Stiglitz 和 Weiss（1981）考虑了不完全信息，认为提高抵押品要求和提高利率会引致借款者投向风险更高的项目，挤压安全的投资者，从而提高银行贷款组合的风险。在这种情况下，对银行部门进行利率管制和信贷配给是合理的选择。Hellmann 等（1997）在动态道德风险的模型里，发现竞争会破坏银行的理性行为。如资本金要求会导致帕累托低效的结果。如果增加存款利率管制有利于谨慎投资，那么这种监管工具会带来更好的效果。在不完全信息的环境中，发展中国家采取金融约束的措施，有利于效率改善，促进增长。

其次，包括中国在内的发展中国家的经济制度不够完善，不足以应对伴随金融市场化而存在的外部冲击。例如，开放经济体的经济稳定性和收入水平之间很可能存在"U"形关系（Kose et al.，1999）。在经济发展的早期，快速金融自由化会给经济带来较大的外部冲击，影响宏观经济的稳定性。此时快速金融开放对经济增长来说，成本可能大于收益。

最后，尽管金融市场化会促进效率提高，增强宏观经济的稳定性，但是可能存在一个改革的最优次序问题（McKinnon，1973）。例如，在国内金融机构取得较好的经营质量和绩效之前，放开本国的资本账户经常会导致金融危机。因此，金融自由化应该关注改革的前提条件，遵循最优次序（Fry，1997）。

中国的金融改革对经济增长的作用如何？中国改革开放以来的金融管制是阻碍还是促进了经济增长？笔者试图在下面的章节中逐一回答这些问题。在回顾文献的基础上，首先综合分析中国金融管制的特征，具体地量化反映金融管制的六个政策变量，即实际利率变量、利率管制强度、法定准备金率、资本账户管制强度，以及国有部门分别在银行贷款和存款中的比例。在此基础上采用主成分分析构建中国金融管制指数。然后利用1978—2008年中国年度时间序列和省区面板数据分析中国金融管制和经济增长的实证关系。

金融管制影响经济增长的机制是什么？根据传统理论的观点，金融管制影响经济增长的主要途径是，金融管制通过影响金融规模和金融结构，进而对经济增长产生影响（Arestis and Demetriades，1997，1999；Levine，Loayza and Beck，2000；Ang and McKibbin，2007）。在市场导向的经济中，金融部门的发展可以有效动员储蓄，识别有前途的投资项目，提高资金的利用效率，为经济活动提供便利，扩大经济规模。而金融管制政策，直接阻碍了金融部门的发展，限制了金融部门提高经济资源使用效率的功能，严重损害了金融资源的使用效率，增加了整个经济的生产和运行成本，因而阻碍了经济增长。贷款的所有制偏向，金融机制中国有金融机构主导，是中国金融管制的重要特征。改革开放以来，金融规模在不断扩大，而国有金融机构主导的金融结构却变化缓慢。由于金融管制政策的存在，随着金融规模的扩大，政府可以将有限的金融资源分配到优先发展的部门，因此，金融规模的扩大有利于改革初期的经济增长。然而，国有金融机构在金融体系中占据主导地位，因此，不断增加金融资源主要被用于服务国有部门。由于国有部门效率偏低，随着市场竞争和信息越来越充分，金融规模的扩大由于扭曲的金融结构会不断造成效率损失。

近年来，中国金融市场逐步开放，金融规模随着实体经济的增长不断扩大。自 2002 以来，以 M2/GDP 衡量的金融规模始终保持在150%以上。与此同时，中国金融结构也在逐渐变化，外资银行全面经营人民币业务促进了银行业之间的竞争，中小银行的设立，在一定程度上缓解了中小企业贷款难的问题。金融规模的扩大可以有效动员储蓄，金融结构的合理变化促进了资源配置效率的提高。在经济全球化的背景下，金融在经济发展过程中的地位会越来越重要，如何引导金融规模适度发展，合理调整金融结构，降低金融系统的风险，从而更好地发挥金融的服务功能，将是影响经济长期可持续发展的关键问题。那么，中国金融规模的扩大和金融结构的变化，是否显著影响中国改革开放以来的经济增长，将是本书接下来研究的问题。

中国的货币化率为什么如此之高？广义货币与国内生产总值的比例（M2/GDP）通常用来衡量一国的货币化率。改革开放以来，中国宏观经济的一个显著特征是货币供应量的高速增长。从1978年到2008年美国金融危机前，名义GDP年均增长16%，广义货币（M2）则平均每年增长22.5%，比名义GDP增长率高出6.5个百分点。广义货币增长率长期远远超过名义GDP增长率在其他国家也较为罕见。从国际比较来看，以M2/GDP衡量的中国货币化率不但高于其他新兴市场经济体，而且也超过了发达国家水平（见图1.1）。

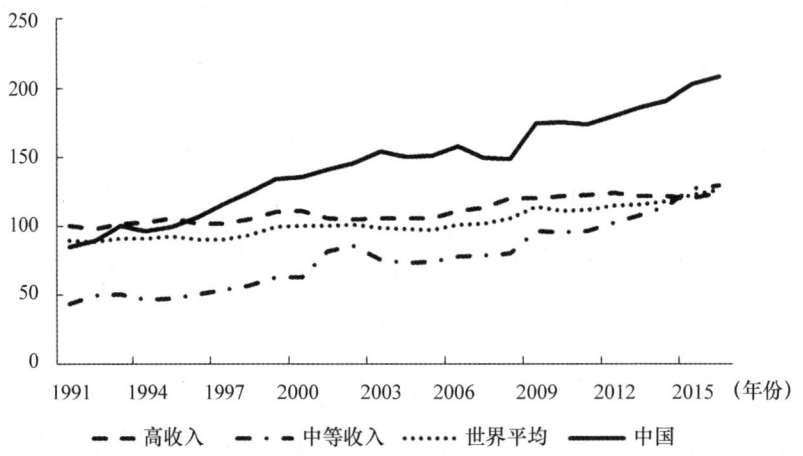

图1.1　中国广义货币/GDP与国际比较（1991—2015）

资料来源：国际金融统计（IFS）；CEIC。

中国畸高的M2/GDP受到理论研究和政府部门的关注，对此现象的解释也不断增多。较早的观点认为中国M2/GDP比例升高是经济发展要求的金融深化的必然结果。这种说法显然不能很好地解释与其他国家相比，中国货币化率提升过快的事实。也有观点从数比数量论出发，认为M2/GDP的比例偏高是由于货币流通速度下降所致，这样的解释有会计恒等式的循环论证之嫌。还有观点试图从银行不良资产、金融风险理论、政府控制等角度做出解释。然而这些观点并没有对高货币化率的事实提供一个完整合理的解释（汪洋，2007）。本书将采用跨国面板数据，试图从社会保障水平和金融资产结构的角度给出一个合理的解释。

## ◇ 四　研究的主要结论

本书对上述问题的研究得出了具有理论与政策意义的结论。

第一，改革开放期间，中国的金融管制指数不断降低，表明金融政策环境越来越自由。从具体数值上看，中国的金融管制水平已经从1978年的1，下降为2008年的0.58。尽管中国的金融自由化落后于许多新型经济体，也落后于中国的产品市场自由化，但是过去40年中国金融改革的步伐一直没有停下，到目前中国的金融自由化也已经走过了大致一半的路程。因此，中国改革开放以来的经济体制的一个重要特征并不是严重的金融管制，而是持续的金融改革。重要的是，近年来中国金融市场化的步伐在加快，从20世纪80年代的15.4%，90年代的16.4%上升到2000年以后的18.7%。

第二，改革开放期间审慎的金融市场化对经济增长有积极的贡献。根据年度时间序列和省区面板数据的估计结果，金融管制在改革后的前20年促进了经济增长，而1999—2008年金融管制却成为经济增长的显著障碍。中国仍然可以从金融自由化中获益。稳健性检验支持这些结论。我们也分析了金融管制对经济增长的影响机制，揭示了近年来限制经济增长的几个重要金融管制政策，如银行体系向国有部门贷款的比例、中央银行频繁的准备金率调整政策、利率管制措施、严格的资本账户管制等。研究结果表明未来这些领域的自由化改革有助于促进经济增长。

第三，目前金融规模扩张不利于经济增长，而改善金融结构，降低银行集中度，提高中小金融机构在银行业中所占的比重，会增加银行业内部的竞争，促进经济增长。直接融资对经济增长的作用尚不显著。稳健性的检验支持了此结论。笔者对金融规模对经济增长的负向影响进行了分析，结果发现，金融规模和经济增长并非简单的线性关系。一定的发展阶段和经济结构存在最优的金融规模。

第四，金融发展不只体现在金融规模量的扩张上，更重要的是金融结构的合理安排。研究表明，金融规模单纯量上的扩大并不利于经济增长，这一方面是由于中国融资决策的行政干预，另一方面也反映了中国金融结构有待改善。降低银行集中度，提高中小金融机构在银行业中的比重，会促进银行业之间的竞争，降低垄断程度，提高融资效率，促进经济增长。而直接融资市场还不健全，由于缺乏事后监督、公司治理结构不合理、融资自主性偏低等问题，其对经济增长的影响不显著。中国传统的投资和对外贸易两大因素依然是促进经济增长的主要因素。改善中国所有制结构，鼓励非公有制经济发展，合理降低国有经济在国民经济中的比重，有利于中国经济的高速增长。

第五，广义货币与国内生产总值的比值偏高是改革开放以来中国经济的显著特征之一。我们采用跨国面板数据，从一个新的角度解释了货币化率的计算和演进。研究发现，中国较高的货币化率与国内经济结构因素有关。其中，落后的社会保障体系和单一的金融资产结构是导致货币化率偏高的主要原因。实证结果表明，金融资产的多样化会降低经济发展过程中的货币化率。提高社会保障水平会降低人们的审慎性储蓄倾向，增加消费，从而降低经济的货币化率。这说明中国的货币化率过高，有着明显的社会经济结构因素。在经济高速增长的同时，社会保障水平并没有随之得到改善和提高，人们不得不为将来的医疗、养老以及其他不确定性进行储蓄，导致了较高的居民储蓄倾向。由于中国的金融资产结构相对单一，可供投资者选择的金融资产投资工具较少，银行储蓄则成了居民和企业安排金融资产的主要渠道。社会保障水平低下和金融资产结构单一，成为中国改革开放以来货币化率过高的主要原因。

第六，中国货币化率过高的事实揭示了中国经济结构失衡的问题。完善中国收入分配，加快社会保障体系建设，有助于提高居民的消费意愿，拉动内需并使之成为将来经济增长新的支撑点。促进中国金融资产种类多样化，加快股票、债券等资本市场建设，有利于优化国内的金融资产结构，提高金融资源的利用效率。在其他条件不变的情况下，社会保障体系建设和金融资产结构优化有助于适当降低中国的货币化率，接近并达到与经济发展相适应的最优金融规模，有助于改善经济结构失衡，减少对外部需求的过度依赖，从而转变经济增长方式，实现可持续的包容性增长。此外，本书的研究还有助于解释中国 M2 增长率长期高于

GDP 的实际增长率，而中国以 CPI 衡量的通货膨胀并没有出现较快上升的原因。由于中国社会保障水平较低，导致居民出于审慎考虑的边际储蓄倾向较高。金融资产结构较为单一导致银行存款成为居民和企业金融资产的主要选择。一方面，会造成货币的流通速度下降；另一方面，更重要的是，国民财富最终没有形成有效的消费需求，这样，就不难理解以消费物价指数衡量的通货膨胀率没有大幅上升的原因了。

第七，金融管制损害经济效率，在阻碍经济增长的效果越来越显著的情况下，积极稳妥地推进金融自由化，进而实现人民币国际化具有现实的必要性。本书分析了亚洲金融危机以来中国资本项目管制的有效性。我们发现在1999—2008年资本管制强度指数不断下降、外汇占款占广义货币（M2）的比例持续上升以及国内投资储蓄率相关关系稳步下降，这些都间接证明跨境资本流动明显增强。运用抛补利率平价方法直接检验资本管制的有效性，结果表明长期来看离岸和在岸利率之间存在稳定的协整关系，而短期来看用伦敦银行间美元同业拆借利率（Libor）测算的离岸收益率和上海银行间人民币同业拆借利率（Shibor）已经互为对方的导因，同时用美国国债收益率测算的离岸收益率也是中国央票收益率的导因。这些都证实中国资本项目管制起码已经部分失效。因此，政府应该尽快考虑有序地开放资本管制，培养企业和金融机构适应资本流动的能力，并以此降低宏观金融风险。资本账户管制对经济增长影响的研究表明，资本账户管制在20世纪八九十年代促进了经济增长，而2000年后，负面效果越来越明显，阻碍了经济的增长。

## ◇◇ 五　章节结构安排

第一章为导论。本章主要介绍本书关注的问题和研究目的，并简要总结本书的研究结果。本书将采用非对称改革的分析框架，研究金融管制与经济增长并存的现象，评析改革开放期间中国的金融改革。

第二章为金融与经济的关系。本章主要回顾金融体系与经济增长的相关研究文献。第一节介绍有关金融发展与经济增长的文献，第二节介绍金融结构与经济增长的文献，包括金融中介主导与金融市场主导的金融体系的争论，以及金融业结构与经济增长的相关研究。第三部分介绍与本书研究密切相关的两个重要理论，即Mckinnon-Shaw的金融深化理论和Hellmann等的金融约束理论。第四部分介绍金融开放与资本项目自由化。第五部分介绍有关中国金融体系改革与经济增长的研究。

第三章为非对称的中国金融改革。本章主要回顾中国改革开放以来的金融改革，并对改革成效做出评析。第一节介绍中国金融改革的总体特征；随后的章节分别介绍中国金融部门的改革：银行部门的发展与改革，包括国有四大商业银行改革、信用合作社和政策性银行的转型以及外资银行的引入；金融市场的发展，包括股票市场改革与发展、其他资本市场的改革、引入外部投资者以及市场参与者的多样化；中央银行、货币政策与金融监管，主要涉及货币政策的目标与工具，银行和金融市场的监管框架；人民币汇率改革以及资本项目开放。

第四章为中国金融管制的理论与衡量。本章旨在测度中国金融管制的程度。首先在 Roubini 和 Sala-i-Martin（1994）的基础上，将一部门的内生增长模型拓展为两部门的内生增长模型。通过引入金融部门，分析均衡增长路径上金融管制政策对经济增长的影响。通过衡量实际利率、法定准备金率、利率管制指标、资本账户管制指标、国有银行贷款比例和国有部门贷款比例六个指标，采用主成分分析的方法衡量构造综合指标，从而衡量中国金融管制的程度。在此基础上，用时间序列分析改革开放以来中国金融管制对经济增长的影响。

第五章为中国金融管制与经济增长。本章主要分析了中国金融管制与经济增长的关系。本章在构造中国金融管制指标的基础上，采用省区面板数据，详细分析了金融管制对经济增长的影响。主要内容包括引言、数据描述及计量模型的设定、全样本和分阶段回归的结果。为证明结果的科学性，将从指标构建、内生性、估计方法等角度考察结论的稳健性，并对金融管制对经济增长的影响机制做出分析和讨论。

第六章为管制下的金融规模与结构。本章旨在分析金融管制影响经济增长的一个主要机制，即金融管制通过影响金融规模和金融结构，进而对经济增长产生影响。本章将从金融规模和金融结构两个角度考察中国的金融发展，并分析金融规模与金融结构的变化对经济增长的影响。主要内容包括问题的提出、金融发展的界定及假设检验、数据及变量描述、计量模型设定、经验分析与稳健性检验、最优金融规模和结论及政策含义。

第七章为金融规模快速增长的原因。本章主要分析中国金融规模偏大（即高货币化率）的成因。在原有研究的基础上，提出一种新的解释，即从金融资产多样化及社会保障水平两个角度解释 M2/GDP 的决定因素。研究结论表明，较落后的社会保障体系和较单一的金融资产结构是造成中国 M2/GDP 比例偏高的主要原因。

第八章为中国的金融开放。本章主要介绍和评析中国金融体系对外开放的情况。第一部分在分析中国人民币可兑换程度的基础上，讨论推进人民币国际化的有利条件，并探讨实现人民币或计划的配套改革。第二部分研究中国资本项目管制的有效性。首先直接衡量中国资本管制以及资本流动的强度，包括资本管制强度的量化指标、"热钱"流动与外汇占款的重要性和中国投资储蓄率之间的相关关系。其次运用抛补利率平价的分析框架直接检验中国资本管制的长期、短期有效性。第三部分研究改革开放以来中国的资本项目管制对经济增长的影响。首先分析资本项目管制对整个改革时期的影响，然后分阶段估计不同时期的影响，在此基础上，讨论进一步开放资本项目的有利条件及方法。

# 第二章

# 金融与经济的关系

　　金融体系及其与经济增长的关系，一直是学术界研究的热点问题之一。传统观点认为，金融规模扩大有利于促进经济增长。然而，波及全球的金融危机引起了人们对金融与经济增长之间关系的重新思考。从本质上说，金融决定并服务于实体经济。但是，如果流动性严重过剩，金融规模过度扩张，会导致金融体系的脆弱性，加大金融系统的风险。一旦有较大的负面冲击，金融体系会遭受严重考验，甚至导致金融危机，经济衰退。可见，金融规模对经济的影响具有两面性。

　　本章首先回顾金融体系发展和经济增长的文献，其次总结金融结构与经济增长的文献，再次讨论有关金融抑制和经济增长的文献，复次探讨有关金融开放的研究，最后介绍有关中国金融体系与经济增长的研究。

## ◇ 一　金融发展与经济增长

### （一）什么是金融发展？

随着经济发展和经济规模的扩张，经济活动范围和规模越来越大。信息获取、合同执行、交易实施的成本不断提高，促使各种类型的金融合同、市场和银行中介出现。不同类型的信息、合同和交易成本以及它们之间的组合与不同的法律、法规和税收制度相结合，推动了历史上世界范围内不同金融合同、市场和金融中介的产生。

为减少市场摩擦，金融体系的出现，自然影响了资源在时间和空间上的分配（Merton and Bodie, 1995, p. 12）。例如，银行的出现，提高了获取企业和管理者信息的能力，无疑会改变信贷资金的分配。类似地，金融合同使投资者对企业最终还款支付更有信心，也会影响人们如何分配储蓄。再如，股票和债券市场的出现，可以使那些不愿放弃对其储蓄长时间控制权的人们，在短时间内将其债权出售给长期项目。这些都将深刻地改变人们的储蓄行为。

为解释金融体系如何影响储蓄和投资进而影响经济增长，Levine（2005）指出金融体系降低信息、合同实施和交易成本的五大主要功能：动员和集中储蓄；收集处理潜在投资项目的事前信息，并分配资金；监测提供融资的项目并实施公司治理；为交易、多样化和风险管理提供便利；为商品和服务交易提供便利。尽管所有金融体系都可以提供这些金融功能，然而金融体系在如何提供这些功能上存在较大差异。

金融发展即金融工具、金融市场和金融中介改善（并不必然消除）信息、合同执行和交易成本，从而更好地发挥金融功能。因此，金融发展是指改善社会分散的储蓄的动员和集中，改善关于潜在投资项目的事前信息的收集与处理，改善投资项目的监督和公司治理的实施，改善交易、多样化和风险管理，改善商品和服务贸易便利。每一项功能都会影响储蓄和投资，进而影响增长。由于存在许多市场摩擦，法律、法规和政策在不同的国家和不同的时间存在显著差异，给定经济中存在的其他摩擦，每种功能的改进都会对资源分配和福利产生不同的影响。

### （二）金融体系和经济增长：理论

有关金融部分发展与经济增长之间的论证始于 Schumpter 开创性的研究。Schumpter（1911）认为金融部门的发展为企业家的借贷提供了便利，促进了创新，从而提高了人均收入水平。Hicks（1969）则从经济史角度考察了金融体系的发展对于工业革命的作用，18 世纪前半期英国金融市场的进步减少了长期投资的流动性风险，使得资金供给者愿意通过持有股票、债券、存单等金融资产，将流动性储蓄转化为固定资本,从而使得依赖固定资本的现代工业得以发展。但 Robinson(1952)则认为金融体系发展是对经济增长创造的金融服务需求的反应,因此"企业领先于金融"。Lucas(1988)否认金融是经济发展的决定性因素,认为金融因素的作用被过分强调了。Patrick(1966)则提出,金融发展与经济增长之间存在两种可能的因果关系,即真实经济增长诱发金融体系扩张的"需求追随"(demand-following),以及金融体系扩张领先于真实经济发展的"供给领先"(supply-leading)。Patrick(1966)认为,两者之间的因果关系会随着经济发展阶段而变化,在经济发展的早期阶段,"供给领先"关系居于支配地位,但这种影响随着经济的持续发展而逐渐减弱,经济发展到一定水平以后,"需求追随"关系便会逐渐具有支配地位。

Goldsmith(1969)首先对金融体系与经济增长关系进行了实证研究。该研究整理了 35 个国家 1860—1963 年的数据,提出了分析金融结构的指标,比较了各国金融结构的差异,总结了金融结构变化的一些特征,并初步分析了金融结构及其变化与作为基础的实体经济之间的关系,力图发现各国金融结构变化的规律和决定因素。Goldsmith 根据统计资料发现,实体经济与金融上层结构的规模之间存在大致平行的关系,经济飞速发展的时期也是金融发展速度较高的时期。然而这种正相关关系并不能解释两者之间的因果关系。正如 Levine(2005)所总结的,Goldsmith(1969)考察的样本国家较少,没有系统控制影响经济增长的其他因素,没有考察金融发展对生产效率和资本积累的影响,最重要的是没有确定金融发展与经济增长的因果关系。

可见，早期关于金融体系与经济发展之间的关系，存在着相互竞争的不同观点，这种争论激起了学者的研究兴趣。自20世纪60年代以来，出现了大量关于金融与经济发展的问题理论和实证研究。大量的文献（包括理论模型和实证研究）将金融体系的发展与经济增长联系起来，尤其是金融中介或金融市场在金融交易中的功能与经济增长的关系。在Bencivenga和Smith（1991）的模型中，金融中介能够减少流动性风险，增加流动性低的生产性资本在储蓄者的资产结构中的比例，减少不必要的资产清算，从而有利于促进资本积累和经济增长。Greenwood和Jovanovic（1990）刻画了金融中介与经济增长之间的动态关系。金融中介能够收集并分析投资项目的信息，从而将稀缺资本配置给收益率最高的项目，促进经济增长；而经济增长使得更多的经济主体能够承担加入金融中介的成本，从而促进金融中介的发展。Acemoglu和Zilibotti（1997）研究了市场不完备、风险分散与资本积累和经济发展之间的关系。高回报、高风险项目投资的不可分性限制了风险分散的程度，人们对于风险的回避则可能导致资本积累不足，因此能够有效分散风险的金融体系不仅有利于动员储蓄，而且会促使资本投向高回报项目，因而对于经济发展有积极影响。King和Levine（1993b）认为良好的金融体系能够有效地评价企业家的创新机会、动员储蓄以支持创新活动，并分散其风险，从而可以促进技术进步并加速经济增长。

## （三）金融体系与经济增长：经验证据

这方面的实证文献主要是在 Goldsmith（1969）的基础上，在数据、计量方法、度量指标方面进行改进，考察金融体系发展水平与经济增长之间的关系。一个基本结论是，金融体系发展对经济增长有重要的影响。这些研究运用了多种数据样本和计量方法，包括跨国的截面数据研究、面板数据研究、时间序列数据研究、案例研究、行业层次和企业层次的研究。

利用跨国截面数据进行的研究，如 King 和 Levine（1993a，1993b）、La Porta 等（2002）、Levine 和 Zervos（1998）等，均发现金融体系的发展与经济增长之间存在显著的正相关关系。King 和 Levine（1993a）设计了度量金融体系发展水平的三个指标，分别度量金融中介的规模、银行信贷的规模、私营企业获得的信贷规模，并控制了影响长期经济增长的其他因素，其研究发现，金融中介发展水平与长期经济增长率有很强的正相关关系，并且初始的金融中介水平在一定程度上可以预测之后的经济增长率，但是不能证明两者之间的因果关系。银行的政府所有权比重越高的经济，其随后的金融发展和经济增长越慢。Levine 和 Zervos（1998）利用42个国家1976—1993年的数据，同时度量了股票市场、银行体系与经济增长的关系，发现股票市场的规模、波动性、国际整合程度与经济增长没有密切关系，但是股市的流动性和银行信贷与长期经济增长显著正相关。为了克服金融发展可能存在的内生性问题，研究者引入了工具变量方法。Levine（1998，1999），Levine、Loayza和Beck（2000），La Porta等（LLSV，1997，1998），Beck和Levine（2003）等检验了法律环境对金融体系发展的影响，并以法律起源作为金融发展的工具变量，重新检验了金融发展与长期经济增长的关系。Beck、Levine和Loayza（2000），Levine、Loayza和Beck（2000）还运用面板数据和GMM方法，控制了可能存在的联立性偏差和难以观察的固定性效应造成的偏差，进一步验证了上述结论的可靠性。Beck和Levine（2003）则改进Levine和Zervos（1998）的研究，用面板数据和三种不同的面板数据计量方法检验股票市场和银行发展与经济增长的关系，实证结果再次表明金融发展是影响长期经济增长的重要因素。

也有学者运用时间序列方法，研究金融发展与经济增长间的关系（Jung，1986；Rousseau and Watchel，1998；Rousseau and Sylla，1999，2001；Rousseau，1999；Christopoulos and Tsionas，2004）。这些文献运用Granger因果关系检验和向量自回归（VAR）方法，力图判断金融发展与经济增长之间的因果关系，有的研究发现两者之间有双向的Granger因果关系，但多数研究发现只存在金融发展对经济增长的单向因果关系。

跨国实证研究存在的一个潜在困难是处理各国的异质性对计量结果的影响，而对一国各地区的实证研究则可以减弱这个问题。Jayaratne和Strahan（1996）对美国各州的研究发现，解除跨州设立银行分行限制的金融改革有助于提高银行的贷款质量，加速经济增长。Guiso，Sapienza和Zingales（2002）对意大利各个地区的研究表明，即使市场整合程度很高，各个地区的金融发展依然重要，金融发展能扩大个人创立企业的概率、增加行业竞争，促进企业（尤其小企业）的成长。行业层面和企业层面的实证研究则力图验证金融发展影响经济增长的可能机制，进而判断两者之间的因果关系。Rajan 和 Zingales（1998a）通过一种新的思路检验金融发展与经济增长的关系，认为金融发展有助于降低金融交易的成本，从而有利于企业成长和新企业建立，因此在金融发展较好的国家，较多地依赖外部融资的行业发展更快；而在金融体系不发达的国家，较少地依赖外部融资的行业会发展更快；作者用42个国家36个行业的数据进行的计量检验支持上述论点。Demirguc-Kunt 和 Maksimovic（1998）考察了金融发展对于企业的外部融资可得性的影响，发现银行系统发展和股市流动性的增加有助于企业获得外部融资从而成长更快。

## ◇ 二 金融结构与经济增长

关于金融结构与经济增长的关系，现有的文献集中在两个层面，一是银行的集中度与经济增长的关系，二是直接融资、间接融资方式的构成与经济增长的关系。每个层面的研究都既有理论模型，也有实证文献。

## （一）金融中介主导与金融市场主导

在这类研究中，金融体系的结构被分为两种，金融"中介主导型"和金融"市场主导型"，前者以德国和日本的金融结构为代表，后者以美国和英国的金融结构为代表。对于何种金融结构更有利于经济发展，研究者有激烈的争论。

认为"中介主导型"结构具有优越性的研究认为，银行等金融中介在执行收集和处理信息、实施公司控制、动员储蓄等功能方面比市场具有优势，从而有利于资源配置和经济发展（Stiglitz，1985；Shleifer and Vishny，1997；Rajan and Zingales，1998b）。而支持"市场主导型"的研究，如 Hellwig（1991），Rajan（1992），Boot 和 Thakor（2000），Black 和 Moersch（1998）等，则强调银行主导型的金融结构的弊端，认为在这种结构下，金融中介对企业的影响力较大，对企业发展会带来负面效应；另外银行具有天生的谨慎倾向性，使得这种金融结构不利于公司创新和增长（Weinstein and Yafeh，1998）；同时市场主导型金融体系能够提供更为丰富灵活的风险管理工具，可以根据不同的情况设计不同的金融风险产品，而银行主导型的金融结构只能提供比较基本的风险管理服务。

Allen 和 Gale 的一系列研究讨论了银行和市场在不同方面的各自优势。Allen 和 Gale（1995，1997）认为金融中介能够提供更有效的跨期（inter-temporal）风险分担，而金融市场具有更强的跨部门（cross-sectional）风险分担能力；Allen 和 Gale（1999）认为金融中介适于为技术相对成熟、不确定性低、投资者对投资决策的看法相对一致的项目提供融资，具有节约信息成本的优势；但金融市场在投资的不确定性高、对投资项目存在重要的看法差异，并且信息成本较低的环境中具有相对优势。因此，金融中介与市场各有优劣，如 Allen 和 Gale（2000）所总结的，对不同金融体系的比较是复杂的，没有简单的答案，最重要的是理解金融市场和中介的各种功能之间的平衡（trade-off）。

以 La Porta, Lopez-de-Silanes, Shleifer 和 Vishny（1997，1998）为代表的"金融法律观"否定了关于"中介主导型"与"市场主导型"金融结构的争论的重要性，认为金融体系是一组契约，这些契约的有效性取决于法律的性质及其实施机制，运行良好的法律体系有利于金融中介和金融市场功能的发挥，而对于经济发展来说，重要的是金融体系提供的整体功能。因此，区分各国支持金融交易的法律系统效率的差异比区分"中介主导型"与"市场主导型"金融结构更有意义。以 Merton 为代表的持"金融功能观"的学者则认为，最重要的是金融体系提供的功能，而中介与市场在金融体系中的构成只是一个次要的问题；金融体系的功能是相对稳定的，而金融结构是变化的；在特定的时间点上，中介和市场是相互竞争的替代者；但在金融体系的动态发展过程中，它们是互补的，通过不断的金融创新共同演化，从而提高金融体系实施其功能的效率（Merton，1995；Merton and Bodie，1995）。

关于直接融资与间接融资的构成与经济发展的关系，目前的实证研究也没有一致的结论。Levine（2002），Beck 和 Levine

(2002), Demirguc-Kunt 和 Maksimovic (2002), Beck、Demirguc-Kunt、Levine 和 Maksimovic (2001) 应用跨国截面数据、行业层面和企业层面的数据对前述四种关于金融结构的观点进行了检验，他们的检验结果支持"金融功能观"和"金融法律观"，发现"中介主导型"和"市场主导型"金融结构的区别对于经济增长、行业扩张、新企业形成和企业成长没有显著的影响，而在金融体系的整体发展水平较高、法律体系能够有效保护外部投资者权益的经济中，整体经济以较高速度增长，依赖外部融资的行业扩张更快，企业外部融资更为容易，新企业更易形成，企业的成长也更快。然而，Tadesse (2002) 利用36个国家的行业数据进行分析后，发现"市场主导型"金融结构与"中介主导型"金融结构的差异对于经济增长具有显著影响。在契约环境较差、整体金融发展水平较低的经济中，"中介主导型"优于"市场主导型"金融体系；而在契约环境良好、金融体系发达的经济中，"市场主导型"金融结构更利于经济增长。Carlin 和 Mayer (2003) 对 OECD 国家的研究发现，金融体系的结构与具有不同特征的行业的增长之间有很强的关系，在银行业较为分散、信息更为透明的经济中，依赖股权融资的行业和人力资本密集型的行业增长较快，研发投资比例较高。

（二）银行业结构与经济增长

关于银行业结构与经济增长的关系也有不同的观点。Guzman (2000a) 认为这方面的理论模型可以分为两类，一类是局部均衡模型，另一类是一般均衡模型，前者如 Petersen 和 Rajan（1995），Caminal 和 Matutes（1997），后者如 Cetorelli（1997），Guzman（2000b）。局部均衡模型着眼于考察银行与借款者之间的信息不对称问题，认为垄断的银行业结构更便于克服信贷交易中的逆向选择和道德风险问题。Petersen 和 Rajan（1995）考虑了银行与借款者之间存在的逆向选择和道德风险问题，认为具有较强的市场垄断能力的银行更易与借款者形成长期关系，从而有更多的契约工具对借款者进行甄别并降低其道德风险，从而可能使更多的投资项目得到信贷支持；银行业的竞争会阻碍这种对借贷双方有利的长期关系的形成。Schnitzer（1998）考察了银行业结构对于转轨经济中企业重建的影响，认为竞争性的银行业可能由于信息溢出效应和搭便车行为的存在而不能对投资项目进行有效的筛选，从而降低资本配置效率；另外，由于垄断银行具有过度抽取企业回报的能力，垄断的银行业结构会降低企业家进行企业重建的努力程度，因此何种银行业结构对经济发展有利是不确定的。关于银行业结构的一般均衡模型则不仅考察银行与借款者之间的关系，而且考察银行与储蓄者的关系，既考察银行业结构对解决信息不对称问题的影响，也考察垄断银行的垄断行为的消极影响，从而更为全面地评价银行业结构的经济影响。

在 Cetorelli（1997）的模型中，银行与借款者的关系与 Schnitzer（1998）的分析类似，但垄断性银行的利润常常被用于消费，因此垄断的银行业结构对资本积累和经济增长的净效应是不确定的。在 Guzman（2000b）的研究中，垄断的银行业结构不利于资本积累和经济增长，因为相对于竞争性银行，垄断性银行向储蓄者支付较低的利率，因此降低了储蓄率，更易导致信贷配给；如果不存在信贷配给，垄断性银行会索取更高的贷款利率，因而不得不耗费更多的资源用于对借款者的监督。

在实证研究方面，Shaffer（1998）用美国的银行业数据检验银行业的竞争程度对借款者的逆向选择效应和经济增长率的影响，发现在银行集中度较低的地区，家庭收入的增长速度更快。Black 和 Strahan（2002）发现，解除银行业管制后美国银行业结构发生显著变化，一方面出现了大量的银行合并，同时各个地方市场的银行业竞争程度增加，在银行集中度较低的州，新企业创建的数量较多；而且新企业建立的数量随着小银行的市场份额的下降而增加。Jackson 和 Thomas（1995）用20世纪70年代美国的跨州、跨行业数据，分析银行业结构对处于不同成熟阶段的企业的影响，发现较高的银行业集中度有助于新企业的成长，但是银行业的竞争对于更为成熟的企业的成长有利。

Bonaccorsi di Pattiand Dell Ariccia（2004）分析了意大利不同行业、不同地区的数据，发现银行集中度与新企业创建的关系是非线性的，在一定范围内，银行市场垄断力的增加对于新企业创建具有正向效应，但是超过该范围后，银行市场垄断力的进一步增加对新企业创建具有负面影响；在那些信息不透明的行业，这种正向效应表现得更强，超过一定范围后的负向效应较弱；并且这个正向效应范围对于信息相对不透明的行业较大。作者认为这些结果表明垄断性银行在解决信息不对称方面的优势对于信息不透明的借款者更为重要，因此银行业结构对整个经济的影响将取决于各类借款者在经济中的分布。Petersen 和 Rajan（1994）的分析表明美国小企业主要依靠银行贷款进行外部融资。Petersen 和 Rajan（1995）进一步考察了美国各地区的银行业竞争度对当地小企业的信贷可得性和贷款利率的影响，发现新企业在集中的银行市场上更易得到贷款；并且，新企业在集中的银行业市场上获得的贷款利率低于在竞争性的银行市场上的利率，而成熟的小企业在集中的银行业市场上的贷款利率高于在竞争性的银行市场的贷款利率。Cetorelli 和 Gambera（2001）用跨国、跨行业数据的研究发现，在银行集中度高的国家，对外部融资高度依赖的行业增长较快，但是银行集中度对整个经济的增长率的综合影响是负的。

## 三 金融抑制与经济增长

### （一）金融约束与金融抑制

金融自由化和实体经济发展之间的关系是学术界备受争议的话题。由于 1989—2008 年快速的金融自由化和更加频繁的金融危机，这方面尤其是关注发展中国家经验的研究发展很快（Pagano，1993；Trew，2006）。现有研究主要集中在两个竞争性的假说上，McKinnon 和 Shaw（1973）的金融深化理论认为金融抑制阻碍了发展中国家的经济增长，因此发展中国家应采取以金融深化和金融自由化为主的货币金融改革；而 Hellman、Murdock 和 Stiglitz（1997）提出的金融约束理论则认为发展中国家金融市场不发达，信息不对称问题严重，因此采取约束金融发展的政策，有利于发展中国家的效率改善和经济发展。

1. 金融抑制论

Mckinnon（1973）和 Shaw（1973）是最早研究发展中国家金融抑制现象的学者。根据 Mckinnon（1973）提出的概念，金融抑制是指发展中国家政府所实行的压抑金融发展的政策，如通过规定存贷款利率和实施通货膨胀人为压低实际利率；采取信贷配给的方式分配稀缺的信贷资金；对金融机构实施严格的控制，设定较高的法定准备金率；实行资本管制等。发展中国家普遍存在金融抑制政策，而且这些抑制政策主要针对银行体系而非资本市场。金融深化理论认为金融抑制政策会阻碍金融深化和金融体系的效率（McKinnon 1973；Shaw 1973）。[①] 这种人为干预在很大程度上出于财政动机，即政府希望动用有限的资源积极推动经济发展，然而干预或压抑金融体系的措施，并不能有效动员和分配储蓄，结果最终导致金融资源利用效率低下，阻碍了金融发展，抑制经济增长。

Mckinnon（1973）认为在资本市场严重分割的情况下，内源融资型资本积累极其重要，这意味着货币成为储蓄者（投资者）进行资

---

① 这种观点与传统的认为金融体系对发展中国家和转型经济体有正面作用的观点相一致，如 Griffith-Jones，1995；World Bank，1996；Hermes 和 Lensink，2000；Levine，2005。

本积累的"金融管道",在一定范围内,实际货币余额与物质资本之间具有高度的互补性。私人储蓄(投资)对于持有货币的实际收益及其稳定性相当敏感,因此较高的实际利率不仅可以提高资金供给者的储蓄—投资倾向,而且能够提高投资和资本存量的质量,从而促进经济增长。但是,落后经济中普遍存在各种金融抑制性政策,尤其是人为压低名义利率,造成真实利率不能反映储蓄的稀缺程度,扭曲了资本配置,也削弱了储蓄激励,同时导致银行和货币体系的规模很小,进一步扭曲了银行信贷的配给。Shaw(1973)批评了传统的"货币财富观",强调对私人部门而言,货币是财富,但对整个社会而言,货币是金融中介,是货币体系的债务。货币体系通过发行资金供给者愿意持有的真实货币和其他非货币金融债券,同时购买投资者愿意发行的初级债券,有利于资本市场的整合,从而有助于动员储蓄,降低投资的不确定性,提高投资回报率,因而金融体系对于经济增长是重要的。因此,他们主张消除"金融抑制",实行各种以促进金融深化为目标的金融自由化改革和政策调整,尤其是放松利率管制,提高实际利率,另外,需要放松对金融体系的进入限制,减少行政干预,发展长期金融市场,取消外汇管制等。

很多学者认同金融抑制政策对效率和增长的负面影响。Pagano(1993)指出诸如利率和法定准备金率的管制措施降低了金融中介活动所需的金融资源。Roubini 和 Sala-i-Martin(1992)从理论和实证的角度证明了金融抑制阻碍经济增长。King 和 Levine(1993)用内生增长模型论证了金融部门的扭曲降低了创新水平,进而阻碍了经济增长。因而减少扭曲,降低金融抑制水平会促进创新,提高生产效率，促进经济增长。一些实证研究的结果也证实了金融抑制阻碍经济增长的观点。例如，Roubini 和 Sala-i-Martin（1992）认为拉美国家的金融抑制政策在一定程度上造成了这些国家较差的增长绩效。Ang 和 Mckibbin（2007）也采用主成分分析的方法构建了马来西亚的金融抑制指标，其协整分析的结果表明，金融抑制显著地阻碍了马来西亚的金融发展。

2. 金融约束论

Shaw（1973）和 Mckinnon（1973）针对落后国家存在严重的"金融抑制"，认为各种金融抑制政策和体制制约了这些国家的经济增长。因此，潜在地，他们以发达国家的金融体系为蓝本，提出了金融自由化的政策主张。然而，他们没有深入探讨产生金融抑制现象的根源是什么。如果实行导致金融抑制的政策是政府由于其他因素而做出的一种内生选择，那么，仅改变作为内生变量的金融政策而引起扭曲的根源仍然存在，单纯的金融自由化改革是不足以帮助落后国家摆脱落后面貌的。

始于 20 世纪 70 年代的货币和金融自由化，也给一些国家带来了相当严重的经济和金融危机，如 70 年代的阿根廷、智利和乌拉圭，80 年代的菲律宾和土耳其，1997 年的亚洲金融危机等。针对这些现象，Stiglitz（2000）认为不断出现的金融危机与发展中国家的金融自由化存在密切的关系。伴随着各国金融自由化改革的实践及其实际结果的出现，学术界对于金融体系的认识也日益加深，尤其是对于信息因素在金融体系运行中的重要性有了深刻的理解。在此基础上，Stiglitz 及其合作者提出了"金融约束"（financial restraint）理论，认为在金融体系比较落后的经济中，政府应当在宏观经济稳定，尤其在通货膨胀率较低等前提条件下，通过存贷款利率控制、市场准入限制等一组金融约束政策为金融部门和生产部门创造获取剩余价值的机会，以缓解金融机构和企业部门由于信息不对称而产生的激励问题，从而推动金融深化和经济发展；政府的这种选择性干预应当是动态的，随着金融深化程度的加深，政府应当逐步放松上述金融约束，以促进经济向自由市场经济过渡。

Stiglitz 和 Weiss（1981）考虑了不完全信息，认为提高抵押品要求和提高利率会引致借款者投向风险更高的项目，挤压安全的投资者，从而提高银行贷款组合的风险。这种情况下，对银行部门进行利率管制和信贷配给是合理的选择。Hellmann 等（1997）在动态道德风险的模型里，发现竞争会破坏银行的理性行为。如资本金要求会导致帕累托低效的结果。如果增加存款利率管制有利于谨慎投资，那么这种监管工具会带来更好的效果。在不完全信息的环境中，发展中国家采取金融约束的措施，有利于效率改善，促进增长。

Fry（1997）指出，过去几十年里一些国家的惨痛经验表明，金融自由化的前提条件非常重要。这些条件包括：对金融中介和金融市场适当审慎的监督和监管；合理适度的物价稳定；可持续的政府债务；避免通胀扩张的准备金要求；等等。而包括中国在内的很多国家并没有满足这些条件，越来越多的研究认为设计良好的政府干预可能比完全自由的金融体系更能促进经济发展（Stiglitz, 1994; Hellman et al., 2000）。Arestis 和 Demetriades（1999）指出传统的金融自由化假说是建立在自由竞争、完全信息等很多严格的假设之上的。在金融市场不发达、信息不完善的情况下，发展中国家采取金融抑制的政策能够更有效地应对市场失灵的问题（Stiglitz，1994）。通过实证检验，Arestis 和 Demetriades（1997）以及 Demetriades 和 Luinte（2001）认为韩国的金融抑制对金融发展有正向的积极效应，可能反而有利于经济增长。

中国经济增长的历程可能使金融抑制和经济增长关系的争论进一步加剧。与东南亚的新兴经济体相比，中国金融抑制程度更高，而同时中国却实现了最强劲的增长。此外，由于存在金融体系及资本账户管制，中国宏观经济和金融体系在较大程度上避免了亚洲金融危机和美国次贷危机的负面冲击。

### （二）金融抑制与经济结构转型

大量增长模型试图解释与"Kaldor 事实"相一致的现象，如在平衡增长路径上，增长率、资本产出比等均为常数，等等（Kaldor，1961；Denison，1974；Homer and Sylla，1991；Barro and Sala-i-Martin，2004）。然而，在多数国家发展过程中出现的不平衡的产业间增长（结构转型），却不能很好地被平衡增长模型所解释。研究结构转型的不平衡增长模型因此得以发展。这方面的文献可以划分为两类：一类关注偏好方面，另一类关注技术方面。[①] 从偏好方面研究结构转型的文献，通常假设与恩格尔法则相一致的非位似效用函

---

① Buera 和 Kaboski（2009）详细分析和讨论了导致结构变化的偏好原因和技术原因。

数，强调导致不平衡增长背后的需求面因素。随着家庭收入水平的增加，家庭在不同产品上的支出结构也会发生变化。不同产品的边际替代率随经济增长而改变，导致了产业间的不平衡增长（Kuznets，1957，1973；Chenery，1960；Kongsamut，Rebelo and Xie，2001）。最早从技术方面研究结构转型的文献是 Baumol（1967），他认为不同产业技术进步率的差异是导致产业不平衡增长的原因。Baumol 等（1985）提供了经验证据，表明制造业和服务业存在明显的技术进步差异，从供给方面证实了产业的不平衡增长。Ngai 和 Pissarides（2006）在一个多部门的模型中解释了结构转型。Acemoglu 和 Guerrieri（2008）的增长模型认为不同产业资本深化过程中要素密集度的差异导致了产业结构变化。Buera 和 Kaboski（2011）解释了要素在不同部门间的动态分配，制造业的规模技术以及产出在国内外的流动。

扭曲性的政策，尤其是针对产业的扭曲政策同样会对经济结构转型产生显著影响。然而，很少有文献从制度扭曲的角度研究经济结构转型。在扭曲性的政策中，金融体系的扭曲，即金融抑制，则是影响结构转型和产业不平衡增长的重要因素之一。出于发展经济和政治的考虑，政府（尤其是发展中国家）一般倾向于通过优先发展资本密集型的工业部门（制造业）实现经济增长。而外汇和资金稀缺却是困扰经济发展的主要问题。一方面，为实现工业体系的确立和发展，政府需要通过抑制服务业（尤其是金融业）的发展，将有限金融资源分配到工业部门以支持其发展。另一方面，随着一国的对外贸易的开放，作为贸易的制造业产品的需求不断增加，制造业有扩张的需求。① 此外，为吸引外资和技术，政府往往对流入制造业的外商直接投资（FDI）给予资金、税收、土地等方面的优惠。因此，政府自然有动机采取金融抑制的政策，通过抑制服务业（尤其是金融业）的发展，将有限的金融资源分配给制造业，以实现吸引外资和促进经济增长的目的。而金融自由化的过程，也就是金融扭曲不断减少，金融抑制不断降低，金融不断发展和服务业不断壮大的过程。

Anders 和 Wang（2011）在经济结构转型的模型中，研究了金融抑制对经济产业结构变化的影响。模型表明经济资源会随着经济增长从工业部门不断流入服务业部门，从而使得服务业的比重不断上升。而政府可以采取金融抑制政策阻碍结构转型过程。通过抑制服务业，保护和促进工业部门的发展，从而造成服务业占比偏低，导致国内产业结构失衡。跨国面板数据的实证结果表明，金融抑制显著阻碍了结构转型。金融抑制程度越高，经济中服务业相对于制造业的比例会越低。基于不同收入水平的国家分组数据、不同的结构变量衡量以及不同的金融抑制指标测算的稳健性检验支持了这一结论。研究结果表明，在有政府干预和偏好工业部门发展的国家，金融抑制是结构失衡的重要因素。这些结论对经济快速发展的转型经济体和采用金融抑制实现长期工业增长的国家具有重要的政策含义。

---

① 一国的对外贸易又与一国的对外贸易政策有关。然而，不管一国采取出口导向型还是进口替代的政策，都会促进国内贸易品部门（制造业）的发展。政府采取出口导向型的政策，自然会增加对本国贸易品部门的需求。而如果一国采取进口替代的政策，则需要国内集中更多的资源生产进口替代品，从而也扩大了贸易品部门的规模。

## ◇◇ 四 金融开放与资本项目自由化

### （一）金融开放及其影响

金融改革包含国内金融改革和对外金融开放两个主要方面的内容。对外金融自由化（或者金融开放）是指取消资本跨国流动的限制，实现资本自由流动（Eichengreen et al., 1998）。在传统理论上，经济学家认为金融开放是促进经济增长，提高国民财富的手段（Makin, 1994）。这主要是因为：其一，借助国际市场，可以投资更多，进口更多，有利于国内经济增长；其二，金融开放可以提高投资效率，资金可以在全球范围内进行配置，为有前途的项目融资，从而获得最高的预期收益。

然而，金融开放也是学术界经常争论的问题（Diaz-Alejandro, 1985）。发展中国家的经验表明，金融开放的收益并不会自动实现。1997年亚洲金融危机再次表明，金融开放经常伴随着不可持续的外债增长和国内消费，非生产性的投资增长以及汇率、股价指数和资产价格的剧烈波动（Diaz-Alenjandro, 1985；McKinnon and Pill, 1996）。

Fry（1997a）认为一些国家金融自由化失败的主要原因在于无偿付能力或没有盈利能力的企业推高了利率水平，增加了经济风险。没有偿付能力的企业，只要可以，就会不断地通过借贷为其损失融资。这些企业推高了利率水平，具有偿付能力的且有盈利的企业被挤出了信贷市场。由于贷款成本过高，这些企业也变得没有偿付能力。

因此，必须首先满足一些先决条件，才能实施成功的金融开放（Fry，1997a）。通常这些条件包括：对金融机构和金融市场足够审慎的监管；合理的价格稳定性，规范财政支出使得政府借贷可持续；避免央行储备货币扩张导致通胀的要求；金融机构以利润为目的的相互竞争行为；对金融机构没有歧视性税收的税收制度。

由于许多国家没有满足上述前提条件，越来越多的文献认为，对于促进经济增长而言，设计良好的政府干预要好于完全开放的金融体系（Stiglitz，1994；Hellman et al.，1997）。Stiglitz（2000）进一步指出近期频发的金融危机与发展中国家金融市场自由化密切相关。

McKibbin 和 Tang（2000）用模型测量了中国进行快速金融自由化的后果。结果表明，金融开放如果伴随大量资本流入，投资和实际 GDP 增长都会达到历史新高。然而，即使在这种乐观的情形中，实际和名义汇率升值幅度也将达到 50%，从而使净出口大幅下降，导致经常账户恶化近 4 个百分点。在另一种情形下，金融开放如果伴随着对中国金融改革丧失信心，预期会出现大规模的资本外流，消费和投资会低于不实施金融开放情况下的水平。

考虑到这些潜在的危险，作为促进经济发展的手段之一，必须谨慎评估中国金融开放的进程。McKinnon（1993）详细分析了伴随金融开放的需求旺盛的投资者对汇率的影响。由于经常项目状况恶化，经济增长的可持续性将受到质疑，实际汇率较大较快的升值本身就会导致信心下降。

这些研究对中国的启示是，金融开放是经济可持续增长的基本步骤。然而，只有具备了一系列先决条件，金融开放才会发挥积极作用。在条件不成熟的时候，政府采取金融抑制的措施，可以较为容易地应对市场失灵、宏观经济不稳定以及金融风险等问题。为避免金融危机，获得最大收益，中国在推动进一步金融开放时，必须首先关注这些基本条件。

### （二）资本项目管制以及有效性

布雷顿森林体系解体后，世界经济政策出现了一股自由化、全球化的浪潮，各国纷纷增加汇率政策的灵活性、推进金融自由化并大幅降低对跨境资本流动的管制。这一浪潮于20世纪70年代中始发于工业化国家，从80年起蔓延到广大的新兴市场经济。与此同时，经济学文献开始关注跨国资本流动以及资本管制的有效性。目前看来，文献中所反映的研究主要包括两大类，第一类关注资本管制和资本流动强度的衡量方法，第二类直接检验资本管制的有效性。

### （三）衡量资本管制和流动的强度

衡量资本管制强度和资本流动强度的方法很多，但常见的大致有三种：第一种方法是直接将定性的资本管制措施作量化估计，计算资本管制相对强度的指数。第二种方法是通过考察央行资产负债表的变化验证货币政策的独立性，实际上是从另一个角度来看资本管制是否有效。第三种方法则是通过分析各个国家投资与储蓄之间的相关关系，来判断跨境资本流动的程度与重要性。严格地说，这三种方法所反映的是资本管制或者资本流动的强度。他们不能作为资本管制有效性的直接证据，但可以提供一些佐证。

资本管制强度衡量法主要是参照经合组织或国际货币基金组织对资本项目的分类，根据各国政策的调整，测算该国资本管制强度的综合指标。Quinn（1997）根据 IMF 公布的《各国汇兑安排与汇兑限制》的分类，区分了严格和宽松的资本管制，并测算了不同国家资本项目开放的程度。Klein 和 Olivei（1999）根据《资本流动自由化准则》中对 11 类资本项目交易是否有限制的报告，计算不受限制的交易类型的比例，并据此构造了资本管制强度指标。

Montiel 和 Reihhart（1999）根据 15 个新兴市场国家 1990—1996 年的年度信息，衡量了跨境资本交易限制强度的指标，该指标值为 0—2，指标值越大表示对资本项目的管制越严格。此外，也有学者如 Kraay（1998），根据对一国资本流入和流出量占该国国内生产总值的比重，测度资本管制强度，分析一国经济和世界经济的联系程度。

货币政策独立性检验法的基本依据就是上文已提到的蒙代尔—

克鲁格曼的不可能三角理论,即在汇率稳定、资本自由流动与货币政策独立性三个政策目标中最多只能选择两个。在固定汇率制度下,国际资本自由流动将使一国不能保持独立的货币政策。因为如果中央银行通过公开市场操作等货币政策工具影响货币供给量,比如放松银根,增加货币供给,那么国内利率水平就会降低。

而如果资本能够自由流动,就可能出现资本外流。这种资本流动会造成本币贬值的压力。因此为了维持固定汇率制度,中央银行必须抛售外汇,购买本币,从而导致货币政策失效。实证检验的方法实际是看中央银行国内资产的变动是否被其净国外资产的变动相抵消。Kouri 和 Porter(1974)提出了抵消系数法(offset coefficient method)。Obstfeld(1986)采用工具变量的方法估计了抵消系数和冲销系数。

投资储蓄相关性检验法是直接考察一国的国内投资在多大程度上依赖国内储蓄。其基本思路是:如果严格的资本管制有效,由于难以获得外部资本,投资只能主要依赖于国内储蓄,投资与储蓄之间具有很高的相关性;但是如果资本是自由流动的,因此就可以在世界利率水平上自由地借入资本以弥补本国储蓄的不足,或输出资本寻找最佳投资机会,这样投资和储蓄的相关性将大大降低。

Feldstein 和 Horioka(1980)利用经合组织 16 个国家 1960—1974 年的投资率与储蓄率数据建立了 OLS 估计模型。估计结果表明在 5% 的显著性水平下,不能拒绝 $\beta=1$ 的原假设。于是他们认为 OECD 国家有效的资本管制措施限制了资本的自由流动,这与当时 OECD 国家存在大量外部失衡和规模较大的资本流动的事实明显不符。因此被称为 Feldstein-Horioka 之谜。

随后许多学者对此进行了争论。多数认为 Feldstein-Horioka 的估计方法存在内生性，如投资与储蓄都呈顺周期或者都受某个共同因素影响，就可能产生内生性。Obstfeld（1986）认为储蓄—投资之间的相关性可能源于经济增长的共同影响。Fieleke（1982）、Tobin（1983）、Summers（1988）和 Bayoumi（1990）认为如果政府为了减少外部失衡而内生地采取政策从而改变储蓄率，也会造成这种内生性。Jansen（2000）考虑了储蓄率和投资率的稳定性，构建了误差修正模型考察二者之间的长短期关系。Blanchard 和 Giavazzi（2002）考虑了估计系数的结构性变化，得出储蓄率与投资率之间的估计系数随时间不断下降的结论。

### （四）利率平价检验法

根据利率平价理论，在资本自由流动，无交易成本的情况下，由于套利行为，以不同货币表示的相同金融资产在经过汇率风险调整后应该具有相同的收益率，否则就会存在套利机会。因此，可以通过考察利率平价检验资本管制的有效性。如果同种金融资产的收益率长期偏离利率平价，说明国内的金融资产与国外的金融资产不能完全替代，从而认为该国存在有效的资本管制。

Ma 和 McCauley（2007）根据抛补利率平价（covered interest parity）理论，运用美元 Libor、人民币汇率和人民币无本金远期交割（NDF）汇率推算隐含的人民币资产收益率，并与国内相应资产的收益率进行比较,发现两种收益率的差额显著,并没有收敛到 0 的趋势,于是得出中国资本管制有效的结论。

Edwards 和 Khan (1985) 依据利率形成机制,在利率平价理论的基础上提出了检验发展中国家资本管制有效性的方法。他们认为,大多数发展中国家处于半开放状态,对资本流动存在不同程度的限制,但同时也不能完全隔离国内金融市场和国际资本市场,利率由国内外综合因素决定,可表示为经汇率风险调整后国际利率 $i^*$ 与经常账户和资本账户完全封闭时国内利率 $i'$ 的加权平均值:

$$i = \theta i^* + (1 - \theta)i', 0 \leq \theta \leq 1$$

其中,$\theta$ 表示对资本流动的限制程度,其值越接近 1,则该国越开放,资本管制效果越弱,越接近 0,则该国越封闭,资本管制效果越强。在一些文献中有时也将上式称为 Edwards 和 Khan 模型。

Frankel (1992) 对资本流动性的衡量做了较为系统的综述,指出广泛采用的四种判断资本自由流动的方法:抛补利率平价,资本的跨国流动使得统一货币计价的资产收益率相等;未抛补利率平价,即使存在利率风险,资本流动也会使不同国家间债券的预期收益率相等;实际利率评价,国际资本流动使各国的实际利率相等;Feldstein-Horioka 条件,一国储蓄率的外生变动不会影响一国的投资率。他认为满足这四种资本自由流动成立所需的条件依次增多,其中抛补利率平价成立所需条件最少,而 Feldstein-Horioka 条件需在前三种平价满足的条件下才能成立。

## 五　有关中国金融体系与经济增长的研究

### (一) 中国金融体系与经济增长

关于中国金融与经济增长的分析，学者们大都采用年度或季度数据对金融规模与经济增长进行实证分析。谈儒勇（1999）研究了金融中介、股票市场与经济增长的关系，发现金融中介的发展与经济增长存在显著的正相关关系，而股票市场与经济增长则存在不显著的负相关关系。赵振全和薛丰慧（2004）利用季度数据得出了类似的结论。范学俊（2006）利用季度数据却得出了银行部门与股票市场都有利于长期经济增长，而股票市场的影响远大于银行部门的结论。Boyeau Debray（2003）利用20世纪90年代中国省区面板数据研究银行业规模对各省经济增长的影响。他们认为国有银行更倾向于给国有企业发放贷款，而国有企业效率很低，这种所有制偏向使得银行信贷规模与经济增长之间存在负相关关系。Allen（2006）认为中国金融体系庞大，支撑中国经济快速发展的企业很难从现有金融体系中获得资金支持。Ljungwall 和 Li（2007）的实证结果也说明中国银行业规模与经济增长之间存在负相关关系。也有一些学者测度了金融市场化指标，研究该指标与经济增长的关系。周业安和赵坚毅（2005）认为金融的市场化指数在一定程度上对经济增长有正向的影响，而金融结构与经济增长的关系则相反。陈邦强、傅蕴英和张宗益（2007）则认为金融市场化在短期内未能促进经济增长，而经济增长则促进了金融市场化和政府改革。

然而，金融规模与金融结构都是影响金融发展的重要因素。金融发展不只体现在金融规模量的扩张上，而更重要的是，金融结构的合理安排。国内这些研究都是从金融规模的角度考察金融发展与经济增长的关系，没有考虑结构性因素，如银行业结构、直接融资与间接融资的比例结构等对经济增长的影响，有遗漏重要解释变量的可能。同时采用的数据为国家层面的数据，不可能控制各地区未观察到的固定效应对经济增长的影响。林毅夫和孙希芳（2008）用省区的面板数据研究了银行业结构对经济增长的影响，发现在现阶段提高中小银行的比例会显著促进经济增长。然而，在他们的研究结果中，影响经济增长的两个关键变量，固定资本形成与外贸依存度都不显著。考虑到改革开放以来我国支撑经济增长的两个模式为投资拉动与出口带动，这两个关键变量在模型中不显著，很可能说明模型以及变量的设定不合理。此外，在基于稳健性的动态面板分析中，被解释变量采用的却是取对数的水平值，这种模型揭示的是水平效应，而不是金融对经济增长的影响。

### （二）中国金融抑制与经济增长

经济增长与金融抑制政策并存使得我国的经验成为研究金融深化和金融自由化有效性的典型案例。与东南亚新兴经济体相比，中国金融抑制程度更高，同时却实现了最强劲的增长。此外，由于存在金融体系及资本账户管制，中国宏观经济和金融体系在较大程度上避免了亚洲金融危机和美国次贷危机的负面冲击。因此，中国经验使得一些专家重新评估金融自由化的成本和效益。近年来越来越多重要的研究开始关注中国的金融改革（如McKinnon，1994；Naughton，1998；Laurencon and Chai，2003；Farrel et al.，2006）。大多数研究指出中国金融抑制政策的效率损失，这就在文献上留下了一个未解决的问题：如果金融抑制没有可取之处，中国怎么可能在改革开放以来获得如此显著的经济绩效？

Li（1994）认为低利率政策造成不利影响，鼓励低效投资，扭曲了金融效率。Park 和 Sehrt（2001）采用中国 1991—1997 年的省区数据，发现国家银行政策贷款的重要性并没有降低，金融机构的贷款随着经济基本面改变。Lardy（1998）指出国有商业银行和国有企业不断降低的盈利能力是中国金融体系效率低下的表现。在最近的研究中，Lardy（2008）估计中国以负利率为主要内容的金融抑制，除了降低经济效率，也令居民损失高达 GDP 的 4%。根据其研究，企业、银行和政府由于金融抑制导致了居民部门的损失，造成的损失比例分别为 1/4、1/4 和 1/2。Liu 和 Li（2001）证实了改革开放以来金融自由化对经济增长的积极贡献。然而，Maswana（2008）指出尽管金融抑制政策会损害金融资源的分配效率，但是金融抑制有助于政府有效地对外部环境变化做出调整。Li（2001）也认为适度的金融抑制有利于中国保持金融稳定，从而有助于经济增长。

尽管金融抑制和经济增长的关系问题存在理论上的争论，量化的实证分析却相对较少，而关于中国金融抑制的研究则更少。这可能是由于金融抑制政策通常难以量化。因此多数已有的研究也仅仅以实际利率为基础构造金融抑制的替代变量。Agarwalar（1983）和 Gelb（1988）分别说明了发展中国家金融抑制和实际利率之间存在负相关关系。Easterly（1990）在 Gelb（1988）的基础上，以实际利率为金融抑制的代理变量，说明了金融抑制阻碍了发展中国家的经济增长。Roubini 和 Sala-i-Martin（1992）在样本中考虑了发达国家，将样本数量增加到 53 个国家，其实证分析进一步证明了金融抑制不利于经济增长。

由于上述研究大多利用跨国数据，为了增加数据的可比性，它们通常都建构实际利率的虚拟变量作为金融抑制的代表性变量。以 Roubini 和 Sala-i-Martin 的研究为例，如果一国当年的实际利率为正，则取值为 1；如果实际利率在 0 至 -5% 之间，则取值为 2；如果实际利率在 -5% 以下，则取值为 3。这样构建的变量取值越大，表明实际利率越低，反映出金融抑制程度越高。Lardy（2008）也指出极低甚至为负的实际利率表明中国金融抑制程度仍然较高，他估计负利率令居民损失高达 GDP 的 4%。

主要以实际利率反映金融抑制的水平也有很大的局限性，因为它仅仅是金融抑制的一个方面。各国的情况不一样，实际利率的代表性也存在很大的差别（Demetriades and Luintel, 1997）。Demetriades 和 Luintel（2001）就指出，一国的金融抑制政策体现在多个方面，如低利率、高准备金率、信贷配给等，要全面反映该国的金融抑制情况，应综合这些方面的信息。为达到降维并最大限度保持原有变量的信息，Demetriades 和 Luintel 采用了主成分分析的方法来构建金融抑制指标。Ang 和 Mckibbin（2007）也采用主成分分析的方法构建了马来西亚的金融抑制指标，其协整分析的结果表明，金融抑制显著地阻碍了马来西亚的金融发展。

广义货币与国内生产总值的比例（M2/GDP）通常用来衡量一国的货币化率。改革开放以来，中国宏观经济的一个显著特征是货币供应量高速增长。

### （三）中国资本项目管制的有效性

2003 年以后，中国外汇储备迅速增长，人民币升值预期不断增强。易纲（2009）指出热钱通过经常账户、FDI、个人、地下钱庄等渠道涌入国内。外汇储备的持续高速积累不断推高人民币升值压力，逐渐影响到了中国货币政策的独立性。因此我国资本项目管制的有效性成为国内学者研究的热点问题。

李扬是国内第一位研究资本外逃或资本外流的学者（李扬，1998）。他首先提出了关于"迷失的货币"的概念，并从不良资产侵蚀和资本外流两个角度进行了分析和验证。李扬发现在金融危机之前的 2004—2006 年，年均非正规资本流出的规模达到 210 亿—280 亿美元。随后，宋文兵（1999）、李庆云和田晓霞（2000）、王世华和何帆（2007）、刘仁伍（2008）等在中国资本外逃数额的估算、资本外逃的方式和渠道、热钱流入的规模和渠道等方面做了大量研究。

金荦（2004）根据国际收支统计针对资本与金融项目的分类和中国资本项目管理法规框架的特点，测算了中国1994—2003年资本项目管制强度，得出了中国资本项目管制强度由于亚洲金融危机在1998年达到最高，然后逐年下降的结论。金荦和李子奈（2005）从货币政策独立性、资本流动及国际收支三个方面分析了中国资本管制的有效性，认为中国资本管制在避免外部冲击，保持国内金融体系的稳定和发展方面是成功的，同时管制的有效性也受到严峻挑战。

于洋和杨海珍（2005）利用误差修正模型研究了中国的投资率和储蓄率，得出中国资本管制政策短期有效，而长期效果较弱的结论。王信（2008）总结了衡量资本管制有效性的研究方法，认为中国资本管制整体有效，但有效性在不断下降。徐明东和解学成（2009）利用储蓄投资相关法、Edwards 和 Khan（1985）模型、资本管制强度测度以及抵补利率平价四种方法评估了中国资本管制的有效性，发现中国资本管制的有效性呈下降趋势，中国资本管制对国际资本流动具有明显的抑制作用。

张斌（2003）考察了中美两国贷款利率的走势，认为中国贷款利率相对独立于美国贷款利率，中国资本管制有效。何德旭等（2006）采用总量规模、储蓄投资相关法、Edwards 模型以及货币自主性检验法考察了中国资本的流动性，并比较了中国与亚洲其他新兴国家资本流动性的差异，发现中国资本流动性最低。Ma 和 Mc-

Cauley（2004）认为离岸与在岸收益率之差存在较大不规则变动，并由此判定中国的资本管制依然有效。

所有这些研究都有助于我们加深对中国跨境资本流动和资本管制有效性等问题的理解。不过大部分量化分析在方法论上存在一些明显的缺陷，如多数文献在分析中没有考虑到参数随时间可能发生结构性改变。在分析的时间区间内，如果由于政策改变或其他外生冲击造成参数的结构性改变，忽略这种结构性变化就不能保证估计参数的一致性，得到的结论也就存在问题。

更重要的是，多数文献没有考虑到变量的平稳性。正如 Nelson 和 Plosser（1982）所指出，多数宏观经济变量是不平稳的过程，即存在单位根。如果变量之间不存在协整关系，直接的回归分析就会造成伪回归的后果。假定收益率数据为不平稳的序列，那么直接考察离岸收益率和在岸收益率之间的差距是否为 0 可能是不合适的。由于收益率序列为随机游走序列，两者之差很可能也服从随机游走，这也是一些研究无法解释离岸与在岸收益率之差存在较大不规则变动的原因（Ma and McCauley，2004；徐明东、解学成，2009）。

## （四）中国经济增长过程中的货币化问题

广义货币与国内生产总值的比例通常用来衡量一国的货币化程度。Goldsmith（1969）提出了著名的货币化路径，认为货币化比率是衡量一国经济发展水平与进程的重要指标，广义货币与国民财富的比例会先上升，然后趋于平稳甚至下降。Friedman 和 Schwartz

(1982) 对英国和美国的货币化路径的研究支持了 Goldsmith 货币化路径的观点。

对拥有货币发行权的政府而言,如何主导货币化进程才是最优呢?为回答这一问题,Mckinnon(1973)提出了最优货币化理论,认为保持并提高持有货币的实际收益是提升一国货币化水平的关键因素。在货币化程度较低时,政府直接控制相对单一的银行体系,可以从货币持有者那里榨取较多的铸币税或通货膨胀税。然而,如果货币发行过多过快,居民就会减持货币,政府必须将部分铸币税以提高银行存款利率的形式让渡给货币持有者。因此,当政府(银行体系)的边际投资收益等于货币持有者的实际收益(利息支出)和政府机构自身经营的边际成本时,就达到了特定经济水平所对应的最优货币化点。

针对中国高 M2/GDP 比例的问题,国内已有较多学者从不同角度进行了解释。在分析中国持有高 M2/GDP 水平的现有文献中,大部分学者从中国 M2 水平入手,以货币现象为重点进行分析。由于 M2/GDP 指标的最初提出是用于衡量货币化程度,因此,很多学者从货币化发展的角度对中国高 M2/GDP 的现象进行了解释。中国的改革开放提高了市场开放程度,居民所需物品由政府配给逐渐转为自由交易,货币的交易动机大大增强,随着产品供给种类的日益丰富,货币化进程飞速发展(谢平,1996;易纲,1996;秦朵,1997;刘明志,2001)。随着中国企业制度改革和土地产权制度改革的深入进行,以及人力资本货币化进程的推进,中国仍经历着要素市场的货币化过程(张文,2008)。然而,经济货币化的进程只能解释

1980—1993 年 M2/GDP 较高的现象，因为只有这一期间 M1/GDP 的比值也在上升，之后的 M1/GDP 的水平基本维持稳定（谢平，2007）。

货币需求上升也被作为中国高 M2/GDP 水平的解释因素。一方面，货币需求上升可能是由于公众对未来经济预期不乐观。刘明志（2001）批驳了以抑制 M2 供给的方式来降低 M2/GDP 水平的做法，若货币需求的增加没有相应的货币供给来满足，则会出现名义 GDP 下降的现象，那么 M2/GDP 仍会表现为一个较高的水平。货币需求上升的另一方面原因可能是由于货币流通速度下降，曾令华（2001）以及董承章、余小华和李大伟（2003）认为，中国的居民平均手持货币量较之实行周工资制的西方发达国家更高。购买商品时分期付款手段的使用也不及西方发达国家普及，因此居民平均手持货币总量高于西方发达国家，进而造成货币需求大。然而，对于以货币流通速度来解释中国高 M2/GDP 的观点，均未能说明货币流通速度下降的原因，因此，用其来解释 M2/GDP 无异于同义反复（张杰，2006）。

与之相对应地，钟伟和黄涛（2002）、董承章等（2003）从货币供给口径分析了 M2/GDP 较高的原因。前者运用偏相关分析，证明货币乘数比基础货币更大程度地影响 M2。后者运用趋势模拟方法分析得出 M2 的上升主要来自基础货币而非货币乘数的增加。以上两篇文献运用不同的分析方法研究同一问题，却得出相反的结论。上述从货币角度探讨中国 M2/GDP 水平的论文，主要是从货币现象的角度对 M2/GDP 指标进行了分析，但较少联系实体经济对整个经济体系进行分析。

进一步地,也有学者从银行不良资产的角度分析中国偏高的 M2/GDP 比例的原因。不良贷款的产生一方面由于其不能被及时冲销而不影响银行存款总量,同时由于不良贷款回收困难而使贷款周转期变慢,为维持正常运转,银行不得不继续提供新贷款,这需要银行吸收新的存款来满足。另一方面,不良贷款的形成说明企业的产品未能形成足够的需求以获取利润,在新增货币流入实体经济循环系统之后,不能带来相应的消费。所以,M2 上升的同时没有伴随着 GDP 的上升(刘明志,2001;钟伟、黄涛,2002;余永定,2002;张春生、吴超林,2008;张春生,2009)。张杰(2008)则从另一个角度分析了银行不良资产对 M2 的影响,他认为银行在处置不良资产时,由于资本充足率的要求而导致经济中内部货币虚增,造成了 M2 的增加。

广义货币中占比最大的构成因素是储蓄存款,分析中国高储蓄的原因有助于理解 M2/GDP 过高的事实。有学者研究指出,中国居民的消费储蓄习惯决定了 M2 的高水平,在居民可以选择的投资品种中,银行存款被认为是综合考虑了安全性、流动性与盈利性因素的最佳投资品种(刘明志,2001;曾令华,2001;余永定,2002;董承章等,2003;尉高师、雷明国,2003)。还有学者从收入分配差距来解释这一现象。吴建军(2007)认为中国 M2/GDP 的高比率是缘于高储蓄率,但却不是缘于微观个体的高储蓄动机。个体的高储蓄动机与中国自改革开放以来的经济发展真实情况是相违背的,微观个体产生储蓄动机意味着其对消费需求的抑制,而消费需求不足导致厂商产生非意愿存货，降低的消费需求与增加的非意愿存货将引起商品价格的下降和非自愿失业的增加。即如果中国的高 M2/GDP 比率及高储蓄率是由微观个体的储蓄动机所引起的，那么，M2/GDP 比率的持续上升将伴随经济的持续衰退。但是，我国自改革开放以来，GDP 每年高速增长，因此中国高的 M2/GDP 比率不能用由微观个体储蓄动机所引起的高储蓄率来解释。

中国 M2/GDP 比例偏高还反映了金融资产结构的问题。当一国的金融结构以银行为主，金融市场不发达，那么全社会的大部分金融资产就只能以银行储蓄的形式存在。这样准货币就处于一个非常高的水平，从而导致 M2 也很高。而一国的金融结构以金融市场为主，居民在资产选择上有更大的自由度，其资产形式也不会仅仅是银行储蓄，它可以是股票、债券以及其他形式的金融资产，这样，银行储蓄就可以转化为股票、债券，准货币的量就会下降，M2 就会减少（易纲、吴有昌，1999；樊纲、张晓晶，2000）。李扬（2001）指出，国有企业存在的预算软约束问题以及其他制约经济发展的因素限制着资本市场的发展，中国的资本市场对间接融资市场的替代程度较小，这是中国高 M2/GDP 水平的主要原因。

第 三 章

# 非对称的中国金融改革

与其他国家相比,中国的金融改革遵循了与经济体制改革类似的渐进双轨的独特路线。这种独特性体现为:在金融体系的构建与金融市场规模扩张的过程中,保持着对金融机构和资金价格的管制、干预;以银行体系为主导发展资本市场;以国有银行为主体允许中小金融机构和外资银行进入;在渐进放开利率等资金价格的同时始终控制着人民币存贷款基准利率等关键价格。这些独特性导致目前中国的金融体系依然存在"重量轻质"的非对称性。

本章将分五部分展开。第一部分分析中国金融改革的总体特征;接下来四部分对中国金融改革的主要内容进行介绍,分别为银行业的发展改革、金融市场的建立与金融产品的丰富、货币政策与金融监管、汇率制度与资本项目改革。

## ◇ 一 中国金融改革的总体特征

改革开放之初,中国的银行体系高度垄断。到 20 世纪 90 年代中期，包括各种类型的银行和非银行金融机构，以及股票、债券和货币市场的统一的金融体系已经形成（Huang，2001）。与日本和其他东亚经济体类似，中国的金融体系也是以银行为主，直接融资的作用相对较小。

快速的金融深化已经成为一个重要特征，广义货币供给与GDP的比例（M2/GDP）从1978年的32%上涨为2016年的208%。到1990年，中国M2/GDP的比例已经超过美国，而那时中国经济规模仅是美国经济的6%，并且M2/GDP的比例还在不断提高。图3.1给出了2000年以来中国货币供给和金融资产占GDP的比例。

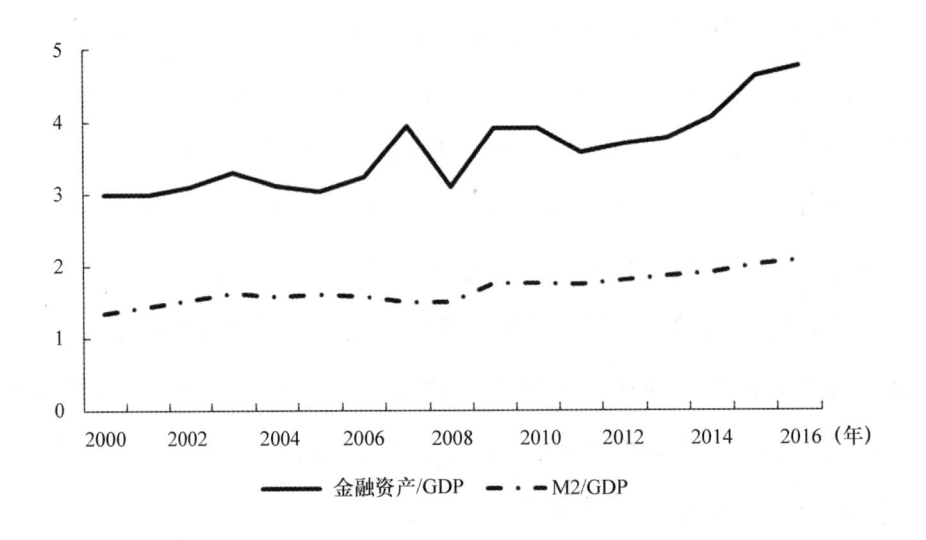

图3.1 中国货币供给和金融资产（%）

资料来源：《中国金融年鉴》。

理解金融政策对中国经济改革和增长的特殊作用是笔者的主要目的。通过回顾金融改革的进程，评估金融改革取得的成效和面临的挑战，我们发现，中国金融改革总体上注重框架和数量，而在改善金融监管和开放市场方面较为薄弱。笔者将改革以来金融部门的演进分为四个方面：（1）发展金融框架和体系，如中央银行和股票市场的建立和发展；（2）扩大金融活动，如金融机构数量和金融资产规模的增加；（3）金融机构重组，如国有商业银行改革；（4）金融市场开放，如取消利率限制，开放市场竞争。

可以将前两个方面归于数量变化，后两个方面归为质量变化。中国金融改革表现出明显的重数量扩张而轻质量改进的特征。中国在较短的时间内建立了一个几乎包含所有类型的金融机构和金融中介的综合金融体系。同时，政府干预仍然很严重也很普遍，对金融价格、金融机构行为和金融市场功能施加着重要影响。由于间接金融比直接金融更易于进行政府干预，银行业的发展要远快于资本市场的发展。

金融部门发展模式的深层次根源在于政府非对称的市场开放措施（Huang，2010a；2010b）。产品市场基本放开，然而，要素市场，尤其是资本市场，仍存在严重扭曲。这些扭曲普遍抑制了要素价格，降低了生产成本，同时也导致了严重的结构失衡。这些扭曲如同对生产者、投资者和出口商给予补贴，以促进生产、出口和快速的经济增长。换言之，政府采取了选择性的政策扭曲以更好地实现政策目标。

尽管扭曲的金融政策在一定时期内促进经济快速增长，为保持金融稳定发挥了重要作用，然而这种金融管制的成本已经显著增加，并日益成为不稳定的根源。尤其是2012年经济进入常规增长以来，扭曲的金融抑制政策造成的金融风险已显著增加。金融危机期间中国的资本市场承受了地方政府大规模的债券和商业银行大规模的贷款。金融抑制造成的金融有效供给不足催生了影子银行和互联网金融的无序扩张。这些很可能会增加将来的财政和金融风险。更重要的是，金融抑制政策的负面效果已经开始延续，试图继续通过管制资金的价格与配置来稳定金融的努力，不但会降低效率，同时还会增加风险。金融抑制政策也已经成为其他重要政策目标的障碍。例如，扭曲的资金价格和金融结构造成了国有企业杠杆率上升而民企杠杆率下降。资本项目管制也是政府推进金融开放和将上海打造成国际金融中心的主要障碍。因此，进一步推进金融市场化改革和开放，已成为当前政府面临的重要任务。

**未来的改革方向**

随着成本已经超过收益，中国考虑完成金融部门改革并向市场化金融体系转型的时机已经成熟。这自然要求国内金融机构、利率和汇率进一步改革。中国已经具备了改革的基本条件，如开放的实体部门、稳定的宏观经济状况、健康的财政金融体系、充足的外汇储备。其中一些条件，如财政金融状况和外部账户情况可能在将来会发生逆转。

因此，中国应该在随后几年内尽快推进改革。金融改革的措施可以参考以下顺序：财政改革、金融和贸易市场化、汇率改革，以及资本账户可兑换。国内金融市场化需要引入市场定价的利率体系，取消资金分配的国家影响，停止金融机构管理的政府干预。汇率制度应走向自由浮动，监管机构应逐渐取消跨境资本流动方面的限制。然而，中国作为发展中国家，往往偏好保留一些机制以备支持信心和稳定，如外汇市场的稳定基金，投资组合流动方面合格的境内、境外投资者（QDII、QFII），以及一定程度的金融机构国家所有制。

## ◇ 二 银行业的发展和改革

银行部门是中国的金融体系最重要的组成部分。多年来，银行资产在总金融资产中所占比例超过60%。2010年银行存款占GDP的比例已达到180%。在本节首先简要介绍银行业的发展，然后着重介绍两个领域，即国有商业银行改革和外资银行的进入。

自2000年开始，中国的国有商业银行经历了较大的转型，包括处理不良贷款，采用新的会计制度，注入国有资本，引入外部战略投资者以及在海内外股票市场上市。资产质量和资本充足率得到显著提高。中国国有商业银行因市值已跻身世界最大银行之列。然而，很多方面的改革仍未完成。与国有企业相似，国有商业银行仍然较多受到政府干预。国际金融危机期间，大量贷款扩张说明了政策干预的有效性，也显示了风险控制机制的缺失。

金融机构改革以来，外资银行增加了国内金融机构间竞争的压力，并带来了管理技术、风险控制体系、优质的服务、新产品和现代企业制度，对国内金融机构全方位的提升发挥了重要作用。但是，外资银行在华经营的业务范围仍然受到严格的限制。尽管外资银行在社会和市场上的认可度较高，但是在国内市场所占份额依然较小。

### （一）银行体系的早期演进

金融改革之前，与计划经济体制相适应，中国建立了高度集中的银行体制。中国人民银行既要担负城镇储蓄存款业务和工商企业大规模的信贷业务，还要担负全国金融进行调控和金融行政管理的职责。全国上下基本上只有中国人民银行办理一切银行业务。中国人民银行在当时控制着全国90%以上的金融资产，对外经济交易等涉外部分以中国银行的名义办理。建设银行虽名为银行，实际上隶属财政部，是财政部门的经办国家基本建设投资的拨款机构，不办理传统银行的信贷业务。

金融体制改革前的银行体系，并没有真正的商业银行。1979年邓小平指出，银行应该抓经济，现在仅仅是算账，当会计，没有真正起到银行的作用。要把银行当作发展经济、革新技术的杠杆，必须把银行办成真正的银行。随着向市场经济的转型，经济体制改革的深入，金融改革的迫切性日益增强，对合理的金融中介的需求与日俱增。

因此，要建立真正的银行，发展适应经济发展的银行体系，首先要建立独立经营、实行企业化管理的专业商业银行，实现金融机构多元化。如同中国改革先从农村开始一样，为适应农村经济体制改革，振兴农村金融，1979年2月，中国农业银行专注于支持农村经济业务和农村信用合作。为适应对外开放，服务对外经济交易的要求，1979年3月，中国银行从中国人民银行中分设出来，独立经营外汇业务。建设银行也从财政部分设出来，1983年明确建设银行是全国性经济组织，除仍执行拨款任务外，作为经济实体可大量开展一般银行业务。1984年成立中国工商银行，负责人民银行原来办理的工商信贷和城镇储蓄业务。这四大国有商业银行通常被称为"四大行"。

除国有商业银行外，政府还组建了其他商业银行和非银行金融机构。其中包括1981年成立的中国东方租赁有限公司，1984年成立的中国人民保险公司，1986年重新组建交通银行，随后又陆续成立了中信银行等10余家股份制银行。

到2010年年底，全国共有3749家银行金融机构，包括3家政策性银行、四大国有股份制商业银行、交通银行、12家股份制商业银行、147家城市商业银行、2646家农村信用合作社，以及其他一些银行机构，如农村商业银行、信托公司和金融租赁公司等。

### （二）四大行与银行改革

目前金融体系的一个重要特征仍然是四大国有股份制商业银行在银行体系中占据主导地位。1996—2008年，无论从银行资产、吸收存款，还是从发放贷款方面衡量，四大行在全国银行业中的份额均达到60%以上（见表3.1）。四大行以其在中国金融体系中的地位，对金融稳定起着重要作用，多年来，比其他金融机构承担了更多的政策责任，如向国有企业提供贷款支持，维护社会稳定。

表 3.1　　　　存款、贷款和资产分布（1978—2008 年）　　　　（%）

| 银行类型 | 1978—1995 年 | | 1996—2008 年 | | |
|---|---|---|---|---|---|
| | 存款 | 贷款 | 资产 | 存款 | 贷款 |
| 四大行 | 81.98 | 91.07 | 65.11 | 64.64 | 64.22 |
| 12 家股份制银行和交通银行 | 1.47 | 1.22 | 14.88 | 15.37 | 15.8 |
| 城市商业银行 | 1.93 | 0.95 | 6.57 | 6.6 | 6.63 |
| 农村商业银行和信用合作社 | 18.12 | 6.34 | 11.73 | 11.66 | 11.6 |
| 外资银行 | 0.18 | 0.43 | 1.71 | 1.74 | 1.76 |

资料来源：《中国金融年鉴》。

1997 年亚洲金融危机时，四大行成了金融风险的主要来源。平均的不良贷款率在 1/4 到 1/3 之间。一些国际学者判断四大行技术上已经资不抵贷（Lardy，1998；Bonin and Huang，2001）。这主要是由于政府政策干预以及低效率的银行管理所造成的。当时约 90% 的贷款是向国有企业提供的，而 1996 年国有企业整体上处于净亏损（Huang，2001）。

1996 年政府针对国有企业和国有商业银行采取了新的策略。1997 年 9 月中国共产党第十五次全国代表大会采纳批准了"抓大放小"的国企改革原则，开启了第一次较大规模的国有企业改革浪潮。改革的焦点是中央政府放开对小型国有企业的控制，仍然保留对 1000 家大型国有企业的控制。小型国有企业下放给地方政府进行重组、私有化或者关闭。到 2010 年年底，大型国有企业的数量已下降到 100 家。多数是电信、石油等行业的垄断企业。这些大型国企都具有较强盈利能力，为银行改革创造了有利的外部条件。

资本充足率和不良贷款率是银行改革一直关注的领域。1998年，政府发行了2700亿元的特殊政府债券，用于提高四大行的资本充足率。1999年，借鉴美国处理信托公司的经验，政府建立了中国信达、华融、东方以及长城四家资产管理公司，管理和处置四大行的不良资产，购买了四大行1.4万亿不良资产，约占当时四大行贷款余额的21%。中国较大的存贷款利差，在很大程度上保证了银行业丰厚的利润。政府鼓励四大行使用税前利润冲销剩余的不良资产，不良资产率得以有效降低。尽管四大行的平均不良贷款率仍然高于股份制银行，其不良贷款率在2004年下降为15.57%，2008年年底下降为2.81%（见图3.2）。

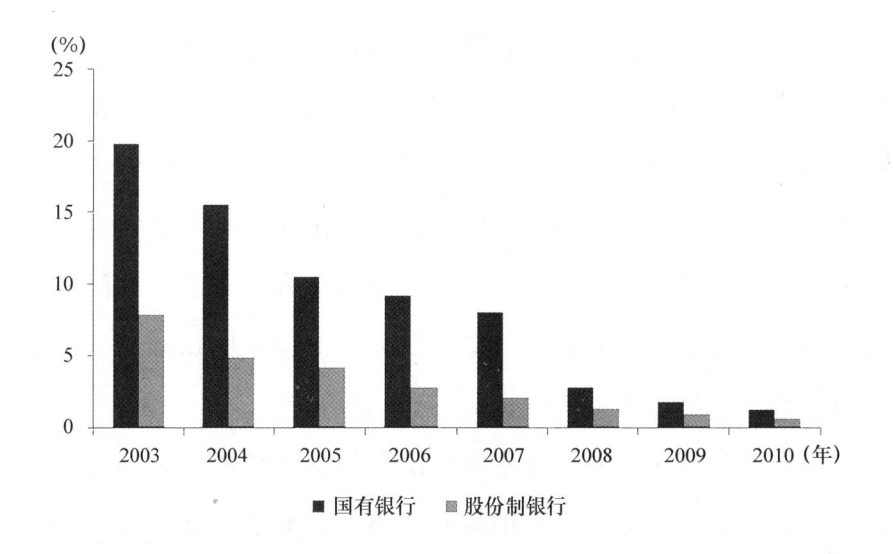

**图3.2 国有商业银行和股份制银行的不良贷款率**

资料来源：《中国金融年鉴》。

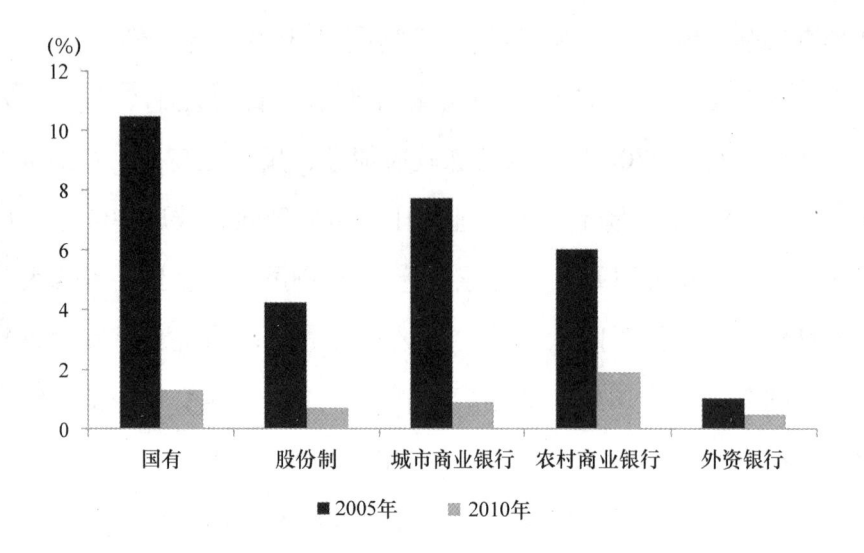

**图 3.3　各类商业银行不良贷款占总不良贷款的比率**

资料来源:《中国金融年鉴》。

除了不良贷款的解决,监管机构要求商业银行改变贷款分类方法。1998年以前,中国商业银行的贷款分类方法为正常、逾期、呆滞、呆账四种类型,后三种合成不良贷款。随着改革的深入,这种分类方法的弊端逐渐显露,越来越不能适应经济发展的需要。因此,1998年5月,中国人民银行参照国际惯例,结合中国国情,制定了贷款分类指导原则,将贷款分为正常、关注、次级、可疑、损失五种类型,后三种为不良贷款。

新的分类方法,要求商业银行依据借款人偿还本金和利息的实际能力,确定贷款遭受损失的风险程度,具有前瞻性和科学性。根据人民银行2001年12月发布的指导原则,四大行等主要机构首先采用新的贷款评级体系,2004年起,国有独资和股份制商业银行均采用新的体系,这是国内银行与国际银行接轨的重要步骤。

1998年之前，不管是正常贷款，还是不良贷款，除非政府同意暂停计息，银行都会对贷款计征利息。1998—2001年，对逾期超过180天的贷款，不再计息。为提高银行经营的透明度，促进贷款更精确的分类，2002年1月，财政部公布了金融机构会计制度。新的会计制度将贷款逾期不再计息的天数减少为国际标准规定的90天。

### （三）2001年以来银行的所有制重组

2001年中国加入WTO，承诺对外资金融机构逐步取消外币、人民币和营业许可等方面的限制，要求银行部门进行迫切的根本性的改革。随后，政府开始了银行改革中最核心的所有制结构调整。

2003年年底，政策制定者首先对中国银行和中国工商银行进行了股份制改造。在准备上市的过程中，监管机构采取四个具体步骤改善银行资产负债表，即注入政府资金、批准发行次级债券以推进股权、通过资产管理公司处理不良贷款和引入外部战略投资者（见表3.2）。

表3.2　　　　　　　　　　　四大行IPO重组信息

|  | 中国银行 | 中国建设银行 | 中国工商银行 | 中国农业银行 |
| --- | --- | --- | --- | --- |
| 重组日期 | 2004年8月26日 | 2004年9月17日 | 2005年10月28日 | 2009年1月5日 |
| 资本注入时间 | 2003年12月 | 2003年12月 | 2005年4月 | 2008年11月 |
| 资本注入量（10亿元人民币） | 186.4 | 186.2 | 124 | 130 |
| 处理的不良贷款额（10亿元人民币） | 308.1 | 185.8 | 705 | 815.7 |

续表

|  | 中国银行 | 中国建设银行 | 中国工商银行 | 中国农业银行 |
|---|---|---|---|---|
| 外部战略投资者时间 | 2005年9月 | 2005年6月 | 2006年1月 |  |
| 外部战略投资者（10亿元人民币） | 43 | 32.8 | 30.5 |  |
| 香港IPO时间 | 2006年6月 | 2005年10月 | 2006年10月 | 2010年1月 |
| 上海IPO时间 | 2006年7月 | 2007年9月 | 2006年11月 | 2010年7月 |
| IPO规模（10亿元人民币） | 110 | 74.6 | 173.2 | 149.9 |

注：中国农业银行未引入外部战略投资者。

资料来源：Okazaki（2007）；Huang et al.（2011）。

作为部分私有化的第一步，从2005年开始，外资银行开始持有四大行股份。战略投资者必须在3年内锁定其持有份额。外部投资者带给中国银行业的不仅是资本，还有员工培训、协助风险管理、指导内部控制、公司治理和投资者信心（Berger et al.，2005）。

2006年，中国银行成为第一个在上海A股和香港H股公开上市的中国银行，随后中国工商银行、中国建设银行、中国农业银行也分别完成公开上市。政府在每家银行的所有者份额仍然至少为2/3。公开上市在所有者结构、公司治理、信息披露甚至银行业绩方面，对四大行带来了显著影响。从2005开始，四大行的资本收益和股权收益这两大主要盈利指标从总体上已经开始改善。即使在国际金融危机期间，两大盈利指标仍在提高（见表3.3）。

表 3.3　　　　　　　　　商业银行盈利指标　　　　　　　　　　（%）

| | 资产收益 | | | | | |
|---|---|---|---|---|---|---|
| | 2005年 | 2006年 | 2007年 | 2008年 | 2009年 | 2010年 |
| 中国工商银行 | 0.66 | 0.71 | 1.02 | 1.21 | 1.2 | 1.32 |
| 中国农业银行 | 0.02 | 0.1 | 0.82 | 0.84 | 0.82 | 0.99 |
| 中国银行 | 0.7 | 0.96 | 1.1 | 1.02 | 1.09 | 1.14 |
| 中国建设银行 | 1.11 | 0.92 | 1.15 | 1.31 | 1.24 | 1.32 |
| 汇丰银行 | 1.56 | 1.62 | 1.99 | 1.34 | 1.18 | 1.35 |
| | 股权收益 | | | | | |
| | 2005年 | 2006年 | 2007年 | 2008年 | 2009年 | 2010年 |
| 中国工商银行 | -27.92 | 13.65 | 16.21 | 19.34 | 20.13 | 22.13 |
| 中国农业银行 | 1.32 | 6.4 | -13.6 | -23.55 | 20.52 | 21.44 |
| 中国银行 | 13.06 | 14.44 | 14.37 | 14.01 | 16.6 | 17.96 |
| 中国建设银行 | 19.49 | 14.99 | 18.38 | 20.82 | 20.81 | 21.44 |
| 汇丰银行 | 23.82 | 22.58 | 25 | 17.51 | 15.32 | 20.64 |

注：加入汇丰银行的目的在于同国内四大行进行比较。

资料来源：BankScope。

表 3.4　　　利息以及佣金和服务费收入占净营业利润的比例　　　（%）

| | 净利息收入 | | | | | | |
|---|---|---|---|---|---|---|---|
| | 2004年 | 2005年 | 2006年 | 2007年 | 2008年 | 2009年 | 2010年 |
| 中国工商银行 | 91 | 90 | 90 | 88 | 85 | 80 | 81 |
| 中国农业银行 | 89 | 57 | 63 | 88 | 92 | 82 | 83 |
| 中国银行 | 80 | 82 | 87 | 83 | 74 | 71 | 73 |
| 中国建设银行 | 89 | 91 | 93 | 88 | 84 | 79 | 77 |
| 汇丰银行 | 54 | 57 | 58 | 52 | 53 | 47 | 47 |
| | 净佣金和服务费 | | | | | | |
| | 2004年 | 2005年 | 2006年 | 2007年 | 2008年 | 2009年 | 2010年 |
| 中国工商银行 | 6 | 6 | 9 | 15 | 14 | 18 | 19 |

续表

| | 净佣金和服务费 | | | | | | |
|---|---|---|---|---|---|---|---|
| | 2004 年 | 2005 年 | 2006 年 | 2007 年 | 2008 年 | 2009 年 | 2010 年 |
| 中国农业银行 | 9 | 12 | 12 | 13 | 11 | 16 | 16 |
| 中国银行 | 8 | 7 | 15 | 19 | 18 | 21 | 20 |
| 中国建设银行 | 6 | 7 | 9 | 14 | 14 | 18 | 20 |
| 汇丰银行 | 23 | 22 | 23 | 26 | 23 | 24 | 26 |

注：加入汇丰银行的目的在于同国内四大行进行比较。

资料来源：BankScope。

表 3.4 给出了银行利润的构成。可以看出，银行利润严重依靠息差收入；表外业务收入显著落后于国际同行，也是四大行今后需要改进和加强的重要领域。

尽管公开上市显著提高了国有商业银行的经营效率，中国大多数银行的运营，尤其是四大行的运营，仍然受到政府政策干预，并不是像上市公司一样。例如，2009 年中国的银行体系新增贷款 9.6 万亿元，是 2008 年新增贷款的 2 倍，比 2009 年中国人民银行初定目标的 2 倍还多。尽管对于政策制定者而言是好消息，但对于投资者而言则相反。在全球经济下行期，巨额的信贷扩张反映了政府对金融机构的影响和风险管理的有效性较低。因此，中国银行改革的任务远未完成。

## （四）信用合作社

1980 年起，城市信用合作社设立，专门为迅速发展的中小企业提供资金支持。1994—1995年，城市信用合作社的发展到达顶峰，全国多达5000家。

然而，由于缺乏专业知识以及利益集团的干预，城市信用合作社并未得到合理发展，同时还引发了一系列问题，如监管不力、风险管理意识薄弱、经营效率低下，从而导致了较高的不良资产率。基于这些问题，中国人民银行决定对城市信用合作社进行改革，将其并入其他银行。1998—2002年，2000多家城市信用合作社被110多家新成立的城市商业银行吸收。2009年年底，仅剩下11家城市信用合作社，2010年已无城市信用合作社。

将城市信用合作社并入城市商业银行，显著地改善了管理质量，降低了金融风险。城市商业银行的盈利能力不断提高，不良资产率持续下降。然而，这种转型也引出了新问题，转型后的新银行，将服务重点由小企业转移到大企业大项目。这显然不利于中小企业的发展。

### （五）政策性银行

1994年以前，专业银行既要实行企业经营，又要负担执行国家政策的任务。为促进专业银行向商业银行转变，更好地支持和服务经济社会发展，将商业性金融和政策性金融分离，已成为银行业改革的必然要求。因此，中国1994年相继组建了国家开发银行、中国进出口银行和中国农业发展银行三家政策性银行。国家开发银行主要负责将分散管理的国家投资基金集中起来，为国家重点建设融通资金。为遵循国际惯例，运用出口信贷、担保等方法，扩大机电产品出口，促进对外贸易，创造有利的对外贸易环境，成立了中国进出口银行。中国农业发展银行主要负责解决农业和农村发展的合理的政策性资金，促进主要农产品收购资金的封闭运行。

从资产质量的角度来看，国家开发银行运行良好。国家开发银行虽然继续为国家中长期重点项目提供贷款支持，但在2008年年底经历了向商业银行的较大转型，这在一定程度上显示了政策制定者在政策性银行的未来方向问题上存在争论。目前尚不清楚今后将由哪些银行接管国家开发银行的业务主要负责政策性大项目。中国进出口银行以前的主要任务是支持出口，现在也需要促进进口。此外，进出口银行还肩负着支持中国企业"走出去"，为对外直接投资、海外工程承包以及经济技术合作融通资金的任务。

## （六）外资银行

外资银行在中国总的银行资产中所占比重较小，2010年年底比例仅为1.7%。但是，外资银行的进入对于中国金融改革具有重大意义。如果没有向外资银行开放国内市场的承诺，政府可能不会大刀阔斧地对四大行进行改革。同时，外资银行在引入新产品、新技术以及改善服务等方面发挥了重要作用。这些竞争推动着中国银行业改善自身经营和服务。

改革开放以来，外资银行进入中国市场的历程可简单地分为三个阶段，即1980—1993年、1993—2001年和2001年之后。

1980—1993 年，外资银行来华最主要的动机是为在华外企提供服务，从而创造良好的投资环境吸引更多外商来华投资。第一个外资银行是日本进出口银行，于 1979 年在北京成立了代表处。到 1981 年年底，共有 31 个金融机构在华设立了代表处。尽管这些代表处发挥了一些作用，但并未进行商业运营。1982 年，南洋商业银行在华成立分支机构，成为第一家在中国大陆成立分支机构的外资银行。

外资银行最初允许在四个经济特区（深圳、厦门、珠海和汕头）开展业务。沿海城市和一些中心城市也逐渐向外资银行开放。1993 年年底，外资银行在中国 13 个城市设立了 76 家经营类的金融机构，总资产达到 89 亿美元。这些外资金融机构主要为外企和外国居民提供外币业务。

1993—2001 年，外资银行的进入开始加速。政府颁布了第一个有关外资银行的规定，详细说明了市场准入和监管标准的要求，为创造更标准的以法律为基础的投资环境迈出了重要一步。政府开始在上海向外资银行发放经营人民币业务的牌照，客户仍局限于外国企业和外国居民。

1993 年至 1997 年年底，外资银行在华开设的经营业务的金融机构已增至 173 家，总资产达到上一阶段的 3 倍。受金融危机影响，外资银行进入步伐显著放慢。1998 年外资银行的资产占中国总的银行资产的比例为 1.86%。为了促进外资银行业务，继上海之后，深圳获批成为第二个外资银行可以在华经营人民币业务的城市。外资银行可以进入国内同业市场募资。

2001 年 12 月，中国加入 WTO 对中国银行业的开放至关重要。

当时有人对中国银行业持悲观态度，担心外资银行的进入会挤垮国内的银行业。这些担心尽管合理，但并不实际。外资银行的业务发展面临许多显性或隐性限制。同样，如 Bonin 和 Huang（2001）指出，外资银行并不能全面参与竞争，并不具有国内银行的规模。

外资银行获准向所有客户（国内或外国客户）提供外币业务。在 5 年的过渡期内，逐步取消对人民币业务的限制。外资银行渐进地在全国范围内获准开展人民币业务。5 年的过渡期到 2006 年 12 月 11 日为止，之后，外资银行相对更容易进入中国金融市场。到 2006 年年底，外资银行设立的金融机构数已增至 312 家，包括 14 家在华注册的外商独资和合资金融机构，及其相关的 19 家分公司和子公司；来自 22 个国家和地区的 74 家外资银行在中国 25 个城市设立的 200 个分公司和子公司。此外，来自 42 个国家和地区的 186 家外资银行已在中国 24 个城市设立了 242 个代表处。

2010 年年底，来自 14 个国家和地区的外资银行在华已设立了 37 家独资和 2 家合资银行，来自 25 个国家和地区的 74 家外资银行在华设立了 90 个分公司。此外，来自 45 个国家和地区的 185 家外资银行在华设立的代表处为 216 个。

外资银行也会以其他形式进入中国市场，如通过业务合作或者股权合作。到 2008 年年底，9 个战略投资者对中国工商银行、中国银行、中国建设银行和交通银行拥有权益；33 个战略投资者持有 24 家中小商业银行的股权；3 个外部战略投资者持有 3 家农村信用合作社的股权。这 45 家外部战略投资者持有的中国金融机构的股权价值为 328 亿美元。

2001年后，多数外资银行的收入增长迅速。尤其是，这些外资银行的高端客户囊括盈利较高的企业和富有的个人。然而，1998—2010年，外资银行在中国银行业的份额停滞不前，甚至有所下降。这清楚地表明，中国的银行业还不是一个开放和竞争的市场。对新设分支机构、银行同业拆借上限以及新产品许可证的限制已成为外资银行业务拓展的障碍。

## ◇ 三 金融市场的发展

受传统意识影响，以及经济落后的限制，改革开放之初中国几乎没有金融市场。20世纪80年代初，一些小的国有和集体企业开始尝试股份制。股票发行和交易开始出现，政府也于1981年开始发行政府债券。经济改革初期，中国金融市场极为分散无序。随后几年，中央政府试图规范和集中资本市场。

### (一) 股票市场改革和发展

第一只股票于1983年在深圳发行，随后，一些小型国有和集体企业开始发行股票。然而，当时发行的股票更像是债券：按面值发行，保证本金和红利，到期时偿还。20世纪80年代下半期，由于财政金融资源不能满足金融需求，各种融资和集资活动开始出现，尤其是中小型国有和集体企业一直处于投资饥渴状态。尽管交易市场很小，沈阳信托投资公司在1986年开始作为一个代理机构，交易股票和债券。作为回应，1986—1988年，政府开始试点实验证券转移和分配。随后，政府分别于1990年和1991年建立了上海证券交易所（上交所）和深圳证券交易所（深交所）。

然而，股票市场极不完善。1992年邓小平南方谈话后，许多小型和大型企业纷纷自发地发行股票和债券。由此产生一种错觉，只要采用股份制就可以搞活企业，投资者只要购买股票就可以赚钱。1992年11月中国证监会成立之前，监管的责任最初在地方政府。监管并没有及时跟上步伐。最初，政府制定制度对股票市场实施严格控制，特别是上市过程。政府选择公司上市，设定发行价格，分配股份。然而，这套规则渐渐地被取代或改造。

上市公司的数量从1990年的10家增加到2009到1781家。股市总市值从1993年低于5000亿元增长到2007年达到峰值时的32.7万亿元。交易价值上升更快，在经历了2008年的短暂下降后，在2009年达到了53.3万亿元的新高（见图3.4）。然而，中国的总市值占GDP的比例（2009年为75%）与其他主要经济体相比，相对仍然较低。

2004年6月中小企业板块在深交所启动上市，以降低中小企业的进入障碍。2008年，创业板正式启动，主要定位是高科技产业中新成立的企业。到2010年年初，中小企业板块上市企业达370家，创业板上市企业为28家。2001年成立一个"三级市场"（代办股份转让系统），主要处理摘牌公司和企业场外交易。2001年后，一些没有达到上市公司标准的在上交所和深交所公开上市的公司已经

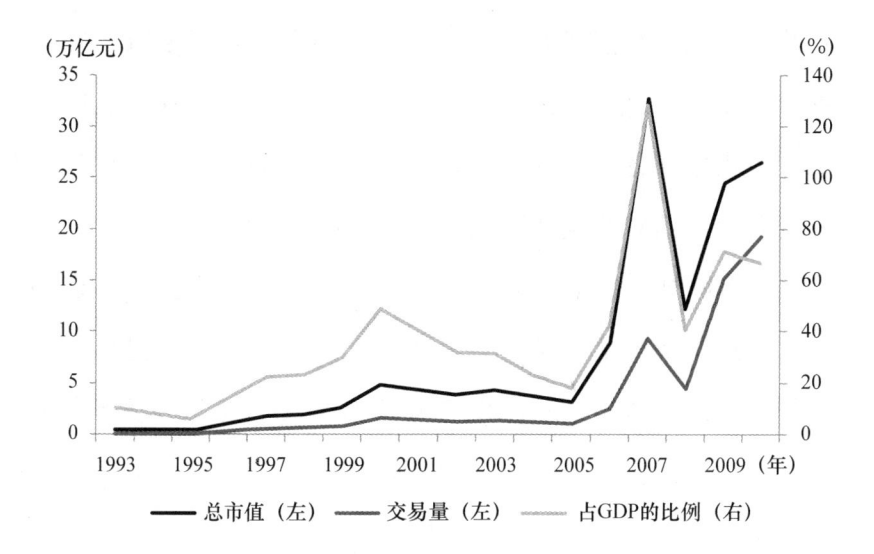

**图3.4 股票市场总市值、交易量与占GDP份额（1993—2009年）**

资料来源：Wind数据库。

被摘牌，其股权交易已被转移到这个市场。

交易所最初成立带有很强的中央计划色彩。政府主导整个过程，而规范投资者、上市公司和金融中介行为的规则却很有限。中国证监会采取了范围广泛的改革措施，以提高市场质量，其中最引人注目的是公开招股程序、信息披露、诈骗、独立董事和非流通股。

最初的IPO程序几乎完全由政府控制：中央政府决定发行的总规模；地方政府推荐上市公司；证监会审查被推荐公司的质量和未来发展前景，并全面安排发行规模、价格以及发行的形式。事实上，上市需求过大，地方政府都推荐自己青睐的当地公司，尤其是国有企业。证监会没有能力评估所有的申请，因此，将部分权力交予地方政府。

2000年3月，中国证监会颁布了"股票发行核查和审批程序"

的新政策。由此，配额制度被取消。主承销商推荐系统以及股票发行核查和审批程序落实到位。其主要目的在于确立中介机构的责任，加大信息披露力度，发挥发行审查委员会的独立审核作用，并根据发行人和承销商的谈判结果确定发行价格。

信息披露的规定在中国股票市场相当薄弱。上市公司不定期披露不重要信息的情况很常见，也有上市公司公布虚假信息误导投资者的丑闻。为改变这种状况，2007年2月1日，证监会发布上市公司信息披露管理办法，旨在加强信息披露力度，保护投资者合法权益，提高上市公司质量，促进股市发展。

在接下来的一年里，证监会主要通过三个关键方面进一步采取措施加强上市公司的公司治理：（1）规范主要股东和实际控制者的行为，增强上市公司的独立性；（2）巩固债务清偿的成果，建立相应机制，防止大股东占用上市资金，加大力度调查处理大股东随意挪用公司资金的情况；（3）加强内部调查、收集和披露信息机制，进一步规范上市公司行为。[①]

中国股票市场最初并没有摘牌的相关规定。1998年，监管机构做出特殊安排，连续亏损两年以上的上市公司，其股票名称前被加上"ST"字样。ST股票仍然可以交易，但是单日的最大涨跌幅从10%下调为5%。2001年，中国证监会发布了暂停和终止亏损上市公司交易的执行程序，标志着中国股票市场正式建立了连续亏损3年的上市公司的退市制度。2001年4月4日，PT水仙成为中国股

---

① 中国证监会网站。

市第一只退市股票。

上市公司的金融欺诈曾经是常见的现象。更常见的是，大股东利用自己的控制地位损伤小股东的利益。为保护投资者利益，中国证监会于2001年引入了独立董事制度。该制度要求上市公司充分发挥独立董事作用，并强调独立董事中至少要有一名专业会计师。

虽然名义上所有上市公司都必须遵守该制度，但是独立董事制度的有效性仍是一个未有定论的问题。在某些情况下，独立董事没有必要的权利影响决策。此外，许多独立董事并没有积极履行其职责。独立董事与监督委员会的职能经常相互交叉，这会导致两个群体发生内讧而影响双方的有效性。

（二）股权分置改革

中国股市成立伊始的特色就是"股权分置"，即一部分股份可以上市流通（流通股），主要为社会公众股，另一部分股份暂不上市交易（非流通股），大多为国有股和法人股。国内上市的A股中，约有2/3不能上市交易。尽管非流通股不能上市交易，但是其持有者几乎享有与流通股持有者一样的投票权和分红权。为确保国家对公司的控制权，国有股和法人股不能上市交易。这种股权分置减少了市场上股份的数量，为操控价格提供了空间。

为解决国有企业改革和发展资金需求，政府分别于1999年和2001年开始国有股减持的探索性尝试。由于市场效果不理想，于2001年宣布暂停。2004年年底股市总市值为3710亿元，其中非流通股所占比例高达68%,在非流通股中,国有股(法人股)所占比例达74%。中国股市非流通股占主导地位的主要问题有两个方面:流通股和非流通股持有者之间存在严重的激励冲突;上市公司公众持股量较低,导致股市相对流动性不足。

2005年4月29日,股权分置改革最终启动,旨在将所有非流通股转变为流通股。2006年12月31日,已经完成或已启动股权分置改革的上市公司为1303家,总市值超过6万亿元,占上海和深圳交易所总市值的98.55%。在这一点上,股权分置改革取得了决定性的成就。现在看来,这的确是一个了不起的成就。

### (三) 外国投资者

为吸引更多国际资本,中国在1991年年底推出了人民币特种股票(B股)。由于B股在中国内地上市,给意愿投资者带来了不便。对此,国内的第一只股票于1993年在香港上市,成为H股。随后陆续有公司在美国和其他国外交易所上市。图3.5列出了B股和H股的发行信息。

A股是按所有者类型划分的四种股票之一,被称为国内个人股。A股仅由中国居民持有(个人或国内机构)。如同可交易的普通股票一样,可在国内市场自由交易。

B股是人民币特种股,又称为国内上市的外国投资股。B股以人民币标明面值,以外币认购和买卖。如B股公司在上交所(深交所)上市,可由美元(港币)认购和买卖。投资者为境外法人和自

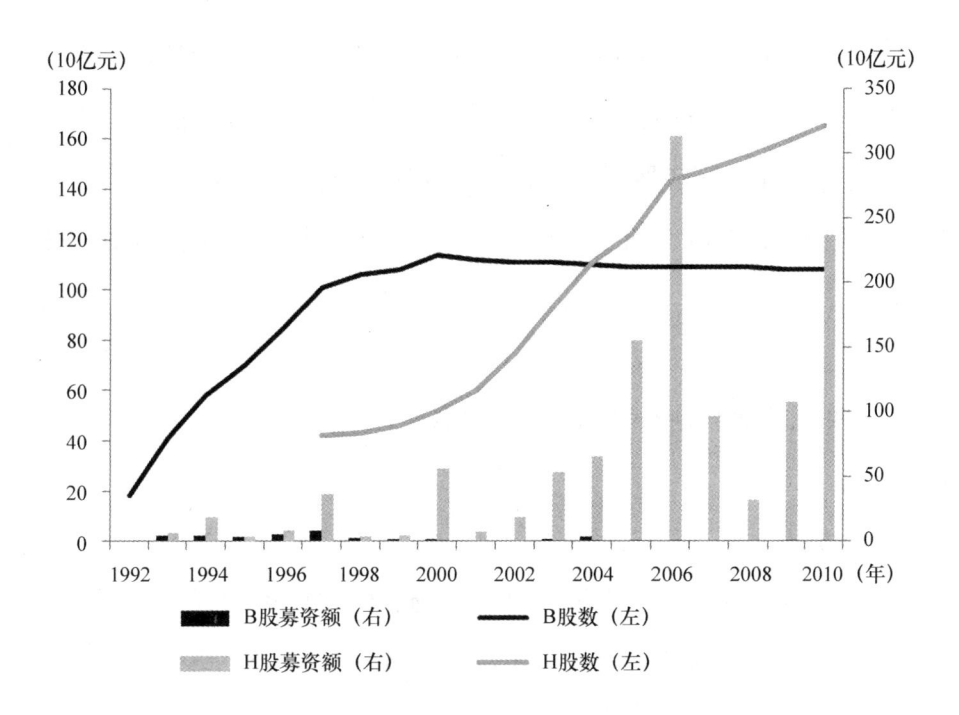

**图 3.5　B 股和 H 股上市公司数量和募资额**

资料来源：《中国金融年鉴》。

然人。由于 B 股在内地交易，给意愿投资者带来诸多不便，使得国内公司在海外上市，这极大地削弱了 B 股的作用。因此，2000 年暂停发行 B 股。2001 年之后，允许国内居民用合法持有的外汇开设 B 股账户，B 股市场得以恢复。

H 股在香港上市交易。香港当地居民和其他国际投资者可以购买和交易 H 股股票。

根据 1986 年 10 月英国和中国政府之间的理解备忘录，设立 L 股，并于第二年开始交易。所有 L 股的股票由中国境外的但主要业务在中国境内的公司发行。L 股在伦敦证券交易所上市交易。

多数N股股票也是由中国境外的但主要业务在中国境内的公司发行。许多N股被作为美国存托凭证（ADRs）发行和交易。有些N股在纽约证券交易所、美洲证券交易所和纳斯达克上市。

S股由新加坡和其他一些英属地的公司发行，但主要业务在中国境内。

### （四）其他金融市场的改革与发展

#### 1. 货币市场

中国的货币市场主要包括票据市场、回购市场和银行间同业拆借市场。回购市场是中国货币市场的主要组成部分。银行间同业拆借市场是中国基准利率形成的关键因素。下面的内容主要介绍回购市场和银行间同业拆借市场。

银行间同业拆借市场是三个市场中最早成立的。1984年，中国人民银行鼓励金融机构利用各种机构不同地点和不同时间的融资成本的差异，进行银行间同业拆借。1986年正式的规定颁布后，同业拆借市场开始发展。最初，如投机等不规范的行为时有发生。对此，中国人民银行于1996年设立了全国统一的银行间拆借市场。银行间同业拆借市场上使用的利率为上海银行间同业拆借利率（Shibor）和中国银行间同业拆借利率（Chibor）。如图3.6所示，1996—2010年银行间同业拆借市场的月度交易量年均增长47.1%。

作为利率自由化的重要步骤之一，1996年推出的Chibor，是中国银行间同业拆借利率。因此，Chibor是一种基准利率，银行间市

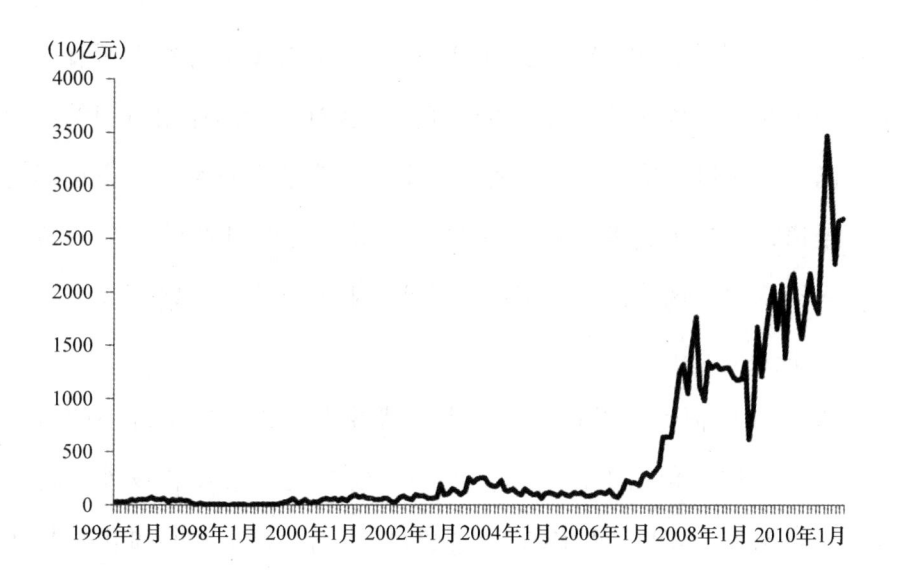

**图 3.6 银行间同业拆借市场月度交易量（1996—2010 年）**

资料来源：CEIC 数据库。

场参与量的广度和深度直接影响着 Chibor 的质量。然而，尽管以实际的银行间交易为基础，但计算方法存在不足，使得交易量很小。

为解决 Chibor 面临的问题，2007 年 1 月 4 日创立了上海银行间同业拆借利率（Shibor）。Shibor 的计算方法与伦敦银行间同业拆借利率（Libor）的计算方法相同，即多个信誉度较高的银行在同业市场上报价的算术平均值。因此，Shibor 是中国货币市场更为合适的指标。目前，Shibor 公开发布的品种为隔夜、一周、两周、一个月、三个月、六个月、九个月和一年的利率。

回购业务始于 1991 年上海证券交易所和全国证券交易自动报价系统启动之时，并于当年 9 月在报价系统的两个客户间完成了第一份回购交易。上交所 1993 年引入回购交易。之后，回购业务迅速发展。

1994年交易量达到3000亿元。1997年，中国人民银行要求所有回购交易必须在全国统一的银行间市场进行。这意味着商业银行间的回购业务已不能通过上交所和深交所进行交易。为建立货币资本市场间的正式渠道，2000年之后，符合条件的证券公司和基金管理公司被允许进入银行间市场。银行间市场上的回购业务规模不断增加。

2. 债券市场

1981年国债重启发行以来，中国债券市场已形成了统一的有层次的市场结构，包括银行间债券市场、场内交易市场和场外交易市场（见表3.5）。1997年中国人民银行要求所有商业银行推出交易所市场，银行间市场随之建立起来。市场上的交易通过双边谈判解决。银行间债券市场已发展为债券市场的主体。自2005年以来，按交易额和交易量衡量，均占债券市场90%的市场份额。

债券种类包括：财政部发行的国债，并由国家担保；金融机构发行的金融债券；主要由国有企业发行的企业债；股份制企业发行的公司债；3—5年期的公司或企业发行的商业票据；人民银行发行的央行票据；以及企业在银行间债券市场上发行的期限不超过一年的金融票据。国债、金融债券和央票三者在债券市场所占份额最高。1991—2009年，三者合计平均每年占据债券市场96%的份额（见表3.6）。

1995年之前，国债是最早的债券，也是债券的主要形式。金融债随后逐渐发展起来。一半以上的金融债是政策金融债券。2003年后，由于央行在外汇市场的干预，央票迅速成为占主要地位的债券，目前超过一半的债券为央票。

| 表 3.5 | | 各种债券发行的规模（1991—2010 年） | | | | （亿元） |
|---|---|---|---|---|---|---|
| 年份 | 政府债券 | 金融债 | 央票 | 公司债 | 其他 | |
| 1991 | 352 | 0 | 0 | 0 | 0 | |
| 1992 | 406 | 0 | 0 | 0 | 5 | |
| 1993 | 528 | 0 | 0 | 0 | 0 | |
| 1994 | 1138 | 0 | 0 | 1 | 0 | |
| 1995 | 1449 | 520 | 0 | 0 | 0 | |
| 1996 | 2310 | 1359 | 0 | 9 | 0 | |
| 1997 | 2457 | 1935 | 0 | 65 | 0 | |
| 1998 | 9069 | 2030 | 0 | 135 | 4 | |
| 1999 | 4256 | 1751 | 0 | 162 | 15 | |
| 2000 | 4420 | 1645 | 0 | 105 | 29 | |
| 2001 | 4684 | 2625 | 0 | 144 | 0 | |
| 2002 | 6061 | 3256 | 0 | 325 | 42 | |
| 2003 | 8392 | 4525 | 6458 | 488 | 186 | |
| 2004 | 7214 | 5128 | 15161 | 322 | 209 | |
| 2005 | 8028 | 7126 | 27462 | 654 | 1531 | |
| 2006 | 9850 | 9575 | 36523 | 1015 | 3226 | |
| 2007 | 23599 | 11919 | 40571 | 1821 | 3822 | |
| 2008 | 8615 | 11785 | 42960 | 2655 | 7088 | |
| 2009 | 16418 | 13759 | 38240 | 4987 | 13601 | |
| 2010 | 2040 | 2457 | 11390 | 943 | 2067 | |

资料来源：WIND 数据库。

| 表 3.6 | | 各种债券发行的比例（1991—2010 年） | | | | （%） |
|---|---|---|---|---|---|---|
| 年份 | 政府债券 | 金融债 | 央票 | 公司债 | 其他 | |
| 1991 | 100 | 0 | 0 | 0 | 0 | |
| 1992 | 99 | 0 | 0 | 0 | 1 | |

续表

| 年份 | 政府债券 | 金融债 | 央票 | 公司债 | 其他 |
|---|---|---|---|---|---|
| 1993 | 100 | 0 | 0 | 0 | 0 |
| 1994 | 100 | 0 | 0 | 0 | 0 |
| 1995 | 74 | 26 | 0 | 0 | 0 |
| 1996 | 63 | 37 | 0 | 0 | 0 |
| 1997 | 55 | 43 | 0 | 1 | 0 |
| 1998 | 81 | 18 | 0 | 1 | 0 |
| 1999 | 69 | 28 | 0 | 3 | 0 |
| 2000 | 71 | 27 | 0 | 2 | 0 |
| 2001 | 63 | 35 | 0 | 2 | 0 |
| 2002 | 63 | 34 | 0 | 3 | 0 |
| 2003 | 42 | 23 | 32 | 2 | 1 |
| 2004 | 26 | 18 | 54 | 1 | 1 |
| 2005 | 18 | 16 | 61 | 1 | 3 |
| 2006 | 16 | 16 | 61 | 2 | 5 |
| 2007 | 29 | 15 | 50 | 2 | 5 |
| 2008 | 12 | 16 | 59 | 4 | 10 |
| 2009 | 19 | 16 | 44 | 6 | 16 |
| 2010 | 11 | 13 | 60 | 5 | 11 |

资料来源：WIND 数据库。

企业债发展较为缓慢，发行的融资渠道并不顺畅。尽管企业债发行量在不断上升，但在整个债券市场所占份额仍然很小，1991—2009年平均不到2%，最高时也不到5%。企业债市场欠发达反映了政府干预的作用，这是亚洲国家普遍存在的问题和现象。这主要是因为，第一，亚洲国家缺乏健全的会计、审计操作经验和高水平的独立评价人员，对债权人保护水平较低；第二，缺乏市场导向的利率形成机制。

3. 衍生品市场

商品交易中衍生品的使用要早于金融产品。中国商品期货已粗具规模。金融衍生品有汇率衍生品、利率衍生品和股指衍生品三种。汇率和利率相关的金融衍生品在银行间市场交易，商品和股指在交易所交易。

4. 以大宗商品为基础的衍生品

1990年12月，郑州粮食批发市场经国务院批准成立，成为中国第一个引进期货机制、规范化的国家级粮食批发市场。中国第一个期货法规——《中国郑州商品交易所期货交易规定》，于1992年10月完成。1993年5月，郑州商品交易所正式推出小麦、玉米、大豆、绿豆和芝麻等期货交易，到1993年年底，期货交易市场已有50家，期货经纪机构接近1000家。

1993年年底，国务院开始对期货市场进行清理整顿。结果，15个期货市场获得许可，那时，这仍被视作"实验"。而其他期货交易品种被叫停。1998年国务院又一次对期货市场进行整顿。15个期货市场并入3家交易所，即上海期货交易所（SHFE）、郑州商品交易所（ZCE）和大连商品交易所（DCE）。商品期货交易的品种由35种减少为12种。

中国加入WTO后，商品期货的交易量迅速增长（见图3.7）。2003年的交易量是2002年的3倍。上海期货交易所发展为3家铜期货的定价中心之一（其余两家是伦敦金融交易所和纽约商品交易所）。2009年年底，大连期货交易所成为排名世界第二的农产品期货市场（第一为芝加哥商品交易所）。

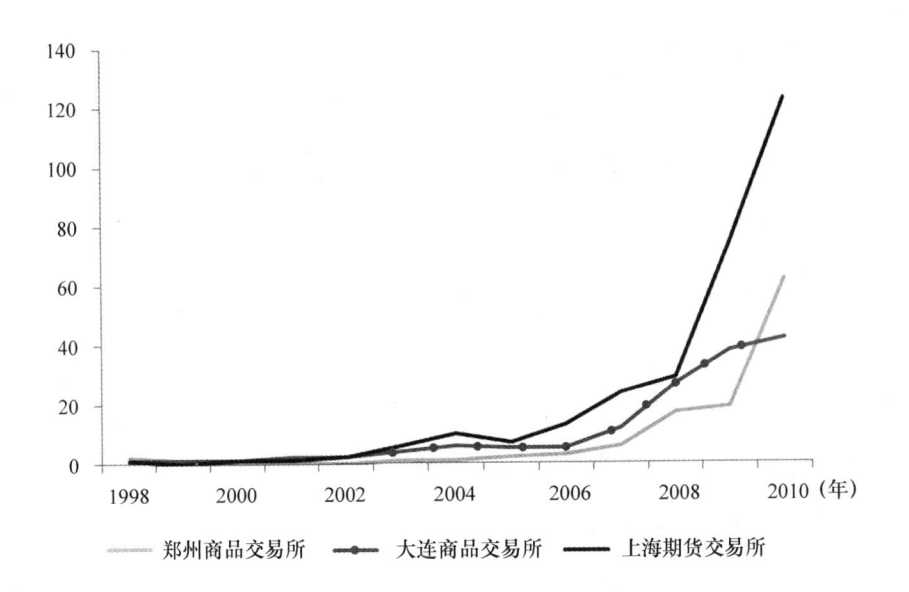

**图3.7　商品期货交易总额（1998—2010年）**

资料来源：WIND数据库。

5. 汇率衍生品

中国汇率衍生品是针对2005年7月的汇率制度改革而推出的。2005年8月，中国人民银行正式推出外汇远期合约，发展外汇衍生品市场，满足规避外汇风险的需求。2006年4月24日，中国外汇交易系统（又称为全国银行间同业拆借中心）正式推出人民币外汇调期交易。中国银行和中国进出口银行之间签署完成了第一笔交易。

随后，人民币调期交易发展迅速。2008年，交易额达到4430

亿美元，比2007年高出37%。2010年交易额达到12830亿美元，比2008年高出190%。现在推出了人民币与美元、港币、日元和欧元之间的调期业务。合同期限低于3个月（也有隔夜的）。

6. 利率衍生品

2007年10月，中国人民银行公开发布了在银行间债券市场推出远期利率合约的通知。这是银行间债券市场发展的又一重要举措，改进了市场分散风险的功能，促进了利率自由化进程。之后，金融衍生品交易明显增多。2008年远期债券的交易额达到5003亿元，比2007年高出98.8%。就期限而言，7天的最为活跃，占到总交易额的75%。就工具而言，央票和政策性金融债券占主导，二者合计占总交易额的94%。

2010年，全国所有人民币利率调期业务总额达15003.4亿元。一年期和低于一年期的交易相对活跃，占全国总调期额的57.2%。目前，人民币利率调期业务浮动端最常见的参考利率为7天回购利率，另一个为Shibor。只有一小部分调期业务使用一年期的存款利率。

7. 股指期货

2006年中国金融期货交易所在上海成立。表3.7列出了主要股票指数和期货交易引入股指的时间。修正的股指期货合同和实施细节于2010年2月公布。采用新合同的上深300股指期货于2010年4月开始交易，当月的交易额达到1.4万亿元，5月增加了240%，达到4.7万亿元。

表 3.7　　　　　　　　　主要股指期货情况

| 股指 | 日期 | 股票数 | 构成 |
|---|---|---|---|
| CSI 300 | 2015 年 4 月 | 300 | 深沪两市交易最多的 A 股股票 |
| 上海综合指数 | 1991 年 7 月 | 约 1700[a] | 所有沪市的 A 股和 B 股 |
| 深圳综合指数 | 1991 年 4 月 | 约 1450[b] | |
| 恒生中国企业指数 | | 25[c] | 红筹 |

资料来源：WIND 数据库。

8. 股权认证

股权认证于 1992 年推出，由于政府未能合理地引导投机者的情绪，担保交易于 1996 年 6 月底暂停。随后 9 年内没有发行新的股权认证。2005 年，宝钢被授权发行新的股权认证，标志着股权认证市场新的开端。然而，由于炒家投机活动频繁，股权认证很快又开始萎缩。2006 股权认证的数量达到 26 个，此后不断下降（见图 3.8）。2010 年年底仅发行了 1 个股权认证。

（五）在华外国金融企业

第一个中外合资金融企业，中国招商基金管理有限公司成立于 2002 年 12 月，其外国合作伙伴为 ING 资产管理 BV。第一个中外证券合资企业——中欧证券有限公司也于 2002 年 12 月获批成立。

2009 年年底，共成立了 9 家中外证券合资公司和 34 家中外合资基金管理公司。其中 16 家基金管理公司的外国所有权达到 49%。上交所有 3 家特殊成员，38 家外国证券基金直接进行 B 股交易。相

第三章 非对称的中国金融改革

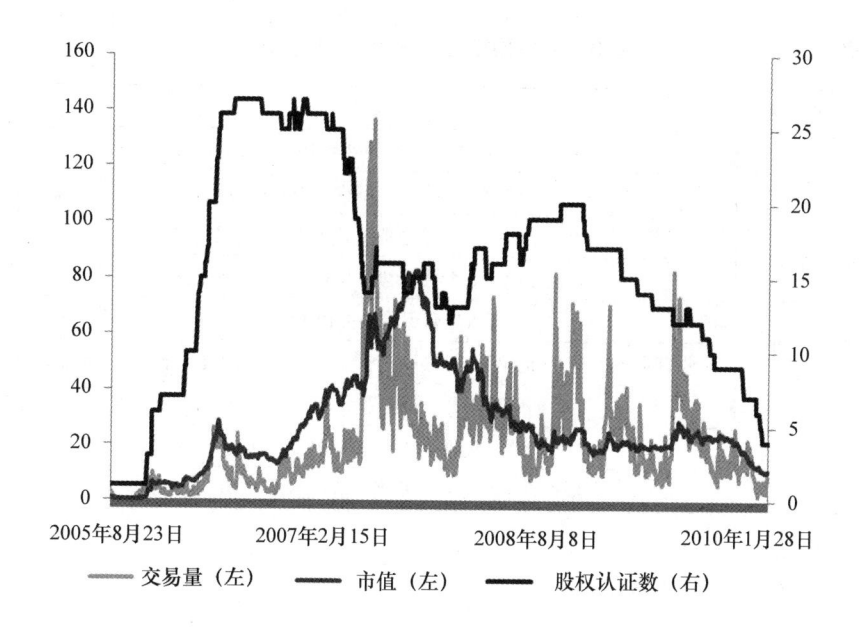

```
160                                    30
140
120                                    25
100                                    20
 80                                    15
 60
 40                                    10
 20                                     5
  0                                     0
2005年8月23日  2007年2月15日  2008年8月8日  2010年1月28日
    —— 交易量（左）  —— 市值（左）  —— 股权认证数（右）
```

图3.8 股权认证市场规模（10亿元）

资料来源：WIND数据库。

比而言，深交所也有3家特殊成员，22家外国证券基金直接进行B股交易。此外，8家外国证券交易所在中国设有代表处。160家外国证券机构获准在中国开设代表处。

1. 合格境外机构投资者

为创造一个有序、安全、开放、有效的证券市场，自2002年12月，中国推出了合格境外机构投资者（QFII）制度。QFII要求境外机构投资者将国内商业银行作为其资产保管者，使用中国证券公司执行其交易业务。同时，还规定了上市公司中外国投资者能拥有的配额。表3.8中列出了QFII的要求。

表 3.8　　　　　　　　合格境外机构投资者（QFII）的要求

| 外国投资者 | 要求 |
| --- | --- |
| 商业银行 | 总资产在世界前 100 位 |
| | 管理的证券资产不少于 100 亿美元 |
| 共同基金 | 经营基金业务达 5 年以上 |
| | 最近一个会计年度管理的资产不少于 100 亿美元 |
| 保险公司 | 要求经营保险业务达 30 年以上 |
| | 实收资本不少于 10 亿美元，最近一个会计年度管理的资产不少于 100 亿美元 |
| 证券公司 | 要求经营证券业务达 30 年以上 |
| | 实收资本不少于 10 亿美元 |
| | 最近一个会计年度管理的资产不少于 100 亿美元 |

资料来源：中国证监会。

2003 年 5 月，瑞士银行（UBS AG）和野村证券有限公司（Nomura Securities）成为首批合格境外机构投资者。2003 年年底，10 个 QFII，共 19 亿美元获得批准。2009 年年底，已有 94 个 QFII 获得批准，其中包括 49 家基金管理公司、21 家商业银行、11 家证券公司、2 家保险公司和 11 家其他机构投资者。94 个 QFII 总资产达 2899 亿元，其中 82% 投资于证券。QFII 持股市值占 A 股总市值的 1.4%。

2. 合格境内机构投资者

当政府不断引进外部投资者时，也开始为国内金融机构寻求国外机会打开方便之门。2006 年 4 月，中国人民银行公布了合格境内机构投资者（QDII）制度。这些汇集的资金已经由国内机构和个人作为外汇持有，在一个未指明的配额制度下用于海外投资。

2006 年 9 月启动的第一个个人投资者的 QDII 产品是华安国际平衡基金，其募集资金额为 1.97 亿美元。2010 年年底，已有 90 个 QDII

获得批准,其中包括25家商业银行、37家证券公司和基金公司、25家保险公司和3家其他机构。获批的投资额度达729.8亿美元。

## ◇◇ 四 货币政策和金融监管

中国人民银行成立于1948年12月1日。但改革开放之前,中国人民银行并没有真正行使中央银行职能。中国人民银行不代表政府发行货币。由于当时的资金收集和分配主要由中央计划决定,中国人民银行的主要功能是根据政府指令分配资金,没有独立的中央银行职能。

改革开放后,中国人民银行既要负担金融调控和金融管理的职责,又要负责工商企业信贷和城镇储蓄存款业务,使得金融领域中协调、管理等问题日渐突出。为适应经济需要,对中国人民银行进行转型,建立独立执行货币政策的中央银行体制势在必行。1983年9月国务院决定对中国人民银行进行改革,并于1984年开始实施。成立中国工商银行,办理中国人民银行原来的工商企业信贷和城镇储蓄存款业务,中国人民银行将专业行使中央银行职能。随后,政府采取了若干重要措施以建立合理的现代中央银行制度。然而中国人民银行仍然主要依靠信贷配额和准备金制度等措施来管理流动性。

1995年3月,全国人民代表大会通过了第一部《中华人民共和国中国人民银行法》,授予中国人民银行制定和执行国家货币政策的职能。该法律还强调了中国人民银行相对于财政部和地方政府的独立性。1998年年底,中国人民银行形成了独立于地方省级政府的包括9个分行的垂直体系。

中国人民银行已经减少了对商业银行运行中的直接干预。1998年取消了信贷配额制度。对银行业、证券业和保险业的金融监管已从中国人民银行分离出去。尽管出台了法律,但中国人民银行由国务院领导,行长要向总理汇报情况。最重要的是,中国人民银行并不是货币政策的决定者,因此,其独立性仍然非常有限。中国人民银行货币政策委员会每季度开会讨论经济金融形势与相应政策调整,然后经中国人民银行行长会议后向国务院提交政策建议。最后,国务院才会最终做出决定。这样一个决策过程往往需要一定时间,最高领导人才能达成共识做出决定。更重要的是,如果领导人更加关心如GDP增长率等其他目标,那么又会影响到货币政策的制定。

### (一) 货币政策目标

中国货币政策目标选择经历了一个改善的过程。1984年中国人民银行开始专门行使中央银行职能时,并没有明确的货币政策目标。1986年国务院颁布了《中华人民共和国银行管理暂行条例》,规定金融机构的任务是"发展经济、稳定货币、促进社会效益",这是首次对货币政策目标进行表述,之后表述为"稳定货币、发展经济"的双重目标。针对随后发生的多次通货膨胀,1993年,国务院首次明确提出货币政策目标,即促进货币的稳定,并以此促进经济增长。1995年颁布的《中华人民共和国中国人民银行法》明确规定了中国人民银行的货币政策目标为"保持货币币值稳定,并以此促进经济增长",改变了之前的双重目标,对货币政策的正确制定和实施有重要意义。

根据主要的货币政策任务,我们可以将中国人民银行专门行使中央银行职能后的时期分为三个阶段:1984—1996年,抑制通胀是货币政策的主要任务。1997—2002年,经济受到通货紧缩困扰,减轻并消除通货紧缩对经济的影响成为货币政策的主要任务。2003年起,保持币值稳定,控制通货膨胀成为最优先的政策任务(易纲,2009)。

1996年,中国人民银行开始强调将基础货币作为中间目标,以便于最终目标的实现。此后,中国人民银行开始密切监测各种增长率波幅较大的货币供给的衡量(M0、M1和M2)(见图3.9)。

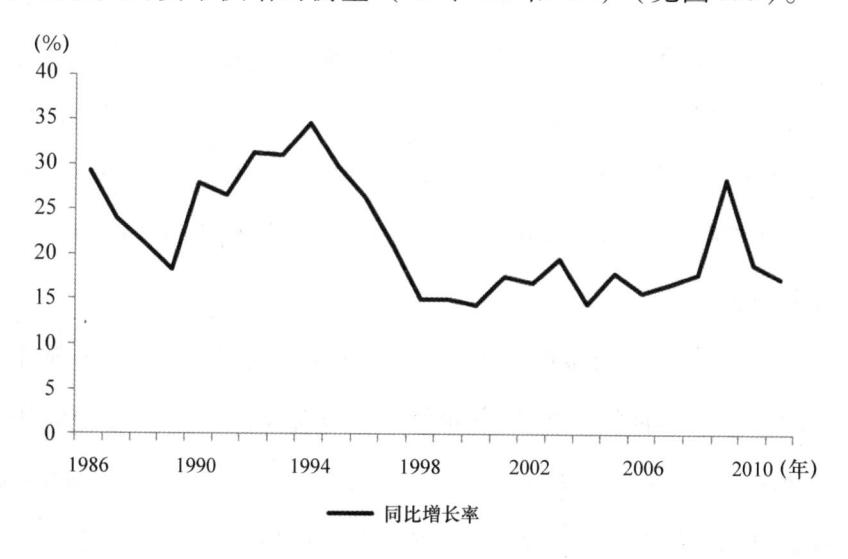

图3.9 中国M2增长率(1986—2011年)

资料来源:《中国统计年鉴》。

## (二) 货币政策工具

改革开放之初，中国人民银行主要使用信贷配额等行政手段控制流动性。从1998年起，准备金率、央行票据操作和中央银行贷款等间接的数量手段成为更重要的货币政策手段。尽管中国人民银行也开始关注存贷款利率、贴现率等价格手段，但是由于没有市场定价的利率体系，中国的货币政策仍然与美国等市场经济国家存在较大差别。

目前主要的货币政策包括信贷配额、窗口指导、准备金率、公开市场业务、央行贷款和再贴现业务以及存贷款利率。

信贷额度大概是20世纪80年代最常使用的流动性管理工具。那时，中国人民银行不但设定总的信贷额度，而且规定每个商业银行的贷款构成。从货币政策的角度来看，这种行政手段非常有效。例如，1998年通胀严重时，中国人民银行急剧下调信贷额度，导致通胀很快下降。然而，这种行政干预的方法存在准确性即过度调控等诸多问题。

随着金融发展和金融深化，信贷配额等中介目标越来越不合适。例如，新增贷款中国有商业银行的份额从1990年的78%下降为1996年的51%。新增贷款中非国有商业银行的份额不断增加，意味着对总信贷的直接控制的有效性在不断降低。股票债券市场等直接融资渠道的发展，以及对外汇市场干预的不断增多，都使得中国人民银行简单地关注信贷控制的做法变得更加困难。

1994年中国人民银行对大多数金融贷款机构废除了信贷配额。只有四大行和三家政策性银行仍受到信贷额度的约束。1998年所有金融机构都不再受贷款限额的影响。然而,这并不意味着中国人民银行不再管理贷款额。例如,2007年通货膨胀稳步上升,中国人民银行采取了若干措施,尤其是第4季度采取的措施之一就是恢复信贷额度。

窗口指导,监管机构通过直接交流的方式对金融机构提出建议,这种做法对于控制贷款增长非常有效。尽管商业银行经历了包括外部战略投资者和公开上市在内的转型,国家仍控制多数银行的主要股份,其最高管理者仍由政府任命。窗口指导的主要问题在于其缺乏操作性和约束力。2000年之后窗口指导的使用开始显著下降,而当政府面临严峻的宏观经济挑战时,窗口指导又会继续使用。2007年年末为控制流动性和通胀,重新使用了窗口指导。2009年年初又使用窗口指导以支持刺激政策。

准备金调整是较长使用的政策工具之一。20世纪90年代中期,为影响商业银行贷款,中国人民银行开始定期调整存款准备金,用以替代之前使用的直接设定贷款额度。1984年开始使用存款准备金制度。当时,企业存款的准备金率为20%,居民存款为40%,农业存款为25%。1985年将准备金率统一定在10%的水平。1998年,中国人民银行将法定准备金与超额准备金并入一个账户。同时,将准备金率从13%下调为8%。1999年,法定准备金率进一步下调为6%。多数银行都准备了超额的准备金。

值得注意的是,不同于市场经济国家的做法,中国人民银行对法定准备金率和超额准备金率都支付利息，利率要比商业银行存款利率低得多。

2004年4月，中国人民银行制定了不同的法定准备金率适用于不同的金融机构的新政策。在这种调整下，最低准备金要求与资本充足率和不良贷款率挂钩。这一变化激励金融机构更为审慎地运营，帮助抑制过度扩张的信贷市场。

从2006年开始，法定存款准备金率成为最常用的政策工具。以2007年为例，中国人民银行上调了10次存款准备金率，用以吸收过剩流动性（部分通过外汇市场干预）。2008年年底中国受到国际金融危机冲击时，中国人民银行在2009年6次下调准备金率以放松流动性。此外，自2008年9月开始，中小金融机构的法定准备金率的设定，开始独立于大型金融机构。这种差异仍然存在，目的在于减轻中小金融机构宏观调整的压力，确保金融市场的健康与发展。

公开市场业务于1994年在外汇市场启动。1996年4月，中国人民银行开始交易财政部发行的国债。通过回购和相反的操作，中国人民银行增加和减少货币供给。但是中国人民银行很快意识到，如果没有银行间债券市场等合适的机构支持，以及相对宽松的市场条件，公开市场业务难以奏效。因此最初的尝试于1996年暂停，总额低于50亿元。

经过1年多的准备，1998年5月，债券的公开市场业务重新启动，很快成为主要的政策工具。公开市场业务不但帮助中国人民银行控制基础货币和货币供给，而且银行间市场的公开市场业务也有助于国内债券市场的发展。

公开市场业务逐渐扩张。2003年，中国人民银行开始通过发行央票影响基础货币。央票的期限为3个月、6个月、1年和3年。2003年2月，中国人民银行一般在每周二进行公开市场操作。随后，中国人民银行不断将周四列为第二交易日。2004年5月开始，周二和周四被指定为公开市场操作日。2007年，中国人民银行在特殊国债的基础上推出了回购协议。直到2010年，国债、央行票据和政策性银行的金融债券都是由中国人民银行以回购或者直接操作的方式进行交易的。

1984—1996年，央行贷款逐渐取代了信贷额度，成为中国人民银行管理流动性状况的重要政策工具。与信贷配额不同的是，当外汇积累减速时，央行贷款成为中国人民银行暂时使用的重要手段，以增加经济中的基础货币。1994年后，外汇市场干预成为注入流动性的重要渠道，央行贷款的重要性迅速下降。

再贴现与商业票据一同推出，1995年年底正式成为货币政策工具。1998年以前，再贴现率以低于中国人民银行同等期限贷款利率5%—10%的浮动区间确定。1998年3月，政府尝试将贴现率与中国人民银行贷款利率脱钩，由市场决定贴现率。

1. 利率自由化

1993年国务院正式启动了利率自由化进程。方案建议先从货币市场利率和债券收益率开始，然后放开存贷款利率。1996—2007年，约对120种利率进行了改革。对其中一些利率放开了管制，一些被合并或者被彻底取消（见表3.9）。

改革存贷款利率的顺序为外汇利率先于国内利率，贷款利率先于存款利率,长期大额利率先于短期小额利率。

表 3.9　　　　　　　　　　中国主要的利率

| 利率 | 基本解释 | 决定机构 |
| --- | --- | --- |
| 存款利率 | 设定存款利率上限 | 中国人民银行设额定 |
| 贷款利率 | 设定贷款利率下限 | 中国人民银行设定 |
| Shibor,Chibor | 银行间货币市场利率 | 市场决定 |
| 国债收益率 | 在银行间市场和股票市场交易 | 市场决定 |

2. 存贷款基准利率

改革开放初期,商业银行必须严格遵守基准利率。直到1987年,中国人民银行才开始尝试放松人民币贷款利率,允许商业银行的贷款利率在基准利率的基础上有最高20%的浮动区间。1988年9月,不但多数贷款利率获得向上浮动的权力,而且商业银行可浮动的区间提高到30%。浮动区间在以后的年份中不断被调整。图3.10给出了最常见的存贷款利率。

从2003年8月起,先行地区的农村信用合作社的贷款利率可以高出基准利率两倍。2004年,中国人民银行允许商业银行和城市信用合作社的贷款利率高出基准利率0.9—1.7倍。农村信用合作社的幅度为0.9—2.0倍。

2004年10月,中国人民银行取消了所有商业银行贷款利率上限,而仍保留农村和城市信用合作社贷款利率上限,上限提高为基准利率的2.3倍,而下限仍是基准利率的0.9倍。

中国人民银行仍对存贷款利率进行管制,至少产生两个后果:第

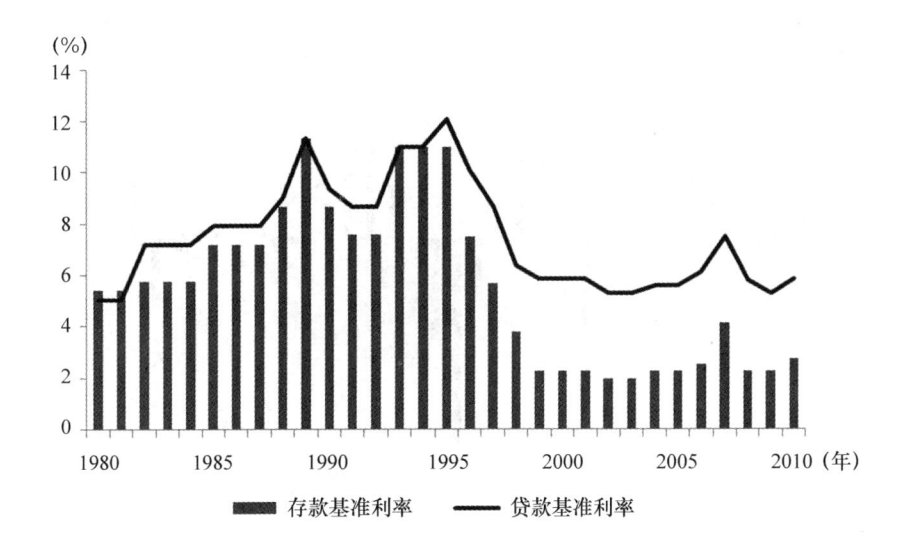

**图 3.10 存贷款基准利率**

资料来源:《中国金融年鉴》。

一,存款利率上限和贷款利率下限为商业银行设定了最低的存贷款利差。这个利差足够保证商业银行获得巨额利润。这有助于商业银行冲销以前产生的不良资产。第二,实际利率,尤其是实际存款利率,经常处于负利率(见图 3.11)。这是金融抑制理论的主要表现之一。

### (三) 监管框架

最初,中国人民银行负担着金融监管的所有责任。从 20 世纪 90 年代开始,中国逐渐采纳了金融监管部门分工的模式。"一个中央银行,三家监管委员会"成为监管体系的核心。中国证券业监督管理委员会、中国保险业监督管理委员会和中国银行业监督管理委员会分别于 1992 年、1998 年和 2003 年成立。中国人民银行主要负责宏观审慎

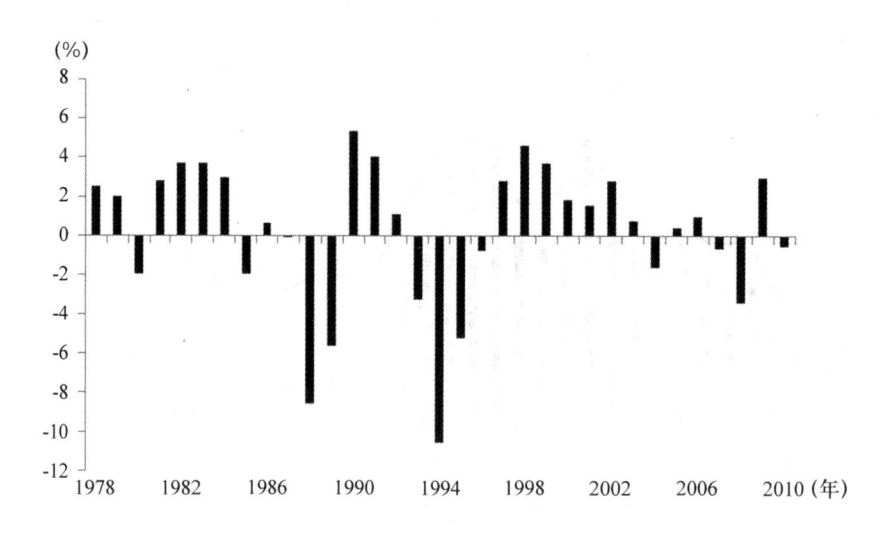

**图 3.11 中国实际存款利率**

资料来源：《中国金融年鉴》。

监管，三家管理委员会分别负责监管相应的行业与市场。

这种按业务分工的监管模式运行较为良好。然而，在国内金融机构面临外资金融机构竞争的形势下，跨行业的需求会经常出现。2005年，国务院授权上海浦东新区进行试验，尝试综合的金融监管模式。2006年，天津滨海新区获得同样的授权。许多较大的金融机构（尤其是租赁和资产管理）进行了跨行业的兼并和投资。

中国的金融监管体制是保持现状还是走向综合监管的问题，仍然在讨论之中。官方和学界仍在评估不同模式的成本和收益。尽管要求中国人民银行和三家监管委员会进行更为密切的协作的呼声不断提高，这种按业务分工的模式在短期内仍将继续。

1. 银行业的监管

鉴于银行业的主导地位，对银行业的金融监管一直是中国金融监管体系的重要内容。1985年,国务院签署了一项备忘录,将监管与货币和银行相关的一切活动的责任交予中国人民银行。中国人民银行公布实施了一系列管理条例和规章制度,促进银行业健康发展。正式的审计制度出台,用于监测金融风险和政策实施情况。1994年后,中国人民银行采取进一步措施改善监督,规定了开设新的分支机构的程序和要求,加强银行非现场监管,要求商业银行改善风险控制情况。

1997年亚洲金融危机爆发后,中国人民银行更加重视风险监测和控制。1998年在广东试点推行国际标准贷款五级分类体系,并于2002—2006年在全国范围内推广。政府也强调了以制度为基础的监管和独立的监管主体的重要性。2003年,中国银行业监督管理委员会从中国人民银行中分离出来。第二年,全国人民代表大会通过了《中华人民共和国银行业监督管理法》和《中华人民共和国商业银行法》两部法律。

目前,银监会对银行业的监管主要关注资本、流动性、贷款损失准备和杠杆率四个指标,同时也关注风险控制和内部管理以控制金融风险。1994年起,中国开始实施1998年《巴塞尔协议Ⅰ》对银行资本充足率的要求。1995年《中华人民共和国商业银行法》明确指出商业银行资本充足率不应低于8%。

总体而言,银行监管的基本方法在不断改进。银监会从最初的事后监管,转变为事前风险监测,并在改善银行公司治理上做了较大努力。此外,银监会密切关注国际标准。国际金融危机期间,银监会积极准备实施《巴塞尔协议Ⅱ》。受金融危机影响,2011年4

月，为了使《巴塞尔协议Ⅲ》的新标准能够在中国顺利实施，出台了《中国银监会关于中国银行业实施新监管标准的指导意见》（银监发〔2011〕44号）（以下简称《指导意见》）。《指导意见》根据《巴塞尔协议Ⅲ》进行起草，并设定了与中国国情相符的监管标准和改革时间表。

中国银行业实施的新国际监管标准包括四个部分。第一部分是对资本金的要求。2011年，中国银监会起草的《商业银行资本管理方法》规定了三个最低比率，核心一级资本充足率不低于5%，一级资本充足率不低于6%，总资本率不低于8%。《巴塞尔协议Ⅲ》要求4.5%的核心一级资本充足率，而中国要求的是5%的核心一级资本充足率。主要原因在于中国长期重视资本质量监管，目前国内各类银行核心一级资本充足率都显著高于《巴塞尔协议Ⅲ》规定的4.5%最低标准，将核心一级资本充足率最低要求设定为5%并不会对国内银行产生负面影响。

第二部分是贷款拨备率的要求。中国银监会要求贷款拨备率不低于2.5%。贷款拨备覆盖率设定为150%。《巴塞尔协议Ⅲ》中没有此项要求。然而，这两个要求的设立都是增强中国银行体系在经济下行时避免潜在损失的一个有效措施。

第三部分是杠杆率。为了阻止银行杠杆率累积，中国银监会设定最低4%的杠杆率，而《巴塞尔协议Ⅲ》的要求是3%。中国之所以设定这一标准是考虑到中国大多数银行的杠杆率已经超过了4%。

第四部分是流动性。与《巴塞尔协议Ⅲ》一样，中国银监会出台了流动性覆盖率和净稳定资金比率的新标准。流动性覆盖率和净稳定资金比率均不得低于100%。

2. 证券行业监管

20世纪90年代初创建上海证券交易所和深圳证券交易所时，上海和深圳市政府对交易所负有监管责任。当时没有全国统一的法规和政策，更没有专门的监管机构。在这种情况下，一些地方政府甚至设立了自己的股票交易所（吴晓灵，2008）。由于地方政府缺乏基本经验，当时还引起了短暂的设立交易所的混乱。

针对这种情况，中央政府于1992年设立了中国证券业监督管理委员会（以下简称证监会），从此，对证券业的监管责任从中国人民银行和当地政府移交到了证监会。1995年，证监会被授予任命两家证券交易所最高管理者的权力。1998年，证监会从中国人民银行手中获得监管证券公司的权力。为加强监管的有效性和独立性，证监会开始加强其垂直领导体系。到1999年，证监会已在中国主要城市设立了36家分支结构。

证监会的成立有利于整合监管体系。然而，在实际工作中证监会关注更多的不是整治违规行为，而是行政审批。例如，内部交易和市场操控已成为中国两个常见的现象。1992—2002年，市场操控案件只占证监会所有处罚案件的5.5%，内部交易案件只占2.6%（胡汝银，2008）。

证监会已在改进市场基础设施质量、管理和上市公司的透明度上取得较大进步。最明显的地方在于独立董事制度，强制性信息披露要求，首次公开上市（IPO）选择过程的改进以及合格境外机构投资者（QFII）制度的实施。

证监会也在行使监管权力改进证券公司的质量。前期多数证券公司直接或间接由政府拥有。由于缺乏适当的法规，政府往往就是监管者，一些公司管理层开始从事违法行为。2003年后，监管者意识到证券行业需要综合检查和整合。中国证券投资者保护基金公司（SIPF）成立，以保护投资者权益。为防止公司挪用客户存款及资产，证监会实施了"第三方存管"制度，加大处罚力度以及其他防范措施。在随后的3年内，证监会通过注入资本兼并的方式，对27家证券公司进行重组。19家证券公司被勒令停业，4家证券公司的营业执照被收回。到2007年8月，剩余的104家证券公司全部达到证监会风险管理的要求。

但是，证监会的使命远未完成。违反信息披露和内部人交易制度的案例仍时有发生。股票市场更像一个赌场而非金融市场。各种程度的政府干预仍很明显。行业观察员也指出存在证监会官员出任证券公司和基金管理公司高管的情况。因此，容易出现证监会和证券市场在同一群专业人士的管理下有效运行。这些专业人士，不时彼此交换位置，构成困扰世界监管机构和立法机构的"旋转门现象"。

3. 保险业的监管

改革开放初期，几家国有保险公司占据了中国整个保险市场，对整个行业的监管也相对简单。随着保险行业的发展，尽管目前保险业仍由国有企业主导，对保险业的监管已远非之前那么简单。1995年颁布的《中华人民共和国保险法》（以下简称《保险法》）为保险业的监督管理提供了法律基础。监管逐渐由被动转变为主动，并以风险控制和合规为基础。

1998年成立了中国保险业监督管理委员会（以下简称保监会），取代中国人民银行成为保险行业的监管机构。随着保险市场的发展，证监会的监管体系由只关注市场行为演变为以市场行为、偿付能力和公司治理结构为三大支柱的监管体系。

市场行为监管的重点主要是法律和规定的遵守、投保方的利益是否受到损害、行为是否妨碍了行业的发展。偿付能力监管是保险业监管的核心。保险公司偿付能力与投保者利益密切相关。1995年《保险法》首次提出了对偿付能力监管的理念。2000年后，保监会制定了具体的监管标准，引进了国际惯例。保险保障基金制度建立，以应对破产或清算。

公司直接结构监管也是保险业监管的重要内容，尤其是维持偿付能力。例如，证监会采取了若干措施，确保审计的独立性。

4. 评估监管体系

2007年国际金融危机暴露了发达国家金融监管体系的缺陷。由于中国资本账户仍未开放，仍然限制资本流动，因此，与其他新兴经济体相比，中国并未受到严重的影响。然而，这并不意味着中国金融监管体系很健全。诚然，中国的金融监管，仍有相当的改善发展空间。

1990年之后，经过20年的发展，中国已经形成了一个以中央银行和三个监管委员会为核心的金融监管体系。2018年4月后，又形成了中国人民银行、银保监会和证监会为主体的监管体系。到目前为止，就金融体系的稳定性而言，监管体系运行良好。而值得注意的是，中国金融体系的稳定，很大程度上依赖于资本账户管制和主要金融机构的国家控股。随着国内市场的进一步开放,金融活动会变得更加活跃,也更加复杂。因此,金融监管体系需要进一步大幅改善。不管中国是否继续保持相分离的监管体系还是采取综合的模式,中国人民银行与银保监会、证监会之间关于业务边界和协作机制等重要问题都需要进一步明确和解决。

随着中国进一步开放金融市场和资本账户,中国的监管机构将面临一系列新的问题。这些问题同样也是其他国家监管机构目前需要面对的,包括如何解决"大而不能倒"的道德风险问题,如何控制金融创新和金融衍生品的风险,如何在资本充足率的要求中设计反周期机制,如何规范评级机构的行为,如何将资产泡沫因素包含在货币政策的制定中,如何加强政策协调以及进一步推进监管体制改革以提高监管的有效性。

## ◇ 五 汇率制度和资本项目改革

央行货币政策与监管体系、银行部门改革和金融市场发展是国内金融改革的主要内容。金融改革还包括一个重要元素,即金融开放。外部金融自由化或金融开放,是指逐步取消国家之间资本自由流动限制的措施和过程(Eichengreen et al.,1998)。传统理论认为金融开放是促进经济发展和提高国民福利的有效途径(Makin,1994)。通过金融开放,利用外资可以允许一个国家进行更多投资或支持更多进口,尤其是先进技术和管理经验的引进,促进国内经济增长。资本的自由流动会引导资金投入最有前途的项目，提高金融资源的分配和使用效率。

然而，许多发展中国家的经验表明，金融开放的收益并不会如此简单而容易获得。亚洲金融危机表明，伴随金融开放，国内消费和对外负债通常也不会保持可持续的增长，低效投资积累，汇率、股指和资产价格出现剧烈波动（Diaz-Alenjandro，1985；McKinnon and Pill，1996）。McKibbin and Tang（2000）的模型试图衡量中国快速金融自由化的后果，研究表明，如果金融开放的同时，中国经济的投资信心较高，那么结果会有大量的资金流入，投资和实际 GDP 都会保持在比原来更高的水平。然而，即使在这种乐观的情形下，实际和名义汇率会升值达 50%，从而净出口减少，经常账户恶化达到 4%。在另一种情形下，如果金融开放伴随国内投资信心不足，那么预期资本会严重外流，导致消费和投资低于没有实行金融开放时的水平。

考虑到潜在的风险，我们必须审慎评估和推行金融开放的进程，才能真正起到为经济发展服务的作用。McKinnon（1991，1993）详细讨论了在成功采取金融开放政策后的发展中国家，随后充裕的投资对汇率的影响。较快的实际汇率升值本身会导致经常账户恶化，引发消费和投资信心的逆转。这样一来，经济增长的可持续性就会受到质疑。

1994 年年初汇率并轨后，中国实行有管理的浮动汇率制。由于政府担心出口、就业和经济增长受到影响，外汇升值，尤其是实际有效汇率升值仍然很有限。许多分析认为，巨额经常账户顺差、外汇储备快速积累以及强劲的经济增长都表明人民币汇率被显著低估。政府采取的渐进升值的做法也引致大量投机资金流入和贸易摩擦。

尽管资本账户在稳步放开，中国可能是世界上唯一实行资本账户管制的主要经济体。随着经济不断开放，资本账户管制的有效性在不断降低。流动性过剩和高通胀的事实表明，资本账户管制不但会干扰国内金融市场，也会损失货币政策的独立性。改革开放初期，资本账户管制可能有助于国内金融市场稳定，然而资本账户管制带来的效率损失也逐渐成为影响宏观经济稳定的主要因素。

1. 汇率制度

1978年改革开放后，人民币官方牌价为1.5元人民币/美元。由于国内物价长期由国家制定，许多商品价格偏低且比例失调，形成了国内外市场价格悬殊的状况。这种官方牌价显然被高估，造成出口亏损。因此，除了官方牌价，1981年中国制定了贸易内部结算价，即2.8元人民币/美元，以鼓励出口。在随后的15年内，中国的汇率制度改革采取了两种主要形式：一是不同形式的双轨制，官方汇率和二级市场或黑市汇率；二是两种汇率大幅贬值。

1988—1993年，汇率双轨制逐渐形成，官方汇率和外汇调剂中心决定的市场汇率并存。1994年年初，中国统一了两种汇率，人民币汇率定在8.7元人民币/美元。同时，汇率制度由盯住美元的制度转变为有管理的浮动汇率制。1994—1997年（正值亚洲金融危机严重之时），名义汇率升值到8.3元人民币/美元，即升值了5%。

为阻止金融危机传播，维护亚洲经济和金融稳定，中国发表声明，承诺人民币不贬值，汇率将维持在8.28元人民币/美元的水平。金融危机结束后，中国又面临着加入WTO后的新经济形势，以及

"9·11"事件后世界经济减速。因此,基于出口、就业和经济增长方面的考虑,中国继续保持人民币稳定,将汇率维持在8.28元人民币/美元。

然而,多年来人民币升值的呼声越来越高。高速的经济增长、巨额的经常账户顺差以及快速的外汇储备积累,都支持着人民币汇率低估的观点。人民币汇率低估也成为中美和中欧双边贸易谈判的主要问题。2005年7月1日,中国人民银行公布了三项有关汇率政策的重要变动:第一,人民币对美元升值2.1%;第二,重启汇率制度改革,重新回到有管理的浮动汇率制;第三,人民币汇率将从盯住美元转变为参考一篮子货币。

随后3年里,人民币名义汇率对美元升值22%,实际有效汇率升值16%。2008年,世界经济受到美国次贷危机的严重影响。中国人民银行再次收紧了人民币汇率浮动区间。直到2010年6月19日,才宣布再次提高人民币汇率的灵活性。

因此,可以将人民币汇率改革分为两个时期。1994年之前的制度可以概括为稳定的人民币贬值,并伴随着快速的二级市场汇率变动。1994年之后基本上可以概括为有管理的浮动汇率制度,亚洲金融危机(1997—1998年)和国际金融危机(2007—2008年)期间有所中断。尽管人民币保持了升值趋势,但升值步伐较为谨慎。因此,人民币升值压力、热钱流入和巨大外部顺差长期存在。

市场供求在人民币汇率形成机制中所起的作用越来越重要。外汇跨境交易和持有方面的限制在稳步减少。同时,外汇市场机制已在改善。1994年之前,人民币汇率由官方和调剂市场决定。目前,人民币汇率由银行间外汇市场通过场外交易决定,并由做市商支持。随着外汇市场的迅速增长,市场参与在决定汇率中间价方面的作用已越来越大。

尽管一再宣布采取有管理的浮动汇率制,增加灵活性,人民币汇率在过去十年间的变动仍相当有限。在 2005 年 7 月至 2011 年 5 月间,人民币对美元双边汇率从 8.28 元人民币/美元升值为 6.5 元人民币/美元。同时期内,人民币实际有效汇率仅升值 20%(见图 3.12)。这种升值幅度明显低于中国主要贸易伙伴期望的幅度。因此,这成为中国和其他重要经济体,尤其是中美和中欧间经济政策冲突的主要根源。

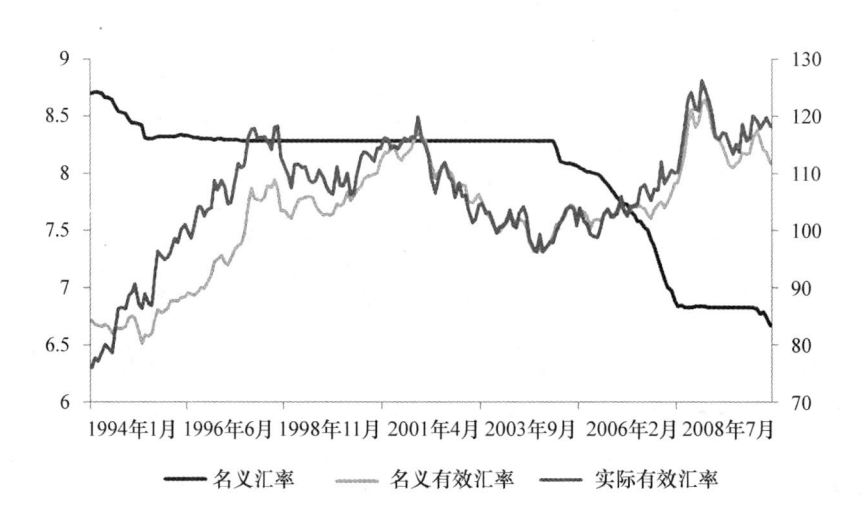

**图 3.12 人民币名义汇率、名义有效汇率和实际有效汇率**

资料来源:CEIC。

鉴于中国持续高速的经济增长、巨额的贸易顺差、快速的外汇储备积累以及大量短期资本流入等因素,不管采用何种方法估计人民币均衡汇率,人民币都可能被低估(见图3.13)。然而对人民币低估幅度的估计变化较大,从5%到50%不等(Goldstein and Lardy,2008)。

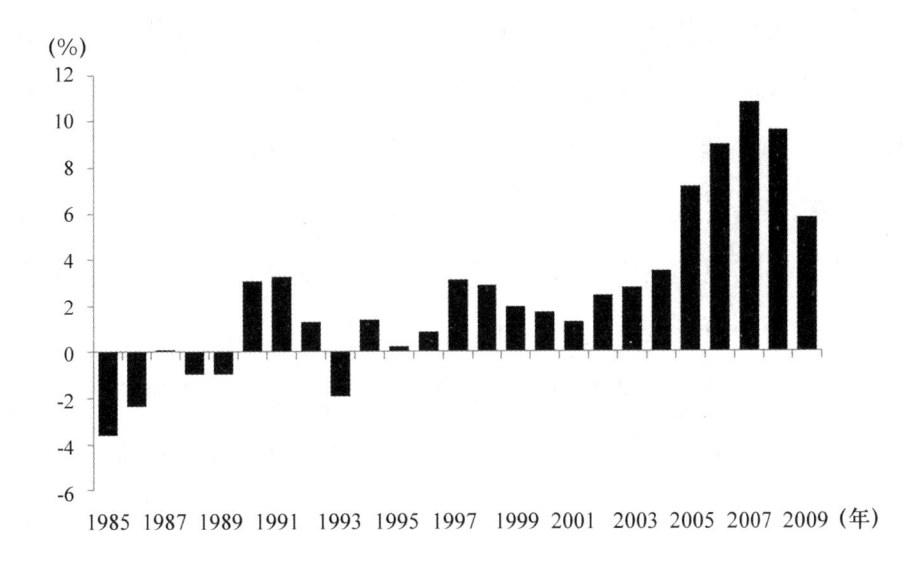

**图3.13　中国经常账户差额(1986—2009年)**

资料来源:CEIC。

多数中国官员和学者,至少间接地赞同人民币应适当升值,降低经济中存在的扭曲。大致有两种关于人民币升值的建议:一是一次性调整到位,另一种建议是缓慢升值。一次性调整可能更有效,然而困难在于不清楚调整到什么程度才是最优。如果调整幅度不够,人民币升值的压力仍会存在。如果调整过度,则会对实际经济造成负面冲击。更重要的是,人民币汇率改革的最终目标是建立市场供求决定的人民币汇率形成机制。一次性调整无助于该目标的实现。

多数官员偏好渐进调整的方法。认为人民币升值过快可能会导致出口疲软、就业机会减少、经济增长放缓，并引发社会和政治不稳定因素。在2005年年初和2010年年初，一些政府官员警告说，一年内人民币升值3%会对经济造成严重不良后果。这种被广泛接受的说法，其实并不可靠。2005年年中至2008年年中，人民币相对美元年均升值7%，而出口仍然快速扩张，就业市场强劲，GDP增长仍然保持稳健。

中国和其他发展中国家的经验表明，经济活动可以有弹性地处理汇率波动。更重要的是，对中国而言，如果过去盯住美元的政策提供了某种锚的话，那么重新盯住美元会带来更大的不确定性和不稳定性（Obstfeld，2006）。相反，如果中国只允许较小幅度的浮动或者汇率缓慢升值，受进一步升值的市场预期影响，热钱流入会显著增加。

现在是政策制定者重新考虑汇率制度的时机。多年来，政府一直声称由市场供求决定汇率水平，还希望鼓励汇率双向波动。然而，这些并没有最终实现。迅速增长的外汇储备表明，中国人民银行仍然在大量干预外汇市场。尽管宣布参考一篮子货币，中国人民银行仍然以美元为中心管理人民币汇率。汇率变动预期仍然是单向的人民币升值。

2. 资本项目管制与开放

中国资本项目改革落后于其他经济领域的改革。然而，关于跨境资本流动管制在改革开放以来也在稳步下降。1996年12月，中国人民银行行长致信 IMF 董事总经理，宣布中国已实现人民币经常项目的放开。最初计划之后 5 年内实现资本项目开放。然而，不幸的是，由于亚洲金融危机、"9·11"事件、SARS 疫情的不确定性，中国开放资本项目的计划一再推迟。

2007—2009 年国际金融危机期间，中国经济明显要比其他国家表现得好。部分原因是资本项目管制有助于降低国内经济遭受外部冲击的影响。然而，一旦危机结束，资本项目开放又重新成为热议的话题之一。例如，中国采取了一系列措施推动人民币国际化，建议将人民币包含到 IMF 特别提款权（SDR）的货币篮子，计划建立上海国际金融中心等。没有资本项目开放，所有这些努力都不可能实现。

改革开放初期，中国资本项目被严格管制。事实上，几乎没有跨境资本流动。政府对资本项目的管制主要包含两方面，跨境资本交易和与跨境资本交易相关的特定阶段的外汇交易，包括对跨境资金汇款和遣返以及人民币/外汇相关的资本账户交易。

改革开放期间，我国遵循"先长期后短期，先流入后流出，先实体经济投资再证券组合投资"的总体战略，谨慎推进资本项目开放。在一些地区，外商直接投资（FDI）等资本流动已相当自由。

回顾起来，经历了最完整自由化的项目是 FDI。FDI 流入开始于 20 世纪 80 年代初。当时中国香港、韩国、中国台湾等地的纺织和服装商将企业转移到中国珠三角地区。政府热烈欢迎外资流入，许多地方政府通过提供优惠的土地使用成本、较低的贷款利率、免税和其他优惠政策待遇，竞相吸引外资。90 年代中期，除了产业政策导向，已没有关于外商直接投资的政策限制。改革开放的前30年内，中国吸引了超过1万亿美元的外商直接投资流入（见图3.14）。

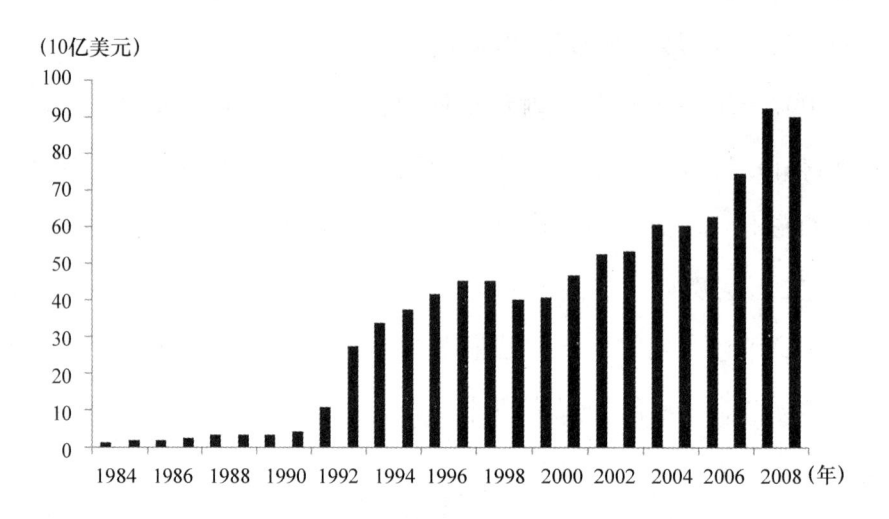

**图3.14  实际利用外商直接投资（1984—2009年）**

资料来源：CEIC Data Company。

2001年12月中国加入WTO后，资本流动自由化开始加速。除了关税减免，中国承诺在随后5年的转型期内取消外资进入和所有权方面的多项限制。包括保险、银行、证券和海运等多数部门在内的服务业放开竞争，允许外资自由进入。例如，外资银行最初仅获准在上海从事人民币业务，之后深圳也向外资银行放开人民币业务。2006年年底，取消了所有的区域性限制。

中国也鼓励中国企业在国际资本市场通过公开上市募集资金。1993年国内企业首只股票在香港H股上市，1994年首只股票在纽约N股上市，1997年首只股票在伦敦L股上市。不断增长的海外上市降低了国内硬通货主导的 B 股市场的需求。2001 年，监管机构允许国内居民用其合法持有的外汇在 B 股开设账户。

目前，中国资本项目管制主要存在于三个方面。第一是对外国投资者和国内投资者的限制。在对外国投资者开放国内证券市场方面，中国一直推行"用不同的投资者分割市场"的策略。这意味着外国投资者仅被允许在国内或外国市场上购买外国货币计价的股票或债券工具。即允许外国投资者投资国内 B 股市场、离岸的 H 股和红筹股，以及海外的外国证券，而不允许购买人民币计价的 A 股股票、债券和其他货币市场工具。同时，国内居民禁止在海外市场购买、出售或发行资本或货币市场工具。针对国外居民投资国内证券市场，以及国内居民投资海外证券市场的管制也在逐渐开放，分别推出了合格境外机构投资者（QFII）和合格境内机构投资者（QDII）。

第二是对外部借贷的限制。尽管外商投资企业可以在海外市场自由地筹集短期或长期债务，国内企业实体作为主要借款人必须满足相关要求，且建议借款额须经外汇管理局审核批准经。此外，国内金融机构必须遵守相关机构批准的外汇负债/资产比的相关规定，发行外部贷款。而国内非金融 I 企业被严格禁止进行外部贷款。

第三是对直接投资的限制。外国投资者在中国进行的直接投资，除了要求遵守中国的产业政策指导，几乎已无限制。然而，国内企业从事对外直接投资需要获得相关政府部门的批准。对外直接投资必要的外汇资金来源和相关的风险需由国家外汇管理局评估审核。

# 第四章

# 中国金融管制的理论与衡量

中国的金融体系存在明显的政府管制特征，如受管制的低利率体系、政府对信贷决策的影响、较高的法定准备金率、较严格的资本项目管制等。回顾金融与经济方面的研究，可以发现学术界习惯把政府采取的干预和限制金融体系市场化进程的措施称为金融管制或金融约束。然而，本书随后的研究显示，从中国改革开放以来的经济发展过程看，金融管制理论或金融约束理论并不是完全矛盾或者冲突的。

中国政府采取的这些金融管制措施目的，是通过对金融体系施加约束，在保持宏观经济和金融体系稳定的前提下，实现经济的快速增长。而金融改革的过程就是在信息和市场条件不管完善的过程中，不断消除扭曲性的金融管制和约束政策，同时不断提高管理金融体系的能力。从这个意义上，本书认为用金融管制这个概念，比金融抑制和金融约束，更能准确地解释和定位中国改革开放以来在金融体系采取的限制、干预和管理等措施。

本章其余部分安排如下：第二部分引入理论模型分析金融管制与经济增长的关系；第三部分介绍使用的数据及各变量指标的构

建；第四部分采用主成分分析的方法计算我国改革开放以来的金融管制指标；第五部分利用时间序列方法分析金融管制对经济增长的影响；第六部分总结我们研究的主要结论，探讨可供改进的地方并提出相应的政策建议。

## ◇ 一 引言

自实施改革开放政策以来，中国经济已经保持了40年的高速增长。与此同时，中国的经济体系却仍然呈现典型的金融管制的特征，如受管制的低利率体系、政府对信贷决策的影响、较高的法定准备金率、较严格的资本项目管制等。与中国相比，许多新兴市场经济的金融改革更为彻底，但增长速度反而要低一些。这就引出了金融自由化是否是高速增长的必要条件的疑问。回答这个问题对中国同样重要，中国金融管制的政策是否真的阻碍了经济增长？如果在存在金融管制的情况下，中国依然能够取得良好的经济绩效，是否仍有必要放松金融管制，进一步推进金融自由化？

传统经济理论认为，健全的金融体制能够有效地动员储蓄，合理配置稀缺的金融资源，有助于企业家创新，从而促进经济发展（Schumpter, 1911），而受压抑、缺乏效率的金融体系则会束缚金融发展，不利于经济增长（McKinnon, 1973）。这一传统理论的政策含义非常明确：为促进经济的可持续增长，实施金融管制政策的发展中国家应该积极推进金融深化，放弃抑制性的金融政策，解除对金融资产价格的不适当管制，实行以市场利率为核心的金融自由化政策。

然而20世纪70年代以来的货币和金融自由化改革也给一些国家带来了相当严重的经济和金融危机，如20世纪70年代的阿根廷、智利和乌拉圭，80年代的菲律宾和土耳其，1997年亚洲金融危机等。针对这些现象，有些学者认为不断出现的金融危机与发展中国家的金融自由化是有密切关系的（Stiglitz，2000）。他们认为金融自由化对新兴市场经济利弊得失的影响需要重新认真评估。

经济增长与金融管制政策并存使得中国的经验成为研究金融深化和金融自由化有效性的典型案例。由于金融管制体现为抑制金融发展的政策，而这些政策变量难以量化，所以有关中国金融管制的研究较少。本章综合分析了中国金融管制的特征，具体地量化了反映金融管制的六个政策变量，即实际利率水平、利率管制强度、法定准备金率、资本账户管制强度以及国有金融机构贷款占金融机构总贷款的比重和金融机构贷款向国有部门贷款的比例。

不过解读六个指标的难处在于它们的变化并不同步，因此很难得出一个综合性的关于金融管制程度的概念。为了解决这一问题，本章参照已有文献的研究方法，采用主成分分析法构建了中国金融管制指数。这一指数提供了中国改革开放期间金融管制政策演变的完整信息。

## ◇◇ 二 理论模型

### （一）模型设定

金融管制会通过不同途径影响实体经济：非市场化的信贷配给降低了资金的分配效率，导致了总体投资的效率低下；金融机构难以有效发挥其信息处理优势评估投资项目，识别其中有前途的项目；存在金融管制时，金融中介不但不能有效分散风险，反而会增加整个金融部门的风险；中小企业的外部融资较为困难。因此，金融有效发展会促进经济效率，而金融管制阻碍了金融部门发展，降低了资金的使用效率，从而抑制了经济增长。

本章的模型中考虑了以下金融管制影响经济增长的渠道：（1）发展中国家政府采取的金融管制政策阻碍了金融部门发展；（2）持有货币的边际效用会随着金融管制的程度而增加；（3）金融资源通过提高生产部门的效率而带来产出的增加。

我们假设经济中有两个部门，即生产部门和金融部门。整个社会的资源分为两种：生产部门中用于生产的资本（$K$）和用于发展金融部门金融资源（$F$）（如用于购买金融部门所使用的计算机等设备、办公场所、人力资本等）。金融部门的发展，有利于动员社会储蓄，识别最有前途的项目，提高经济的生产效率。由于金融部门自身的发展需要,并非所有金融资源都可直接带来生产效率的提高。我们假设金融资源($F$)中 $u$ 比例的金融资源可直接促进生产效率的提高,而 $1-u$ 的比例则用于维持金融部门的发展,生产资本($K$)直接用于生产。生产函数为 AK 形式:

$$Y_t = A_t K_t^{\alpha} \tag{4-1}$$

其中,$A_t$ 为技术或生产效率,且 $A_t = (u_t F_t)^{1-\alpha}$,$0 \leq \alpha \leq 1$。

金融资源的变化方程为:

$$\dot{F}_t = \Phi(B)(1-u_t)F_t \tag{4-2}$$

其中,$B$ 表示金融市场化的程度,$\Phi(B)$ 是 $B$ 的增函数。那么,金融管制通过降低金融市场化程度进而影响金融部门的发展。

### (二)模型

假设无限期生存的代表性消费者的效用函数采用货币效用函数形式(Money in Utility,MIU)(Sidrauski,1967)。消费($c$)和实际货币持有量($m$)影响消费者的效用水平。我们借鉴 Roubini 和 Sala-I-Matin(1992)的做法,将效用函数设定为 CRRA 的形式。假定相对偏好系数 $\beta(B)$ 是金融市场化程度 $B$ 的单调减函数。瞬间效用函数设定为:

$$\int_0^{\infty} \frac{(c_t^{\gamma} m_t^{\beta(B)})^{1-\sigma} - 1}{1-\sigma} L_t e^{-\rho t} dt \tag{4-3}$$

其中,$L_t$ 为经济中的人口数,增长率为 $n$,即 $L_t = e^{nt}$;$\rho$ 为贴现率。经济中的储蓄有两种形式:资本和货币,因此跨期预算约束为:

$$P_t\dot{K}_t + \dot{M} = P_t[(1-\tau)Y_t - C_t + X_t] \qquad (4-4)$$

其中，$M$ 是名义货币需求，$X_t$ 是 $t$ 期政府一次性的转移支付，$\tau$ 为收入税率。

货币供给由政府控制，并以 $\theta$ 的速度增长，即：

$$\frac{\dot{M}}{M} = \theta \qquad (4-5)$$

我们假设政府每期均平衡预算，政府的预算约束为：

$$\frac{\dot{M}}{P} + \tau Y_t = G_t + X_t \qquad (4-6)$$

式（4-6）左边为政府收入，政府收入来自铸币税和收入税两部分。右边为政府支出，政府支出由政府购买和转移支付两部分构成。由于经济在增长，我们假设政府可以支配的资源也在增长。为简单起见，我们假设政府购买 $G$ 与社会消费成比例：

$$G_t = \omega C_t \qquad (4-7)$$

## （三）经济的平衡增长路径

为更好处理，我们定义小写变量为人均实际量，而对应的大写变量为名义总量。为求解模型方便，我们引入一个新的变量，定义人均实际资产为 $a$，其中 $a = z + m$。因此消费者的预算约束可重新表述为：

$$\dot{a} = (1-\tau)y_t - c_t - nk_t - (n+\pi_t)m_t + x_t \qquad (4-8)$$

相应的金融资产的运动方程可表述为：

$$\dot{f}_t = \Phi(B)(1-u_t)f_t + nf_t \qquad (4-9)$$

因此，中央计划者的目标函数为：

## 金融管制

$$\max_{\{c_t,m_t,k_t,u_t,a_t,f_t\}_0^\infty} \int_0^\infty u(c_t,m_t)e^{-(\rho-n)t}dt$$

s, t:

$$\dot{a}_t = (1-\tau)y_t - c_t - nk_t - (n+\pi_t)m_t + x_t$$

$$\dot{f}_t = \Phi(B)(1-u_t)f_t + nf_t$$

$$a_t = k_t + m_t, K_0 \text{ 给定}。$$

我们定义 Lagrange 方程:

$$L = u(c,m) + \lambda_1[(1-\tau)y - c - nk - (n+\pi)m + x] + \lambda_2[\Phi(B)(1-u)f + nf] + \mu(k+m-a)$$

$$(4-10)$$

其中, $\lambda_1$ 和 $\lambda_2$ 为 Hamilton 乘子, $\mu$ 为 Lagrange 乘数。

运用最优控制的方法, 我们得到目标函数的一阶条件:

$$u_c = \lambda_1 \quad (4-11a)$$

$$u_m = \lambda_1(\pi+n) - \mu \quad (4-11b)$$

$$\lambda_1[(1-\tau)\alpha k^{\alpha-1}(uf)^{1-\alpha} - n] + \mu = 0 \quad (4-11c)$$

$$\lambda_1(1-\tau)k^\alpha(uf)^{-\alpha}(1-\alpha) = \lambda_2\Phi(B) \quad (4-11d)$$

$$\dot{\lambda}_1 = (\rho-n)\lambda_1 + \mu \quad (4-11e)$$

$$\dot{\lambda}_2 = \lambda_2(\rho-n) - \lambda_1(1-\tau)k^\alpha(uf)^{-\alpha}(1-\alpha)u - \lambda_2\Phi(B)(1-u)$$

$$(4-11f)$$

$$TVC: \lambda_1 \geq 0, \lambda_2 \geq 0; lim_{t\to\infty}\lambda_1(t)a(t)e^{-(\rho-n)t} = 0,$$

$$lim_{t\to\infty}\lambda_2(t)f(t)e^{-(\rho-n)t} = 0$$

在均衡增长路径上, $g_c = g_k = g_f$, $u_t$ 固定。

由式 (4-11d) 和式 (4-11f), 我们得到:

$$\frac{\dot{\lambda}_2}{\lambda_2} = (\rho - n) - \Phi(B) \qquad (4-12)$$

以上，我们知道在平衡增长路径上，$g_c = g_m$，那么，条件（1）意味着平衡增长路径上，消费的增长率为：

$$g_c = \frac{\dot{c}}{c} = \frac{\Phi(B) - (\rho - n)}{1 - (1 - \sigma)(\gamma + \beta(B))} \qquad (4-13)$$

由式（4-12）可知，当 $\sigma > 1$，金融管制会降低平衡增长路径上消费的增长率。而当 $\sigma < 1$，金融管制会增加平衡增长路径上消费的增长率。由于 $\sigma$ 可以解释为代表性消费者的风险承受度的衡量标准。而在经济发展初期，人均收入水平较低，往往消费者的风险承受能力偏低；随着经济发展，人均收入水平随之提高，消费者的风险承受能力也会随之提高，此时，金融管制的政策反而不利于消费增长。

我们还可以分析政府的货币政策及金融管制政策对政府收入的影响（见附录）。结论表明，政府有激励采取扩张性的货币政策，通过产生更多的铸币税来增加政府收入。为了增加政府收入，政府有动机采取金融管制的政策。金融管制水平上升，会促进政府收入的提高。一方面，金融管制增加了持有货币的边际效用，从而增加了货币需求。因此，政府可以通过货币供给获取更多的铸币税。另一方面，金融管制会扭曲金融资源分配，增加政府税收。

## ◇ 三 数据及各变量指标的构建

金融管制是中国金融体系的主要特征之一。受管制的低利率体系，银行贷款的所有制偏向，大量金融资源掌握在国有部门，资本账户存在管制等构成了国内金融抑制的主要内容。由于名义利率存在管制，政府通过通货膨胀政策，一方面可以为财政赤字融资，另一方面通过压低实际利率可以降低国有部门贷款的成本。通过设定较高的法定准备金率，中央银行集中更多的金融资源配合政策使用。在信贷资金短缺的经济中，要以较低的成本为特定部门融资，信贷配给就是经常被采用的措施。改革开放后，信贷资金分配上的扭曲还体现在贷款的所有制偏向上。为了防止资金外流，同时保护国内金融部门免受国外金融机构竞争带来的冲击，中国资本账户一直存在管制。此外，中国金融管制还体现在政府对国内非国有金融机构及外资金融机构进入金融业的限制政策上。施行这些金融管制措施最初的目的在于促进经济增长，虽然可以较大限度的调配金融资源，然而严重损害了金融资源的使用效率，增加了整个经济的生产和运行成本。

我们用六个指标来描述中国经济体系内存在的金融管制，即实际利率水平、利率管制强度、法定准备金率、资本账户管制强度、国有金融机构贷款占金融机构总贷款的比重以及金融机构贷款向国有部门贷款的比例。前两个变量为利率变量，反映了中国低利率政策和利率的市场化程度；法定准备金率反映了中央银行为政府政策所需而掌握的金融资源；资本账户管制强度反映了为防止资金外流和保护国内金融部门而采取的资本账户管制措施；最后两个变量分别反映了非国有金融机构在进入和提供服务方面的限制和金融机构贷款的所有制偏向。国有金融机构贷款占金融机构总贷款的比重越高，说明非国有金融部门和外资银行在国内提供金融服务的份额越低，反映了国内对非国有金融部门的限制。我们在这一部分分别量化这些指标，作为构建中国金融管制指标的基础。

我们收集了中国1978—2009年的利率、CPI、法定准备金率、存贷款等相关数据用于本章的研究。所有数据均来自中国官方的统计年鉴，特别是《中国金融年鉴》《中国金融统计》（1949—2005）《中国金融年鉴》以及《新中国五十年统计资料汇编》。由于法定准备金率[①]、银行贷款中公共部门贷款的比例和银行储蓄中国有部门储蓄的比例较容易计算得到[②]，我们只介绍实际利率指标、利率管制强度指标和资本管制强度指标的构建方法。

（一）实际利率指标

早在计划经济时代，低利率的政策体系就被用来向优先发展的重工业部门提供低成本的资金。改革开放后，官方利率一直比非正式信贷市场的利率低50%—100%。尽管国家允许银行对中小企业

---

① 中国在1984年之前并没有明确的法定准备金率。这是由于在这之前，中国人民银行既行使中央银行职能，又对企业单位和居民个人办理存、贷款业务。根据法定准备金率的概念，法定准备金是商业银行按规定不能贷放出去的存款。因此，我们用财政存款、基本建设存款和机关团体存款占金融机构全部存款的比例作为1978—1983年的法定准备金率的近似衡量，1984年之后法定准备金率由专门行使中央银行职能的中国人民银行设定。

② 国有金融机构贷款为中、农、工、建四大行及三家政策性银行的贷款额。我们将金融机构向乡镇企业贷款、三资企业贷款、私营企业及个体工商户贷款以及居民户贷款占全部贷款的比重作为向非国有部门贷款的比例，1减去该比例则为金融机构向国有部门贷款所占的比例。

的贷款利率可以在央行基准利率基础上上浮一定比例，可是，市场利率仍然比最高利率高出50%（卢峰、姚洋，2004）。

我们用一年期储蓄存款利率①作为名义利率的衡量标准，用CPI作为通货膨胀的衡量标准，用二者之差计算实际利率。图4.1显示了中国1978—2009年的实际利率情况。可见，中国实际利率整体水平偏低，实际利率为负的年份集中在中国经历通货膨胀的阶段，即1987—1989年、1992—1996年以及2007—2008年。如果以活期存款利率为名义利率计算实际利率，那么出现实际利率为负的年份会更多。

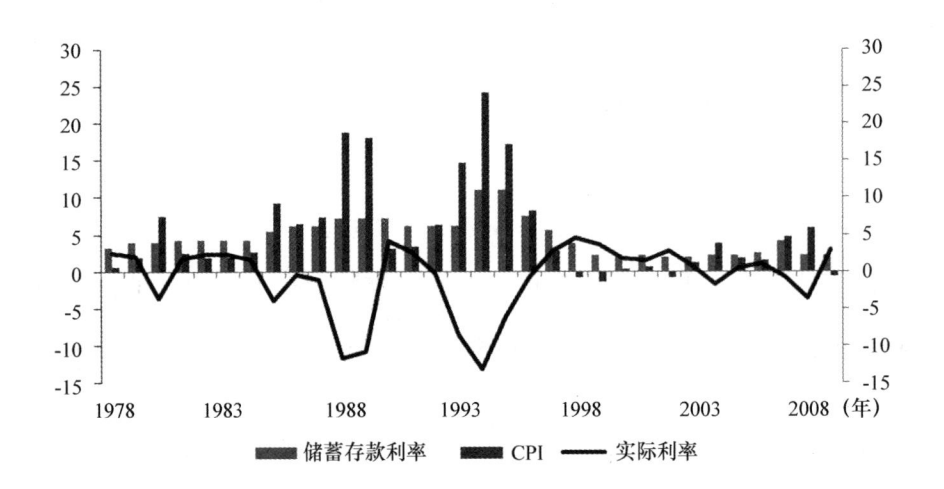

图4.1　中国储蓄存款利率、CPI及实际利率（1978—2009年）

资料来源：CEIC数据库，《中国金融统计》。

---

① 名义利率在一年内可能存在多次调整。如果利率存在多次变动的情况，我们取几次变动的平均值作为该年度名义利率的衡量标准。

实际利率的大小从一个侧面反映了金融管制的情况，为增加可比性，我们借鉴 Roubini 和 Sala-i-Martin（1992）的做法，将实际利率转换为 0—1 的虚拟变量：如果当年的实际利率为正，则取值为 0；如果实际利率为 0—5%，则取值为 0.5；如果实际利率在 -5% 以下，则取值为 1。这样构建的变量取值越大，表明实际利率越低，反映金融管制程度越高。

### （二）利率管制强度指标

中国的利率市场化改革始于 1993 年。在这之前，金融机构人民币存款利率、金融机构人民币贷款利率、优惠贷款利率以及外币存贷款利率均由中国人民银行设定管制。十四届三中全会《关于建立社会主义市场经济体制若干问题的决定》提出了利率市场化改革的基本设想。本着"先外币后本币；先长期后短期"的思路，中国人民银行以逐步放开利率管制的方式推进市场化，理顺和简化必要的管制利率。截至 2008 年，放开的本外币管制利率累计达 123 个品种，管制利率减少到 24 个品种（易纲，2009）。

我们根据中国人民银行不断放开利率管制的过程构建利率管制强度指标。利率市场化改革之前，中国的管制利率主要有存款利率（14 种）、贷款利率（14 种）、优惠贷款利率（19 种）、外币存款利率（10 种）、外币贷款利率（6 种）。参照易纲（2009）的研究，同一类别下不同档期的利率算作一种利率。我们的构建方法为：如果存在管制，则赋值为 1，如果不存在，则赋值为 0。考虑到优惠贷款利率和外币存贷款利率在本外币存贷款业务中占比相对较小,所以每一种存在管制的优惠贷款利率和外币存贷款利率分别赋值为0.5,如放开管制,则赋值为0。这样,每年的利率管制强度指标为该年管制利率的个数与总利率个数的比例。该比例越高,说明利率管制强度越大,反之说明市场化程度越高。图4.2给出了利率管制强度指标。

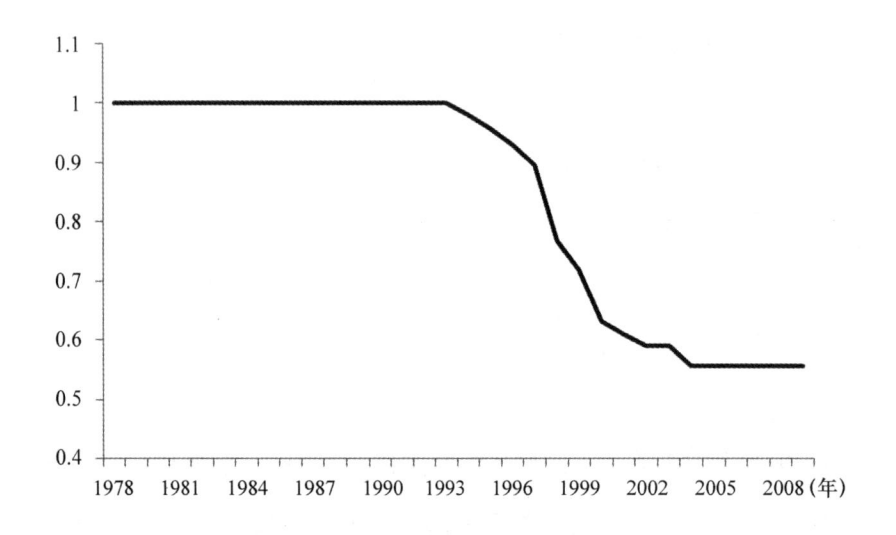

**图 4.2 利率管制强度指标（1978—2009 年）**

资料来源:《中国金融年鉴》。

## （三）资本项目管制强度的衡量

量化资本管制强度指标最常见的做法是用简单的0—1数据代表具体的资本交易项目有无限制（Klein Olivei,1999）。将这一方法应用于中国政策研究的缺点是无法反应年度之间资本管制政策的变化。事实上，几乎所有项目都存在一定程度的资本流动管制，但这些管制的措施也在不断变化。因此如果按照0—1设定指数将无法反映改革开放以来资本管制强度的变化。

参照金荦（2004）的研究，我们对上述度量方法做了改进。首先我们将改革开放前的1977年设为基年，以1代表严格管制，0.75代表有较多管制，0.5代表中等管制，介于较多与较少之间，0.25代表有较少管制，0代表资本完全自由流动或可自由兑换。如果某一项的限制程度相对于上一年没有变化，则加0分；如果某一项限制程度相对于上一年有较大放松，则减0.25分，如果有较少放松，则减0.125；反之，分别加上相应的分数。这样，得分越高表示该交易项目的管制越严格，得分越低表示管制越放松。最后我们将所有项目的总得分除以项目的个数得到资本管制的强度指标（见表4.1）。

根据经合组织《资本流动自由化准则》中对资本流动的分类，结合中国外汇管理部门关于资本项目外汇管理的政策法规变动，分析中国对11类资本交易项目的限制程度。同样借鉴金荦（2004）的做法，我们将商业信贷与金融信贷合并为一类，而将对外直接投资和外商直接投资分别单列为两类。这样做主要是考虑中国对商业信贷的管理法规同样适用于金融信贷，而对外直接投资和外商直接投资的管理思想存在差异。

从具体项目来看，中国严格管制的主要是非居民在境内自由发行或买卖金融工具、非居民在境内自由发行或买卖金融衍生工具、居民对外借款和房贷等（见表4.1）。而对于直接投资清盘、境内金融机构向国外发放贷款等，经主管部门审核真实性后可以直接办理，基本实现可兑换。1999—2009年，一些项目的管制也被逐步放松，比较突出的例子是对外直接投资。这可能是因为经过几十年的发展，国内企业走出去的要求日益增强，另外央行积累了庞大的外汇储备，也迫切地需要找到分流的渠道。

表4.1　　　　中国资本管制强度的测算（1999—2009年）

| 项目 | 1999年 | 2000年 | 2001年 | 2002年 | 2003年 | 2004年 | 2005年 | 2006年 | 2007年 | 2008年 | 2009年 |
| --- | --- | --- | --- | --- | --- | --- | --- | --- | --- | --- | --- |
| 第一类 | 0.875 | 0 | 0 | -0.125 | 0 | -0.125 | 0 | 0 | 0 | 0 | 0 |
| 第二类 | 1 | 0 | 0 | -0.25 | 0 | 0 | 0 | -0.25 | 0 | 0 | 0 |
| 第三类 | 1 | 0 | 0 | 0 | 0 | 0 | 0 | 0 | 0 | 0 | 0 |
| 第四类 | 1 | 0 | 0 | 0 | 0 | 0 | 0 | 0 | 0 | 0 | 0 |
| 第五类 | 0.625 | 0 | -0.125 | 0 | 0 | 0 | -0.125 | 0 | 0 | 0 | 0 |
| 第六类 | 0.5 | 0 | 0 | 0 | 0 | 0 | 0 | -0.125 | 0.125 | 0 | -0.125 |
| 第七类 | 0.75 | 0 | 0 | -0.125 | -0.125 | 0 | -0.125 | -0.125 | 0 | 0 | 0 |
| 第八类 | 0.375 | 0 | 0 | -0.125 | 0 | 0 | 0 | 0 | 0 | 0.125 | 0 |
| 第九类 | 0 | 0 | 0 | 0 | 0 | 0 | 0 | 0 | 0 | 0 | 0 |
| 第十类 | 0.5 | 0 | 0 | 0 | 0 | 0 | 0 | 0.125 | 0.125 | 0 | 0 |
| 第十一类 | 1 | 0 | 0 | 0 | 0 | 0 | 0 | 0 | 0 | 0 | 0 |
| 累计得分 | 7.63 | 7.63 | 7.50 | 6.88 | 6.75 | 6.63 | 6.28 | 5.90 | 6.20 | 6.33 | 6.15 |
| 强度指标 | 0.69 | 0.69 | 0.68 | 0.63 | 0.61 | 0.60 | 0.57 | 0.54 | 0.57 | 0.58 | 0.56 |

注：第一类至第十一类分别为：（1）资本市场证券、（2）货币市场工具、（3）共同投资证券、（4）衍生工具及其他工具、（5）商业与金融信贷、（6）担保保证及金融支持工具、（7）对外直接投资、（8）外商直接投资、（9）直接投资清盘、（10）房地产交易和（11）个人资本交易。表中1999年的数据表示当年资本管制的强度指数，而之后的数据则反映当年政策调整的情况。

资料来源：金荦（2004），国家外汇管理局。

资本管制的综合指标则清晰地反映了改革开放以来资本项目不断开放的渐进趋势（见图4.3）。改革一开始政府便放松了对商业与金融信贷、外商直接投资和直接投资清盘的控制。不过在随后的十年间，改革的重点一直放在国内农业和国企上，资本项目管制基本没有发生变化，管制强度指数一直平稳地保持在略高于0.8的水平。管制大幅放松始于20世纪90年代中期，伴随着1994年年初汇率并轨和1996年年底实现经常项目完全开放，政府也逐步放弃了一些资本项目管制。可惜的是很快发生了亚洲金融危机，迫使政府重新收紧资本项目管制以防范金融危机的风险。好在这个紧缩的趋势仅仅维持了1年左右的时间。

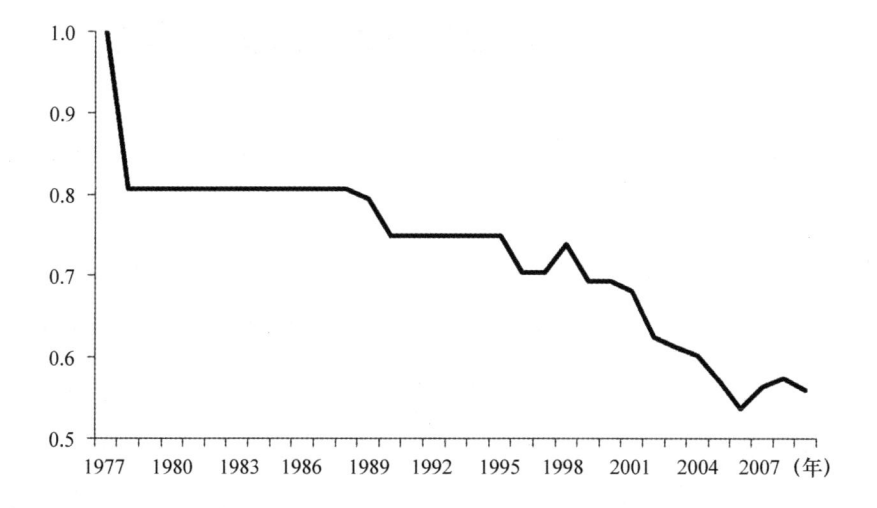

**图4.3 资本项目管制强度指标，1977—2009年（1977 = 1）**

注：资本管制强度指数仅是个相对的概念，指数越低表明资本管制越宽松，或者资本流动越自由。

资料来源：金荦（2004），国家外汇管理局。

资本项目开放再次发生在 2001 年之后，作为加入 WTO 的承诺，中国大幅度地开放贸易、金融等领域。因此资本管制强度不断降低，在 2006 年达到样本期内的最低点。可惜的是随着美国次债危机的爆发和发展，热钱流动日益频繁，中国资本管制再次出现了反复。政府加强了外债管理，对直接投资的规模和流向也增强了监督和管理，以降低宏观经济风险。到 2009 年下半年，国际金融危机风险基本得到控制，中国资本管制强度又有所回落，但仍然明显高于 2006 年的水平。

## ◇◇ 四 中国金融管制综合指标的测算

尽管上述六个变量提供了不同方面金融管制政策的演变情况，但它们的变化并不同步，有时候甚至在方向上也不一致，因此我们难以得出一个总体的概念。而构建一个金融管制的综合指标就可以解决这个问题。常见的构建综合指标的方法包括对所有分指标做加权或不加权平均，但应用这个方法要求各分指标的同质性，如果各分指标的数值范围、含义不一样，加在一起就没有什么意义。更重要的是有些分指标反映的是同一个问题的不同方面，这样把它们加在一起可能重复使用部分信息。

我们认为要构建比较科学的关于金融管制的综合指标，必须要遵循两个原则，一是降维，二是最大限度地保持原有变量的信息。我们参照 Demetriades 和 Luintel（1997；2001）以及 Ang 和 McKibbin（2007）的做法，采用主成分分析（Principle Component Analysis，PCA）① 的方法，构建反映中国金融管制的综合指标。由于主成分分析是结合线性组合的方法达到降维的目的，因此要求各指标变量间有较高的相关性。表 4.2 报告了各变量的相关系数，可以看出构成中国金融管制的这些变量的线性相关性较强，其中最大的相关系数达到 0.977。此外，KMO（Kaiser-Meyer-Olkin Measure of Sampling Adequacy）检验（0.771）和 Bartlett（Bartlett's Test of Sphericity）检验（渐进卡方统计量为 250.4）均表明了用主成分分析的方法构建中国金融管制指标的适用性。

表 4.2  相关系数矩阵

|     | RID    | ICI   | CAC    | SRR   | PDR   | PCR |
| --- | ------ | ----- | ------ | ----- | ----- | --- |
| RID | 1      |       |        |       |       |     |
| ICI | 0.977  | 1     |        |       |       |     |
| CAC | 0.682  | 0.683 | 1      |       |       |     |
| SRR | 0.863  | 0.883 | 0.546  | 1     |       |     |
| PDR | -0.087 | 0.025 | -0.086 | 0.175 | 1     |     |
| PCR | 0.940  | 0.933 | 0.538  | 0.932 | 0.081 | 1   |

资料来源：作者整理计算。

按照初始特征值大于 1 的原则，主成分分析的结果表明（见

---

① 主成分分析的方法由 Pearson（1901）提出，后被 Hotelling（1933）发展，用于指标的构建。主成分分析的思想是通过降维技术把多个变量化为少数几个主成分（即综合变量），同时这些主成分能够反映原始变量的绝大部分信息，通常表示为原始变量的某种线性组合。因此，这种方法较为适用于本书研究的问题。

表 4.3),从六个变量中可以提取两个主成分。其中第一个主成分的贡献率为 70.52%,第二个主成分的贡献率为 17.89%,前两个主成分的累积贡献率为 88.41%,说明前两个主成分已经能够很好地概括原始变量的信息。结合初始特征值的大小确定每个主成分的权重,即可以得到能描述六个变量主要信心的综合指数(FREP):

$$FREP = 0.798 \times component1 + 0.202 \times component2$$

表 4.3 主成分分析的结果

| 主成分 | 初始特征值 | | | 提取的主成分 | | |
|---|---|---|---|---|---|---|
| | 特征值 | 贡献率(%) | 累积贡献率(%) | 特征值 | 贡献率(%) | 累积贡献率(%) |
| 1 | 4.231 | 70.522 | 70.522 | 4.231 | 70.522 | 70.522 |
| 2 | 1.073 | 17.888 | 88.409 | 1.073 | 17.888 | 88.409 |
| 3 | 0.527 | 8.786 | 97.195 | | | |
| 4 | 0.117 | 1.946 | 99.140 | | | |
| 5 | 0.039 | 0.648 | 99.788 | | | |
| 6 | 0.013 | 0.212 | 100 | | | |

资料来源:作者整理计算。

为了使指标更有意义,我们对通过主成分分析得到的指标进行了单位化,样本初期(1978 年)的取值为 1,而 0 表示没有金融管制,即完全自由化的状态。这样,我们最终得到了自改革开放到 2009 年中国的金融管制指数。如图 4.4 和表 4.4 所示,中国的金融管制具有以下明显的特征:第一,改革开放至今,中国的金融管制水平在不断下降,即中国的金融自由化程度在不断提高。具体而言,中国的金融管制程度从1978年的1下降为2009年的0.54,下降了46%。这些都表明自改革开放以来中国一直在坚定地推进金融改革。

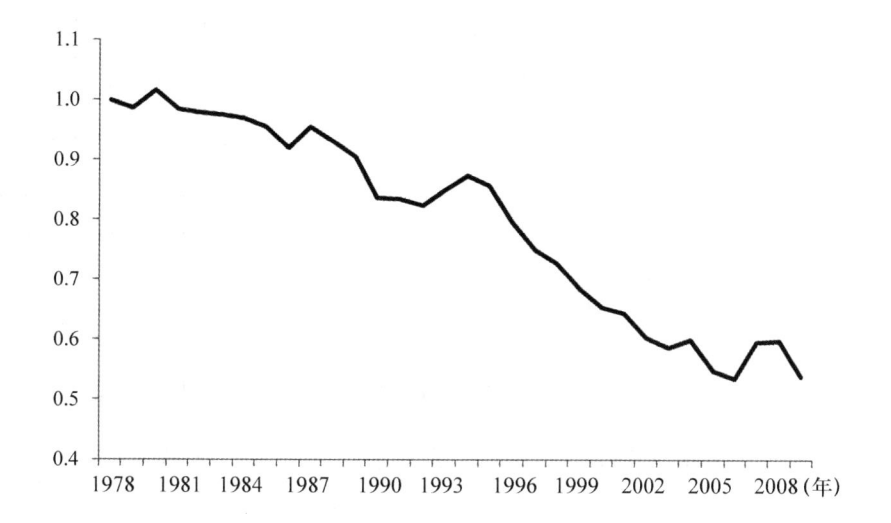

**图4.4 中国金融管制指数(FREP),1978—2009年**

资料来源:CEIC,《中国统计年鉴》和《中国金融年鉴》;作者整理计算。

第二,中国金融管制下降的过程表现为渐进式的下降。不同于泰国、印度尼西亚以及澳大利亚等国快速金融自由化和金融开放的实践,中国的金融改革类似于产品市场的经济改革,遵循渐进改革的路线。也许正是这种渐进式的改革,较大地降低了如亚洲金融危机、美国次贷危机等外部冲击对中国宏观经济和金融体系的影响,维护了中国宏观经济的稳定。

表 4.4　　　　　　　　金融管制指标各年度取值

| 年份 | 指标取值 | 年份 | 指标取值 | 年份 | 指标取值 |
|---|---|---|---|---|---|
| 1978 | 1.0000 | 1989 | 0.9056 | 2000 | 0.6543 |
| 1979 | 0.9867 | 1990 | 0.8377 | 2001 | 0.6436 |
| 1980 | 1.0158 | 1991 | 0.8345 | 2002 | 0.6045 |
| 1981 | 0.9845 | 1992 | 0.8241 | 2003 | 0.5877 |
| 1982 | 0.9800 | 1993 | 0.8507 | 2004 | 0.6006 |
| 1983 | 0.9766 | 1994 | 0.8744 | 2005 | 0.5486 |
| 1984 | 0.9710 | 1995 | 0.8572 | 2006 | 0.5355 |
| 1985 | 0.9552 | 1996 | 0.7959 | 2007 | 0.5967 |
| 1986 | 0.9205 | 1997 | 0.7502 | 2008 | 0.5988 |
| 1987 | 0.9546 | 1998 | 0.7269 | 2009 | 0.5396 |
| 1988 | 0.9312 | 1999 | 0.6853 | | |

资料来源：作者整理计算。

第三，中国的金融管制会随着国内经济形势和外部冲击做出相应的反应。如 1994 年和 1995 年的高通胀造成了极低负利率，增加了整体的金融管制程度；2007 年美国次贷危机爆发以来，为降低通胀，抑制资产价格泡沫，中国提高了法定准备金率，以及对流入房地产的直接投资等资本账户的管制，造成了 2007 年和 2008 年指数的上升。

## ◇◇ 五　结论及政策含义

本章综合分析了中国金融管制的特征，量化了反映金融管制的六个政策变量，即实际利率变量、利率管制强度、法定准备金率、资本账户管制强度、银行贷款中公共部门贷款的比例和银行储蓄中公共部门储蓄的比例，在此基础上参照已有文献的研究方法，采用主成分分析构建了中国金融管制指数。

本章的研究得出了一些具有理论与政策意义的结论。第一，首次运用主成分分析法构造了一个关于中国金融管制的综合指数。与过去文献中单纯地以实际利率反映金融管制的方法相比，本章构建的综合性指数同时反映了多方面金融管制政策的状况，因此更为全面，也更有代表性。主成分分析法的好处是从所有分项指标中提出主要的变动因子，这就避免了将分项指标加权平均可能带来的重复计算或者相互抵消等问题。

第二，改革开放期间，中国的金融管制指数不断降低，表明金融政策环境其实在变得越来越自由。尽管目前中国仍然具有许多金融管制的典型特征，但除了亚洲金融危机和国际金融危机期间的短暂停顿，中国金融改革的步伐一直没有停顿。如果1978年金融管制水平为1，而完全自由化为0，那么2009年中国金融管制指数则为0.54。这表明尽管落后于中国产品市场自由化，中国的金融自由化也已经走过了大致一半的路程。因此中国改革开放以来经济体制的一个重要特征并不是严重的金融管制，而是持续的金融改革。

第三，中国金融自由化的步伐确实滞后于许多其他新兴市场国家，尤其是同处亚洲的印度尼西亚、菲律宾和韩国等。这说明中国金融自由化过程是渐进的过程，并随国内经济形势和外部冲击而相机调整，这一点与中国总体的渐进式改革方针是一致的。摸着石头过河，确定站稳了才继续往前走。这种改革方式的利弊究竟如何，超出了本章的分析范围。但现在能够看得到的是在金融、货币体系没有准备好以前,保持一些管制,可能损失了一些效率,但比较容易保持稳定,起码在短期内是有利于经济增长的。

本章是笔者对如何度量中国的金融管制及其对增长的影响的一些初步尝试。但在许多方面还没有深入探讨或展开分析,例如,尽管我们发现金融改革能够促进经济增长,但显然改革存在一个路径选择的问题,"休克疗法"不见得一定优于"渐进疗法"。再例如,金融管制指数所涵盖的六个方面的指标,哪些对增长的压制作用更大?最后,金融管制压制经济增长究竟是因为降低资金效率,还是因为阻止金融发展或是由于其他途径?对这些问题的回答,能够帮助我们思考下一步的金融改革。而这些问题,将在接下来的章节中一一分析。

## ◇◇ 附录1　各变量的统计性描述

| 变量 | 观测值 | 均值 | 标准差 | 最小值 | 最大值 |
| --- | --- | --- | --- | --- | --- |
| 人均实际GDP取数值 | 32 | 7.173 | 0.789 | 5.937 | 8.534 |
| 资本形成率 | 32 | 0.387 | 0.035 | 0.333 | 0.477 |
| 政府支出占GDP比例 | 32 | 0.187 | 0.052 | 0.112 | 0.316 |
| 国有银行贷款比例 | 32 | 0.796 | 0.130 | 0.563 | 0.979 |
| 向国有部门贷款比例 | 32 | 0.884 | 0.094 | 0.750 | 1 |
| 法定准备金率 | 32 | 0.147 | 0.082 | 0.060 | 0.335 |
| 利率管制强度 | 32 | 0.844 | 0.195 | 0.557 | 1 |
| 实际利率虚拟变量 | 32 | 0.219 | 0.309 | 0 | 1 |
| 资本管制强度 | 32 | 0.720 | 0.091 | 0.536 | 0.807 |

资料来源:《中国统计年鉴》《中国金融年鉴》《中国金融统计》和CEIC。

## ◇◇ 附录2 政府政策与政府收入

借鉴 Roubini 和 Sala-i-Martin（1992）的做法，政府预算约束为

$$g = \theta m + \tau y \tag{附1}$$

我们考虑在均衡增长路径上政府收入与总产出之比为：

$$v^* = \frac{\theta m^* + \tau y^*}{y^*} \tag{附2}$$

由于在均衡增长路径上，$m^* = m_0^* e^{g_m \cdot t}$，$k^* = k_0^* e^{g_k \cdot t}$，$\frac{uf}{k} = \Phi(B)^{\frac{1}{1-\sigma}}$，那么：

$$v^* = \frac{\Omega \theta}{\Phi(B)} + \tau \tag{附3}$$

其中，$\Omega$ 为不取决于 $\theta$ 和 $B$ 的常数。

政府增加货币增长率的效果为：

$$\frac{\partial v^*}{\partial \theta} = \frac{\Omega}{\Phi(B)} > 0$$

很显然，政府有激励采取扩张性的货币政策，通过产生更多的铸币税增加政府收入。同时，为了增加政府收入，政府有动机采取金融管制的政策。

$$\frac{\partial v^*}{\partial B} = -\frac{\Omega \Phi'(B)}{[\Phi(B)]^2} < 0$$

金融管制水平上升，会促进政府收入的提高。一方面，金融管

制增加了持有货币的边际效用，从而增加了货币需求，因此，政府能通过货币供给获取更多的铸币税。另一方面，金融管制会扭曲金融资源分配，增加政府税收。

第 五 章

# 中国的金融管制与经济增长

本章检验了中国改革开放以来金融监管政策对经济增长的影响。测算的金融监管指标表明，改革开放以来，中国的金融体系经历了渐进且稳定的金融自由化进程。实证结果表明，平均而言金融监管政策在改革开放期间对经济增长起到了保护和促进作用。然而分阶段的检验结果显示出更有意义的结论。20世纪八九十年代金融监管政策对经济增长有显著的促进作用（Stiglitz 效果），而 2000 年之后金融监管表现出显著的阻碍作用（Mckinnon 效果）。这主要是由于金融监管政策的净效率损失越来越显著。多种稳健性检验支持该结论。研究表明，国有部门贷款的比重、准备金政策、利率管制以及资本项目管制是近年来金融监管政策中制约经济增长的主要因素。

本章其余部分安排如下：第一部分为引言；第二部分利用时间序列数据分析金融监管对增长的影响；第三部分利用面板数据方法分析金融监管对经济增长的影响；第四部分对金融监管和经济增长的关系进行稳健性检验；第五部分探讨二者之间的影响机制；第六部分总结本章的主要结论，探讨可供改进的地方并提出相应的政策建议。

## 一 问题提出

自实施改革开放政策以来，中国经济已经保持了40年的高速增长。与此同时，中国的经济体系却仍然呈现典型的金融监管的特征，如受管制的低利率体系、政府对信贷决策的影响、较高的法定准备金率、较严格的资本项目管制等。与中国相比，许多新兴市场经济的金融改革更为彻底，但增长速度反而要低一些。这就引出了金融自由化是否是高速增长的必要条件的疑问。中国金融监管的政策是否真的阻碍了经济增长？回答这个问题对中国同样重要，如果在存在金融监管的情况下，中国依然能够取得良好的经济绩效，是否仍有必要放松金融管制，进一步推进金融自由化呢？

金融监管政策对经济增长的影响，一直是学术界存在争议的问题。大量研究的结论表明，金融自由化有利于推动技术进步，促进金融发展，提高资源分配效率，进而促进经济增长（Shaw，1973；Levine et al.，2000）。很多实证研究也证实了金融自由化和经济增长之间的正向关系（Levine，2005；Trew，2006）。然而，很多研究也对金融自由化会促进经济增长的结论提出质疑。Kose 等（2009）检验了全球范围内的新兴经济体，发现金融全球化和经济增长之间没有明显的相互关系。Stiglitz（2000）认为不断出现的金融危机与发展中国家的金融自由化有密切关系。发展中国家可能通过采取金融监管的政策，更好地管理国内的货币供给和金融稳定

(Stiglitz, 1994)。

金融监管会阻碍还是有利于经济增长？回答这个现实问题，会受到例如金融机构、市场、监管和政府等一系列因素的影响。总体而言，金融监管政策会帮助政府更好地处理市场失灵和金融风险等宏观问题，然而是以降低经济效率为代价的。金融监管政策对经济增长的净效应，很大程度上取决于两种机制，即 McKinnon-Shaw（1973）金融监管理论认为的阻碍效应（Mckinnon 效果）和 Stiglitz（1994）和 Hellmann 等（1997；2000）提出的金融约束理论认为的正面效应（Stiglitz 效果）。

经济增长与金融监管政策并存则使得中国的经验成为研究金融深化和金融约束理论有效性的典型案例。改革开放至今，中国经济实现高速增长，年均实际 GDP 增速达 10% 以上，成为世界经济增长的重要推动力量。在此期间，中国经济仍体现出明显的金融监管特征，如受管制的低利率体系、政府对信贷决策的影响、较高的法定准备金率、较严格的资本项目管制等。这一事实至少表明中国金融监管政策并没有严重地损害经济的增长绩效。

值得注意的是，在改革开放初期政府引入金融监管政策的目的是支持经济增长，维持宏观金融稳定。政府通过信贷配给，可以将有限的金融资源分配到政府为实现经济增长而优先发展的部门。利率管制的目的不仅在于降低投资成本，而且还可以避免金融机构非理性的利率竞争。在金融体系不发达的情况下，这些措施有助于动员资源促进经济发展。

李稻葵（Li，2001）认为中国的金融监管政策有助于保持国内宏观经济稳定，但是金融监管的成本会随经济增长不断提高。Lardy（2008）进一步指出中国以极低甚至为负的实际利率为主要形式的金融监管，导致了显著的收入再分配和严重的效率损失。对中国经验的分析有助于对金融改革的路径和方向提供指导。

对中国经验的研究也会为其他发展中国家提供重要的改革经验。20世纪70年代以来货币和金融自由化的改革也给一些国家带来了相当严重的经济和金融危机，如20世纪70年代的阿根廷、智利和乌拉圭，80年代的菲律宾和土耳其，1997年的亚洲金融危机等。改革开放以来，中国自由化改革主要集中于产品市场，金融自由化则较为渐进谨慎，金融自由化落后于许多亚洲发展中国家（Ito, 2006）。而这种非对称的自由化改革，尤其以金融约束或渐进的金融自由化为主要特征，有可能为其他致力于经济改革的发展中国家提供更为合适的改革模式。

改革开放期间中国的金融监管政策是阻碍还是促进了经济增长？更重要的是，其影响是如何随时间发生变化的？这是本章旨在研究的核心问题。首先，综合分析中国金融监管的特征，具体地量化反映金融监管的六个政策变量，即实际利率水平、利率管制强度、法定准备金率、资本账户管制强度、国有金融机构贷款占金融机构总贷款的比重以及金融机构贷款向国有部门贷款的比例。在此基础上采用主成分分析法构建了中国金融监管指数。然后利用1978—2008年中国年度时间序列数据和省区面板数据分析中国金融监管和经济增长的实证关系。最后，对金融监管与经济增长之间的关系做了稳健性检验，并探究了二者之间的影响机制。

本章的研究揭示了一些重要的结果。尽管金融体系仍然受到明显的抑制,然而中国在改革开放期间经历了渐进而稳定的金融自由化。对年度时间序列和省区面板数据的分析发现,总体平均而言,金融监管的政策有利于改革开放以来的经济增长。然而,统计检验表明,金融监管的影响作用在 2000 年左右存在结构变化。子样本回归表明,金融监管在 20 世纪 80—90 年代有助于经济增长,而 2000 年以来,金融监管的效率损失越来越明显,对经济增长的影响也由促进转为阻碍。

## ◇ 二 金融监管对经济增长的影响

笔者分别用 1979—2008 年年度时间序列和省区面板数据,分析金融监管对经济增长的影响。考虑到样本期内金融监管的影响可能存在变化,还采用了识别结构性转变的检验方法。为保证结论的稳健性,进行了不同形式的稳健性检验。

对于时间序列和省区面板数据,我们均采用类似的模型设定:

$$GGDP_{it} = \beta_0 + \beta_1 FREP_t + \beta_2 X_{it} + \zeta_{it} \qquad (5-1)$$

其中 $GGDP$ 是人均 GDP 增长率,$FREP$ 是金融监管指标,$X_{it}$ 影响人均实际 GDP 增长的其他控制变量,$\zeta_{it}$ 为误差项。两组数据中所采用的被解释变量有所不同,在省区面板数据中,我们采用人均实际 GDP 增长率,即 $GGDP$。而在时间序列分析中,考虑到数据的平稳性,我们采用取对数的人均实际 GDP,即 $LnGDP$。

我们借鉴文献的通常做法，选择重要的控制变量（Balassa，1978；Dowrick and Nguyen，1989；Grossman and Helpman，1991；Barro，1991；Roubini and Sala-i-Martin，1992；and Acemoglu et al.，2005）。由于资本存量数据不可得，借鉴 Dowrick 和 Nguyen（1989）以及 Drysdale 和 Huang（1997）的做法，我们采用投资率（$INV$）作为资本投入的代理变量。其他控制变量包括：贸易依存度（$TRADE$）；人力资本，用适龄小学生入学率衡量（$ENROLL$）；以及"非生产性"的政府支出，用政府消费占 GDP 比例衡量（$GOV$）。此外，按照卢锋和姚洋（2004）以及林毅夫和孙希芳（2008）的做法，我们用国有企业在工业总产出中所占比重（$SOE$）作为经济结构中可能存在的扭曲的代理变量（对变量的介绍和资料来源见附录）。

### （一）年度时间序列数据分析

如 Nelson 和 Plosser（1982）指出的，大多数宏观经济变量存在单位根。根据 Mosconi（1998）的研究，我们采用由 Ng 和 Perron（2001）发展的一个有效的单位根检验的方法。[①] 与趋势中存在结构性变化的协整分析框架相一致，我们借鉴 Lee 和 Strazicich（1999，2003）的做法，采用最小拉格朗日乘子方法（LS 检验）检验数据的平稳性，这种方法可

---

[①] 由于在拒绝被择假设上的低势（Dejong et al.，1992），并且在序列负的移动平均根时会导致估计扭曲（Ng and Perron，2001），我们在单位根检验时，没有采用传统的 ADF 和 PP 检验的。

以确定水平变量和趋势变量中可能存在的结构性变化。

附表1和附表2列出了NG检验和LS检验的结果。NG检验表明每个变量都是不平稳的。除了Ln*GDP*,其他所有变量的一阶差分项均为平稳变量。不能拒绝一阶差分后的Ln*GDP*变量为单位根的原假设,很可能是由于存在结构性转变时NP检验的效率损失。

识别长期均衡关系的基本模型为Johansen(1988,1991)协整分析框架。Johansen等(2000)在此基础上,发展了存在阶段线性趋势和已知断点的协整模型。第一步,考虑到变量可能存在的结构性断点,我们采用Johansen等(2000)提出的协整检验方法,基本模型为:

$$\Delta X_t = \sum_{j=1}^{p-1} \Gamma_j \Delta X_{t-j} + \mu_j + (\Pi, \Pi_j)(\frac{X_{t-1}}{t}) + \Psi Z_t + v_t \quad (5-2)$$

其中 $X$ 为内生变量向量,包括Ln*GDP*、*FREP*、*INV*、*TRADE*、*ENROLL*、*GOV* 和 *SOE*;$Z_t$ 为外生变量向量。$\Pi = \beta \cdot \alpha'$ 为协整向量,表明变量间的长期均衡关系;$\beta$ 为调整系数矩阵,表示受到冲击后变量向均衡收敛的速度。我们采用MALCOLM 2.95进行分析(Mosconi,1998)。为了识别长期关系,我们用*FREP*、*INV*、*TRADE*、*ENROLL*、*GOV* 和 *SOE* 作为Ln*GDP*的解释变量。[①] 误差修正模型的滞后阶数 $p$ 由水平VAR的SIC信息准则确定。

第二步是确定协整框架中结构性断点的时间。根据年度时间序列的LS单位根检验,大多数变量的结构性断点发生在2000年前后。

---

① 我们最初将*GOV*引入模型估计,结果显示不显著。LS检验表明*GOV*不应包含在协整方程中。

借鉴 Johansen 等（2000）的建议，我们结合单位根检验中的识别结果以及中国经济事实，将断点设定在 2000 年。我们用虚拟变量 $D$ 来识别 2000 年前后增长效应可能存在的结构性变化。

考虑到潜在的遗漏重要解释变量问题，我们进入虚拟变量来衡量政治事件和金融危机的影响：1989 年事件 $D1$（1989 年）、亚洲金融危机 $D2$（1998 年）和美国次贷危机 $D2$（2008 年）。迹统计量和最大特征值统计量均表明金融监管和经济增长之间存在一个协整关系。基于残差的序列相关检验（LM 检验）表明残差序列不存在一阶序列相关，表明模型设定合理（见表 5.1）。①

表 5.1　　　　　　　Johansen 协整检验与残差诊断

| $H_0$ | $\lambda_{trace}$ Statistic test | | | $H_0$ | $\lambda_{max}$ Statistic test | | |
|---|---|---|---|---|---|---|---|
| | $H_1$ | statistic | critical value | | $H_1$ | Statistic | critical value |
| $r=0$ | $r>0$ | 198.43*** | 117.71 | $r=0$ | $r=1$ | 69.73*** | 44.50 |
| $r\leqslant 1$ | $r>1$ | 127.18*** | 88.80 | $r=1$ | $r=2$ | 36.81 | 38.33 |
| $r\leqslant 2$ | $r>2$ | 64.71 | 63.88 | $r=2$ | $r=3$ | 30.12 | 32.72 |
| $r\leqslant 3$ | $r>3$ | 34.00 | 42.92 | $r=3$ | $r=4$ | 25.29 | 25.82 |
| $r\leqslant 4$ | $r>4$ | 20.72 | 22.87 | $r=4$ | $r=5$ | 14.36 | 19.39 |
| $r\leqslant 5$ | $r>5$ | 8.36 | 12.52 | $r=5$ | $r=6$ | 8.36 | 12.52 |
| Residual diagnostic check | | | | | | | |
| LM test for AR (1): P-value of Chi-square statistic = 0.427 | | | | | | | |

注：括号内为标准差，***、**和*分别表示 1%、5% 和 10% 的显著性水平。

*FREP*，*INV*，*TRADE*，*ENROLL* 和 *SOE* 在 1% 的水平上显著，且参

---

① 最大值统计量表明存在一个协整关系，而迹统计量表明存在两个协整关系。由于最大值统计量有更高的势，我们接受最大值统计量的检验结果。LM 检验表明残差矩阵不存在一阶序列相关，说明模型设定合理。

数估计系数的符号与经济理论相一致（见表 5.2）。① 协整方程为：

$$LnGDP_t = 1.243 \times FREP_t - 2.501 \times D \times FREP_t + 1.124 \times INV_t + 2.416 \times TRADE_t + 0.313 \times ENROLL - 2.283 \times SOE_t + 0.026 \times TREND - D(14.211 - 6.863) + 6.863 + e_t \quad (5-3)$$

其中，$D = \begin{cases} 0 & t < 2000 \\ 1 & t \geq 2000 \end{cases}$

由于 $FREP$ 的调整系数不显著，表明金融监管是经济增长的弱外生变量。协整方程表明，2000 年之前，金融监管的估计系数显著为正，而 2000 年之后，转变为显著为负。结果表明，金融监管对经济增长的影响随时间在发生变化。金融监管政策在改革开放的前 20 年促进了经济增长。然而，2000 年之后，金融监管的政策开始阻碍经济增长。

表 5.2　　　　　　　　协整检验与调整系数估计

| LnGDP | FREP | INV | TRADE | ENROLL | SOE | TREND | DXFREP |
|---|---|---|---|---|---|---|---|
| Cointegration Equation ||||||||
| 1 | -1.243*** | -1.124*** | -2.416** | -0.313*** | 2.283*** | -0.026*** | 2.501*** |
| Ajustment Coefficinet ||||||||
| 0.306 | 0.037 | -0.054 | -0.180*** | 0.194*** | 0.095 | | |
| (0.101) | (0.076) | (0.052) | (0.057) | (0.026) | (0.107) | | |

注：括号内为标准差。***、**和*分别表示1%、5%和10%的显著性水平。

① 由于协整方程中的变量均为不平稳的变量，大样本下 $t$ 统计量并不收敛于标准分布。传统的用于检验变量显著性的 $t$ 检验无效。检验协整向量的合理方法为似然比（LR）检验。误差修正项整体具有平稳性，因此调整系数的显著性检验为传统的 $t$ 检验。

## （二）省区面板数据分析

为了证实时间序列分析的可靠性，本节收集了中国 25 个省份的面板数据，分析改革开放以来中国的金融监管对经济增长的影响。由于省区数据不可得，FREP 指标不随时间改变。然而，在随后的稳健性检验中，我们按照文献的做法，采用了随省区变化的实际利率指标作为金融监管的代理变量。

首先用混同 OLS 的方法估计模型（5-2）。考虑到经济增长同样受省区特征如地理位置、政策环境和其他未观测到的因素的影响，我们采用固定效应模型以控制这些未观测到的因素。[①] 我们同时估计了随机效应模型，Hausman 检验表明固定效应模型更合适。附表 3 报告了所有模型估计的结果。

因此，在随后的分析中，我们主要采用固定效应模型进行分析。表 5.3 中第 1—2 列报告了全样本估计的结果。第二列在第一列的基础上，控制了时间趋势。估计结果与预期相一致。INV 的估计系数显著为正，表明投资与人均实际 GDP 增长存在显著的正向关系。GOV 和 SOE 的估计系数显著为负，说明政府支出和国有部门在经济中的比例上升，不利于人均 GDP 增长。TRADE 和 EDU 估计参数不显著。

重要的是，FREP 的估计参数显著为正。这些结果表明，总体而

---

① 由于我们构建的金融监管指标不随省区改变，考虑到完全共线的问题，我们不能将所有时间虚拟变量放入模型。因此，借鉴文献的相关做法，在控制了时间趋势的基础上，我们控制部分时间效应，用于反映政治事件和金融危机的影响。

言，金融监管政策对改革开放以来经济增长起到了正面的促进作用，估计参数表明这种影响相对较小。第 2 列的估计结果表明金融监管对人均实际 GDP 增长的影响少于 0.2 个百分点。

表 5.3　　　　　　　　金融监管对经济增长的影响估计

| Dependent Variable | Fixed-Effect Estimation | | | | | |
|---|---|---|---|---|---|---|
| GGDP | 1 | 2 | 3 | 4 | 5 | 6 |
| Sample Period | Full Sample | | 1979—1999 年 | | 2000—2008 年 | |
| FREP | 0.069*** | 0.167*** | 0.120*** | 0.356*** | -0.136** | -0.132*** |
|  | (0.017) | (0.041) | (0.032) | (0.067) | (0.012) | (0.037) |
| INV | 0.156*** | 0.133*** | 0.136*** | 0.083** | 0.102*** | 0.100*** |
|  | (0.021) | (0.022) | (0.037) | (0.038) | (0.021) | (0.021) |
| TRADE | 0.013* | 0.010 | 0.029** | 0.026** | 0.008 | 0.007 |
|  | (0.008) | (0.008) | (0.012) | (0.012) | (0.012) | (0.012) |
| EDU | 2.457 | 2.361 | 0.616 | 0.561 | 1.270 | 0.438 |
|  | (0.539) | (0.539) | (0.769) | (0.634) | (0.508) | (0.745) |
| GOV | -0.258*** | -0.189*** | -0.378*** | -0.183*** | -0.107*** | -0.169** |
|  | (0.049) | (0.055) | (0.070) | (0.085) | (0.073) | (0.083) |
| SOE | 0.027 | 0.039* | 0.004 | 0.039 | -0.054*** | -0.039* |
|  | (0.020) | (0.020) | (0.028) | (0.029) | (0.022) | (0.023) |
| Time Trend |  | 0.002*** |  | 0.003*** |  | 0.002 |
|  |  | (0.0008) |  | (0.002) |  | (0.014) |
| Year-Specific Effect | YES | YES | YES | YES | YES | YES |
| Province-specific effect | NO | YES | YES | YES | YES | YES |
| Observations | 750 | 750 | 525 | 525 | 225 | 225 |
| $R^2$ | 0.171 | 0.179 | 0.138 | 0.136 | 0.176 | 0.187 |

注：括号内为标准差。***、** 和 * 分别表示 1%、5% 和 10% 的显著性水平。

与时间序列的分析相一致，考虑到 2000 年左右发生的结构断点，我们采用两个子样本回归，即 1979—1999 年与 2000—2008 年（见表 5 中第 3—6 列）。我们主要考虑控制了时间趋势后的结果。与时间序列的结果相一致，金融监管对经济增长的影响存在明显的变化。估计结果证实了金融监管政策在改革开放后的前 20 年促进了经济增长（第 4 列），而 2000 年后阻碍了经济增长（第 6 列）。

## ◇ 三 稳健性检验

省区面板数据的分析证实了时间序列分析的主要结果：（1）基于全样本的估计结果表明金融监管促进了经济增长；（2）2000 年存在重要的结构型转变，金融监管的增长效应由正转负。为检验结果的稳健性，我们从内生性、估计方法和指标构建三个角度进行分析：我们用 GMM 的方法处理内生性问题；考虑到 FREP 不随省区改变，我们用共同因子的方法处理潜在的异质效应；我们通过不同的指标构建考察指标的稳健性。在所有的分析中，我们估计了三组结果，即全样本估计结果和两个子样本估计结果。为节省篇幅，我们这里只报告全样本的估计结果。

之前的估计表明，金融监管与经济增长存在显著的相关关系。然而，考虑到内生性问题，并不能直接将这种相关关系解释为因果关系。例如，金融监管会损害生产效率，进而阻碍经济增长，然而，反过来，经济增长可能也内在地要求金融自由化，降低金融监管程度等。如果这种双向关系均存在，那么内生性将是一个必须处理的问题。为控制潜在的内生性，我们采用 Arellano 和 Bover（1995）以及 Blundell 和 Bond（1998）发展的动态面板模型。这种方法允许我们控制模型中所有其他变量的内生性。这种方法同样可以处理由于包含滞后被解释变量存在的问题。① 表 5.4 的第一列报告了动态面板模型估计的结果。

金融监管作为政策而言对每个省区都是相同的，然而政策对各省的影响显然存在差异。考虑这种影响的异质性会提高估计系数的效率。我们在实证估计中采用共同相关效应（common correlated effects，CCE）分析法来解决这种潜在的异质性（表 5.4 第二列）。CCE 方法的基本思想是采用界面平均的方法估算省区特定的回归参数（Pesaran，2006）。随着样本数的增加，未观察到的共同因子的差别效应渐进收敛到 0。我们借鉴 Eberhardt 和 Teal（2009），Yu（2010）的做法，CCE 方法的估计系数由两步得到。我们首先对每个省区 $i$ 回归得到参数 $\hat{b}_i$，然后通过截面平均得到 CCE 估计值 $b_{CCE} = \sum_i \hat{b}_i / 25$。②

最后，我们通过金融监管指标的不同构建方法，来考察之前基于主成分分析法构建的金融监管指标的估计结果的稳健性。第一类方法为文献上已有的方法，即用实际利率构建虚拟变量来衡量金融监管水平。首先我们参照 Agarwala（1983），Roubini 和 Sala-i-Martin（1994）的做法构造实际利率虚拟变量，即如果当年的实际利率为

---

① 对于水平方程，所有解释变量的滞后项都为工具变量，而对于差分方程，我们用所有水平变量的滞后项作为工具。两组方程一起用于估计 GMM 系统参数。

② 作者感谢余淼杰教授对 STATA 程序的帮助。

正，则取值为0；如果实际利率在0至-5%之间，则取值为0.5；如果实际利率在-5%以下，则取值为1。见表5.4中 FREP1。其次我们参照 Gelb（1988），Easterly（1990）的做法，将实际利率虚拟变量设定为0—1变量，即如果实际利率为正，则取值为0，如果实际利率为负，则取值为1。见表5.4中 FREP2。① 第二类方法用简单平均法构建金融监管指标。考虑到主成分分析法实质上是标准化后的加权平均，我们对构成金融监管指标的相关变量作了简单平均，即表5.4中 FREP3。表5.4的第三—六列给出了相应的估计结果。

表5.4　　　　　　　　　稳健性检验

| Dependent Variable | Endogeneity | Common Factor | Alternative Measure of FREP | | |
|---|---|---|---|---|---|
| GGDP | 1 | 2 | 3 | 4 | 5 |
| FREP | 0.085*** (0.023) | 0.086*** (0.015) | | | |
| FREP1 | | | 0.009*** (0.003) | | |
| FREP2 | | | | 0.010*** (0.003) | |
| FREP3 | | | | | 0.103*** (0.025) |
| INV | 0.145*** (0.019) | 0.089*** (0.019) | 0.111*** (0.025) | 0.108*** (0.078) | 0.103*** (0.025) |
| TRADE | 0.005 (0.007) | 0.005 (0.007) | 0.005 (0.008) | 0.007 (0.008) | 0.002 (0.008) |

---

① 这里的 FREP1 和 FREP2 为省区数据，虽然各省基准利率相同，但是各省的 CPI 数据不同，因此，这里的实际利率既随省区又随时间改变。

续表

| Dependent Variable | Endogeneity | Common Factor | Alternative Measure of FREP | | |
|---|---|---|---|---|---|
| ENROLL | 0.349 | 0.582*** | 0.759*** | 0.731*** | 0.686*** |
|  | (0.576) | (0.576) | (0.181) | (0.181) | (0.182) |
| GOV | -0.169*** | -0.178*** | -0.181*** | -0.167*** | -0.137*** |
|  | (0.058) | (0.058) | (0.051) | (0.051) | (0.053) |
| SOE | 0.002 | 0.002 | 0.021 | 0.020 | 0.025 |
|  | (0.022) | (0.022) | (0.021) | (0.021) | (0.021) |
| Time Trend | 0.002*** | 0.007*** | 0.0005 | -0.0005 | 0.001 |
|  | (0.001) | (0.002) | (0.0003) | (0.0003) | (0.001) |
|  | 0.614*** |  |  |  |  |
|  | (0.087) |  |  |  |  |
| Observations | 750 | 750 | 750 | 750 | 750 |
| R-Square | 0.152 | 0.158 | 0.143 | 0.147 | 0.153 |

注：括号内为标准差。***、** 和 * 分别表示1%、5%和10%的显著性水平。GMM 估计中 Sargan 的 P 值为 0.4。

三类稳健性检验的结果进一步证实了基准模型的估计结果。改革开放以来，金融监管便利了经济增长。由于篇幅原因，尽管我们没有报告子样本的估计结果，金融监管的这种正面的影响在1999—2008年转变为显著的负面影响。

## ◇ 四　增长效应改变的机制探讨

实证结果表明在改革后的前20年，金融监管政策的正面效果更为突出，促进了经济增长。而近年来，金融监管的负面效果更为突出，已经成为经济增长的阻碍。要理解这种随时间改变的效应，首先应清楚中央计划者最初制定这些利率管制、信贷配给和资本账户管制的政策是为了实现较快的经济增长（Lin et al., 1995; Huang, 2010）。在信息不完备的情况下，通过直接分配有限的金融资源，解决市场失灵和金融不稳定等问题，这些抑制性的金融政策会达到帕累托改进的效果。中国政府也是通过采取一种渐进的金融自由化路径，保证经济平稳转型。

由于资金分配扭曲和效率损失，随着市场环境的发展，金融监管政策的成本会不断增加（Li, 2001）。例如，近年来国有企业的工业总产值占整个社会工业总产值的比例不到1/3，占据了银行系统一半以上的贷款，而较有活力的私人部门却持续面临融资难的问题；受压制的利率政策一定程度上导致了如投资率过高、大额经常账户盈余等结构失衡问题（Huang, 2010）。

我们也考察了构成金融管制指标的各个变量对经济增长的影响，这种做法可以提供给额外的信息，明确每个政策变量对经济增长带来的具体影响，同时为今后的金融改革提供政策建议。考虑到多重共线性的问题，我们没有将六个变量同时放入模型，而是逐一放入增长模型估计中。我们估计了三组模型，即全样本模型（见附表4）和两个子样本模型（见表5.5和见表5.6）。我们之后主要讨论两个子样本模型的估计结果。

第一，尽管国有银行贷款比例的估计参数在两个阶段均为负，但其影响在两个阶段都不显著。结果表明国有银行主导还没有成为约束中国经济增长的因素。一个合理的解释是国有银行的资金分配与其他银行并没有显著的差异。

第二,银行体系向国有部门贷款比例的影响在 2000 年前后由正变负。这意味着改革开放的前期,国有部门在国民经济中占据主导地位,银行向国有部门贷款同样支持了整个经济的增长。然而,近年来,非国有部门在国民经济中的地位和作用越来越重要,却始终面临着融资约束。向国有部门贷款比例越多则说明资金配置效率越低。

第三,法定准备金率的调整也在 2000 年前后由正变负。20 世纪八九十年代大多数年份,中央银行采用信贷配额等一系列直接控制措施管理货币政策。大多数情况下,法定准备金政策并不是一个受约束的变量。然而,进入 21 世纪后,准备金率的调整在中央银行货币政策管理中越来越重要。频繁的准备金率调整也影响着商业银行根据经济基本面情况调整的能力。

第四,利率管制的影响也在 2000 年后由正变负。在经济改革的前期,利率管制有助于避免企业部门资产负债表的恶化。随着经济改革和金融部门的发展,这些管制措施限制了利率根据不断变化的环境做出反应,导致了资本的错误定价。

第五,实际利率的影响在 20 世纪八九十年代显著为正,而 2000 年之后不显著。2000 年之前的估计结果与政府通过压制资本价格而促进经济增长的政策干预目标是一致的。只有当政府的资金分配合理有效时,这种相一致的情况才会出现。这种正面效果在 1999—2008 年消失,然而并没有显著地阻碍经济增长。

第六,资本账户管制的影响在 2000 年之前不显著,而 2000 年之后显著为负。这些结果与理论预期相一致,即资本管制在经济改革初期并不会显著损害经济增长,而随着经济条件和环境的改善,资本管制逐渐成为金融扭曲和金融风险的一个重要原因。大量证据表明中国目前的资本账户管制限制了国内企业和居民利用国际资本市场优化投资收益的能力。

表 5.5　　　　各项金融监管政策的影响,1979—1999 年

| Dependent Variable | Fixed-Effect Estimation | | | | | |
|---|---|---|---|---|---|---|
| GGDP | 1 | 2 | 3 | 4 | 5 | 6 |
| SOB | −0.009 | | | | | |
| | (0.096) | | | | | |
| PCR | | 0.405*** | | | | |
| | | (0.092) | | | | |
| SRR | | | 0.107** | | | |
| | | | (0.045) | | | |
| ICI | | | | 0.088** | | |
| | | | | (0.036) | | |
| RID | | | | | 0.014** | |
| | | | | | (0.006) | |
| CAC | | | | | | 0.151 |
| | | | | | | (0.116) |
| INV | 0.132*** | 0.108*** | 0.152*** | 0.109*** | 0.112*** | 0.122*** |
| | (0.039) | (0.038) | (0.039) | (0.039) | (0.039) | (0.019) |
| TRADE | 0.031** | 0.039** | 0.028** | 0.027** | 0.029** | 0.032** |
| | (0.012) | (0.012) | (0.013) | (0.012) | (0.013) | (0.012) |
| ENROLL | 0.581* | 0.734** | 0.579* | 0.364 | 0.545 | 0.594* |
| | (0.351) | (0.339) | (0.342) | (0.355) | (0.343) | (0.344) |
| GOV | −0.332*** | −0.323*** | −0.280*** | −0.295*** | −0.286*** | −0.329*** |
| | (0.083) | (0.081) | (0.085) | (0.083) | (0.084) | (0.082) |

续表

| Dependent Variable | Fixed-Effect Estimation | | | | | |
|---|---|---|---|---|---|---|
| SOE | 0.009 | 0.026 | 0.009 | 0.019 | 0.018 | 0.009 |
|  | (0.029) | (0.029) | (0.029) | (0.029) | (0.029) | (0.029) |
| Time Trend | −0.001 | 0.004** | 0.0002 | 0.0001 | −0.001 | 0.0001 |
|  | (0.001) | (0.001) | (0.0008) | (0.001) | (0.001) | (0.0001) |
| Year-specific effect | YES | YES | YES | YES | YES | YES |
| Province-specific effect | YES | YES | YES | YES | YES | YES |
| Observations | 525 | 525 | 525 | 525 | 525 | 225 |
| R-Square | 0.131 | 0.143 | 0.139 | 0.137 | 0.134 | 0.132 |

注：括号内为标准差。***、**和*分别表示1%、5%和10%的显著性水平。

这些结果表明金融监管政策对经济增长的影响会发生改变，并提供了指导将来金融自由化改革的优先顺序：改善资金在国有和非国有部门分配的效率—取消频繁的法定准备金率调整—引入市场导向的利率政策—资本账户自由化。

表5.6　　　　各项金融监管政策的影响，2000—2008年

| Dependent Variable | Fixed-Effect Estimation | | | | | |
|---|---|---|---|---|---|---|
| GGDP | 1 | 2 | 3 | 4 | 5 | 6 |
| SOB | −0.013 |  |  |  |  |  |
|  | (0.095) |  |  |  |  |  |
| PCR |  | −0.857*** |  |  |  |  |
|  |  | (0.106) |  |  |  |  |
| SRR |  |  | −0.217*** |  |  |  |
|  |  |  | (0.054) |  |  |  |
| ICI |  |  |  | −0.532*** |  |  |
|  |  |  |  | (0.085) |  |  |

续表

| Dependent Variable | Fixed-Effect Estimation | | | | | |
|---|---|---|---|---|---|---|
| RID |  |  |  |  | 0.006 |  |
|  |  |  |  |  | (0.006) |  |
| CAC |  |  |  |  |  | −0.254*** |
|  |  |  |  |  |  | (0.045) |
| INV | 0.101*** | 0.085*** | 0.097*** | 0.092*** | 0.099*** | 0.101*** |
|  | (0.024) | (0.019) | (0.021) | (0.019) | (0.021) | (0.019) |
| TRADE | 0.012 | 0.007 | 0.005 | 0.003 | 0.013 | 0.003 |
|  | (0.013) | (0.011) | (0.012) | (0.011) | (0.012) | (0.012) |
| ENROLL | 0.411 | 0.574 | 0.336 | 0.387 | 0.284 | 0.199 |
|  | (0.555) | (0.653) | (0.789) | (0.701) | (0.756) | (0.711) |
| GOV | −0.188** | 0.005 | −0.164** | −0.177** | −0.185** | −0.157*** |
|  | (0.086) | (0.051) | (0.083) | (0.078) | (0.086) | (0.079) |
| SOE | −0.045* | −0.059*** | −0.045* | −0.058** | −0.049** | −0.038* |
|  | (0.024) | (0.021) | (0.024) | (0.022) | (0.025) | (0.023) |
| Time Trend | 0.002 | −0.003** | 0.006*** | 0.001 | 0.001 | −0.001 |
|  | (0.002) | (0.001) | (0.002) | (0.001) | (0.001) | (0.001) |
| Year-specific effect | YES | YES | YES | YES | YES | YES |
| Province-specific effect | YES | YES | YES | YES | YES | YES |
| Observations | 225 | 225 | 225 | 225 | 225 | 225 |
| R-Square | 0.370 | 0.597 | 0.459 | 0.454 | 0.359 | 0.513 |

注：括号内为标准差。***、**和*分别表示1%、5%和10%的显著性水平。

## ◇◇ 五 结论

本章通过考察中国改革开放以来的经验事实，为金融监管和经济增长的关系研究提供了新的结论。第一，改革开放以来，尽管中国存在金融监管政策,然而从具体数值上看,中国的金融监管水平已经从1978年的1,下降为2008年的0.58。尽管中国的金融自由化落后于许多新兴经济体,也落后于中国的产品市场自由化,但是过去40年中国金融改革的步伐一直没有停过,目前中国的金融自由化也已经走过了大致一半的路程。

第二,改革开放以来审慎的金融自由化对经济增长有积极的贡献。根据年度时间序列和省区面板数据的估计结果,金融监管在改革后的前20年促进了经济增长,而2000—2009年金融监管却成为经济增长的显著障碍。中国仍然可以从金融自由化中获益。稳健性检验支持了这些结论。

第三,本章也分析了金融监管对经济增长的潜在影响机制,揭示了近年来约束经济增长的几个重要的金融监管政策,如银行体系中向国有部门贷款的比例,中央银行频繁的准备金率调整政策,利率管制措施,严格的资本账户管制等。研究结果表明未来这些领域的自由化改革有助于促进经济增长。

当然,我们的研究有诸多可以改进的地方,在许多方面值得进一步深入探讨或者展开分析。例如,尽管我们发现金融改革能够促进经济增长,但显然改革存在一个路径选择的问题,"休克疗法"不见得一定优于"渐进疗法"。这是非常重要的政策问题,显然,当政府管理和控制能力较弱时,激进的金融自由化会加剧金融体系的脆弱性,降低金融体系抗风险的能力,这种情况反而会对经济增长产生负面影响。再例如,我们试图用所有重要的金融监管政策来衡量金融监管指标,但是每个变量的相对重要性及权重的选取,如不同项目的利率在利率管制指标中的权重等,仍值得进一步细化和改进。最后,在面板数据分析中,理想的情况是测算每个省的金融监管指标,然而由于数据原因,目前我们尚无法构建每个省的金融监管指数。

金融监管对经济增长的影响由正到负的结果值得进一步研究。我们推测这与金融市场的发展和非国有部门的成长有关。在改革开放的前20年,金融市场相对落后,政府有效的资金配给实际上有助于动员储蓄。随着金融市场的发展和经济环境的改善,尤其是更具活力的非国有部门日益面临融资困难,这种金融资源的配给效率越来越低。类似的,利率管制措施在初期有助于降低投资的成本,而现在这种利率管制却越来越阻碍金融机构之间的合理竞争,导致了过度投资,损害了投资效率。中国审慎渐进的金融自由化改革方法有可能为其他发展中国家提供可借鉴的模式。然而,我们的研究表明,中国目前应该有效推动以下几方面的金融自由化:改善资金在国有和非国有部门分配的效率、取消频繁的法定准备金率调整、引入市场导向的利率政策、资本账户自由化。

## ◇ 附 录

**变量描述和资料来源**

RID:实际利率虚拟变量,实际利率为正则取值为0,介于0

和 -5% 之间则取值为 0.5，低于 -5% 则取值为 1。资料来源：中国人民银行（PBOC）。

ICI：受管制的利率在总利率种类中所占的比例。资料来源：PBOC。

CAC：资本账户管制强度指标。资料来源：国家外汇管理局。

SRR：法定准备金率。资料来源：中国人民银行（PBOC）。

SOB：国有银行贷款比例。资料来源：中国人民银行（PBOC）。

PCR：银行向国有部门贷款比例。资料来源：中国人民银行（PBOC）。

FREP：金融监管指标。资料来源：CEIC、国家统计局、《中国金融统计》《中国金融年鉴》以及作者估计。

LNGDP：人均实际 GDP 对数值。资料来源：国家统计局。

GGDP：人均实际 GDP 增长率。资料来源：国家统计局。

ENROLL：适龄小学生入学率。资料来源：国家统计局。

INV：投资率。资料来源：国家统计局。

GOV：政府支出占 GDP 比例。资料来源：国家统计局。

SOE：国有及国有控股企业工业总产值占整个社会工业总产值的比重。资料来源：国家统计局。

TRADE：对外贸易依存度。资料来源：国家统计局。

附表 1　　　　　　　　　时间序列数据的单位检验

| Variable | Mza | | MZt | | Lags |
|---|---|---|---|---|---|
| | With Trend | With Intercept | With Trend | With Intercept | |
| LNGDP | -4.143 | | -1.616 | | 2 |
| FREP | -3.398 | | -0.995 | | 2 |
| INT | -2.237 | | -1.998 | | 1 |
| TRADE | -2.351 | | -1.408 | | 0 |
| ENROLL | -5.171 | | -0.529 | | 1 |
| GOV | -3.922 | | -1.265 | | 1 |
| SOE | -3.552 | | -0.996 | | 1 |
| 一阶差分 | | | | | |
| △LnGDP | -3.433 | -4.162 | -1.033 | -1.007 | 1 (3) |
| △FREP | -20.878*** | -9.467** | -4.803*** | -0.356 | 2 (2) |
| △INT | -14.687*** | -8.923 | -4.671*** | -3.289 | 0 (1) |
| △TRADE | -8.816** | -5.117 | -2.519 | -0.91 | 3 (4) |
| △ENROLL | -16.144*** | -10.325 | -3.227** | -1.767* | 1 (3) |
| △GOV | -23.692*** | -11.589* | -2.996 | -0.863 | 0 (3) |
| △SOE | -17.221*** | -7.922 | -3.693** | -1.419 | 0 (1) |

注：***、**和*分别表示1%、5%和10%的显著性水平。括号中的滞后阶数为存在截距项的模型的滞后阶数。

附表 2　　　　　　　　　LM (LS) 单位根检验

| Variables | k | $T_B$ | Test Statistic | Critical value | |
|---|---|---|---|---|---|
| | | | | Break points | |
| LNGDP | 4 | 1990; 2000 | -5.612** | λ = [0.4, 0.7] | |
| FREP | 2 | 1997 | -7.665* | λ = [0.6] | |
| INT | 2 | No break | -2.691 | λ = [0.7] | |
| TRADE | 8 | 2002 | -3.562 | λ = [0.8] | |
| ENROLL | 6 | No Break | -2.141 | λ = [0.6] | |

续表

| Variables | k | $T_B$ | Test Statistic | Critical value Break points |
|---|---|---|---|---|
| GOV | 4 | 2001 | -5.2216 | $\lambda = [0.7]$ |
| SOE | 5 | 1998 | -2.147 | $\lambda = [0.3]$ |
| First Order Difference | | | | |
| $\triangle LnGDP$ | 2 | 1990; 2001 | -7.376*** | $\lambda = [0.4, 0.7]$ |
| $\triangle FREP$ | 1 | 1999 | -5.705** | $\lambda = [0.6]$ |
| $\triangle INT$ | 2 | No break | -8.988*** | $\lambda = [0.7]$ |
| $\triangle TRADE$ | 6 | 2002 | -4.663*** | $\lambda = [0.7]$ |
| $\triangle ENROLL$ | 6 | No break | -11.304*** | $\lambda = [0.3]$ |
| $\triangle GOV$ | 4 | 2001 | -6.538*** | $\lambda = [0.7]$ |
| $\triangle SOE$ | 3 | 2000 | -3.613** | $\lambda = [0.7]$ |

注：①k 为最优滞后阶数，$T_B$ 为估计的端点位置，存在断点的 LM 检验的临界值取自 Lee 和 Strazicich (1999, 2003)；无断点的 LM 检验的临界值取自 Lee 和 Strazicich (1999) 中的表1。

② ***、** 和 * 分别表示1%、5%和10%的显著性水平。

附表3　　OLS、固定效应和随机效应模型估计结果

| Dependent Variable | OLS | | FE | | RE | |
|---|---|---|---|---|---|---|
| GGDP | 1 | 2 | 3 | 4 | 5 | 6 |
| FREP | 0.022*** | 0.139*** | 0.069*** | 0.167*** | 0.026** | 0.140*** |
| | (0.004) | (0.040) | (0.017) | (0.041) | (0.012) | (0.039) |
| INV | 0.106*** | 0.081*** | 0.156*** | 0.133*** | 0.111*** | 0.086* |
| | (0.018) | (0.019) | (0.021) | (0.022) | (0.018) | (0.020) |
| TRADE | 0.005 | 0.003 | 0.013*** | 0.010 | 0.004 | 0.003 |
| | (0.005) | (0.005) | (0.008) | (0.008) | (0.006) | (0.006) |
| EDU | 0.335 | 0.378 | 0.457 | 0.361 | 0.161 | 0.271 |
| | (0.374) | (0.374) | (0.539) | (0.539) | (0.392) | (0.392) |
| GOV | -0.096*** | -0.067*** | -0.258*** | -0.189*** | -0.111*** | -0.080** |

续表

| Dependent Variable | OLS | | FE | | RE | |
|---|---|---|---|---|---|---|
| GGDP | 1 | 2 | 3 | 4 | 5 | 6 |
| | (0.034) | (0.035) | (0.049) | (0.055) | (0.035) | (0.036) |
| SOE | −0.049*** | 0.050*** | 0.027 | 0.039* | −0.045*** | −0.044*** |
| | (0.012) | (0.011) | (0.020) | (0.020) | (0.012) | (0.012) |
| Time Trend | | 0.002*** | | 0.002*** | | 0.002*** |
| | | (0.001) | | (0.0008) | | (0.0007) |
| Year-Specific Effect | NO | NO | YES | YES | NO | YES |
| Province-specific effect | NO | NO | NO | YES | YES | YES |
| Hausman Statistic | | | | | 30.15*** | 26.10*** |
| Observations | 750 | 750 | 750 | 750 | 750 | 750 |
| $R^2$ | 0.170 | 0.138 | 0.171 | 0.179 | 0.176 | 0.187 |

注：括号内为标准差。***、** 和 * 分别表示 1%、5% 和 10% 的显著性水平。

附表4　各项金融监管政策的影响：1979—2008 年

| Dependent Variable | Fixed-Effect Estimation | | | | | |
|---|---|---|---|---|---|---|
| GGDP | 1 | 2 | 3 | 4 | 5 | 6 |
| SOB | −0.123* | | | | | |
| | (0.071) | | | | | |
| PCR | | 0.314*** | | | | |
| | | (0.077) | | | | |
| SRR | | | 0.133*** | | | |
| | | | (0.030) | | | |
| ICI | | | | 0.046*** | | |
| | | | | (0.021) | | |
| RID | | | | | 0.016*** | |
| | | | | | (0.005) | |
| CAC | | | | | | −0.135*** |
| | | | | | | (0.063) |

续表

| Dependent Variable GGDP | Fixed-Effect Estimation | | | | | |
|---|---|---|---|---|---|---|
| | 1 | 2 | 3 | 4 | 5 | 6 |
| INV | 0.124 | 0.115 | 0.143*** | 0.115*** | 0.109*** | 0.137*** |
| | (0.024) | (0.024) | (0.024) | (0.025) | (0.025) | (0.024) |
| TRADE | 0.004 | 0.009 | 0.010 | 0.002 | 0.003 | 0.009 |
| | (0.008) | (0.008) | (0.008) | (0.008) | (0.008) | (0.008) |
| ENROLL | 0.476*** | 0.387*** | 0.516*** | 0.617 | 0.487*** | 0.319 |
| | (0.555) | (0.555) | (0.597) | (0.589) | (0.550) | (0.652) |
| GOV | −0.179*** | −0.211*** | −0.192*** | −0.146*** | −0.157*** | −0.226*** |
| | (0.052) | (0.051) | (0.051) | (0.056) | (0.052) | (0.053) |
| SOE | 0.015 | 0.027 | 0.019 | 0.020 | 0.022 | 0.015 |
| | (0.021) | (0.021) | (0.021) | (0.021) | (0.021) | (0.021) |
| Time Trend | −0.002** | 0.003*** | 0.001*** | 0.0002 | 0.0004 | −0.002*** |
| | (0.001) | (0.001) | (0.0004) | (0.001) | (0.0004) | (0.0006) |
| Year-specific effect | YES | YES | YES | YES | YES | YES |
| Province-specific effect | YES | YES | YES | YES | YES | YES |
| Observations | 750 | 750 | 750 | 750 | 750 | 750 |
| R-Square | 0.137 | 0.153 | 0.156 | 0.139 | 0.147 | 0.139 |

注：括号内为标准差。***、**和*分别表示1%、5%和10%的显著性水平。

第 六 章

# 中国金融规模、金融结构与经济增长

本章考察了金融规模、中小金融机构比例、直接融资比例以及其他相关控制变量对各地区经济增长的作用和影响。研究发现，目前金融规模扩张不利于经济增长，而改善金融结构，降低银行集中度，提高中小金融机构在银行业中所占的比重，会增强银行业内部的竞争，促进经济增长。直接融资对经济增长的作用尚不显著。稳健性的检验支持了此结论。我们对金融规模对经济增长的负向影响进行了分析，发现金融规模和经济增长并非简单的线性关系。一定的发展阶段和经济结构存在最优的金融规模。此外，改善我国所有制结构有利于经济增长，固定资产投资和对外贸易依然是拉动经济增长的重要因素。

本章的安排如下：第一部分为引言；第二部分为可供检验的理论假说；第三部分介绍资料来源与变量的统计描述；第四部分给出使用的计量模型及估计方法；第五部分汇报回归结果及解释；第六部分探讨最优金融规模问题；第七部分为结论。

## ◇ 一 问题提出

近年来，中国金融市场逐步开放，金融规模随着实体经济增长不断扩大。自2002年以来，以M2/GDP衡量的金融规模始终保持在150%以上。与此同时，中国金融结构也在逐渐变化，外资银行全面经营人民币业务促进了银行业之间的竞争，中小银行的设立在一定程度上缓解了中小企业贷款难的问题。金融规模的扩大可以有效动员储蓄，金融结构的合理变化促进了资源配置效率的提高。在经济全球化的背景下，金融在经济发展过程中的地位会越来越重要，如何引导金融规模适度发展，合理调整金融结构，降低金融系统的风险，从而更好地发挥金融的服务功能，将是影响经济长期可持续发展的关键。

一国金融水平的提高，既应包含金融规模的扩大，又应体现金融结构的合理变化。现实也如此，多数国家金融发展时，一方面金融规模在扩大，另一方面银行业等间接融资与股票债券等间接融资也得到了发展。然而，现有关于金融发展和经济增长的研究，要么侧重研究金融规模对经济增长的影响，要么侧重研究金融体系对经济增长的影响。很少有研究综合考察金融规模与金融结构对经济增长的影响。本章试图运用中国省区的面板数据，综合考察中国金融规模与金融结构的变化以及其他控制变量对经济增长的影响。

大量实证研究（包括中国的已有研究）表明，金融规模扩大有利于促进经济增长。然而,波及全球的金融危机引起了人们对金融与经济增长之间关系的重新思考。从本质上说,金融决定并服务于实体经济。但是,如果流动性严重过剩,金融规模过度扩张,会导致金融体系的脆弱性,加大金融系统的风险。一旦有较大的负面冲击,金融体系就会遭受严重考验,甚至导致金融危机,经济衰退。可见,金融规模对经济的影响具有两面性。

然而,金融规模与金融结构都是影响金融发展的重要因素。金融发展不只体现在金融规模量上的扩张,更重要的是金融结构的合理安排。国内这些研究都是从金融规模的角度考察金融发展与经济增长的关系,没有考虑结构性因素,如银行业结构、直接融资与间接融资的比例结构等对经济增长的影响,有遗漏重要解释变量的可能。同时采用的数据为国家层面的数据,不可能控制各地区未观察到的固定效应对经济增长的影响。

本章采用的数据为1991—2008年中国29个省份的面板数据,考察金融发展对经济增长的影响。金融变量既包含金融规模变量,又包含反映金融结构的银行业结构和融资结构的变量。同已有研究相比,本章既分析了金融规模,又考察金融结构,能更有效地反映金融发展对经济增长的影响。使用面板数据的好处在于它可以同时考虑各地区之间所考察的变量的空间变化和时间变化对经济增长的影响。在研究方法上,我们首先采用固定效应模型,考虑到变量的内生性及经济的动态性,我们又分别采用了工具变量模型和动态面板数据模型的方法估计金融规模、金融结构以及其他控制变量对经济增长的影响。研究发现,目前的金融规模的扩大不利于经济增长,而降低银行集中度,提高中小银行在银行业中的比重会显著促进经济增长,直接融资对经济增长的影响不显著。此外,固定资产投资以及出口仍然是拉动经济增长的重要因素。

## ◇◇ 二 金融发展的界定及假设检验

传统文献既有用 M2/GDP 衡量一国金融规模的,又有用直接融资与间接融资总额与国内生产总值之比衡量金融规模的。由于我们采用省区面板数据,不可能得到各省 M2 的数据,故采用后一指标。我们用各省全部金融机构年末本外币贷款余额衡量该省的间接融资,用各省年度内上市公司首次公开发行(IPO)、再次公开发行(SPO)、配股融资以及债券发行的实际募集资金之和衡量该省的直接融资。用该省贷款总余额、股票融资与债券融资总额三者之和与该省年度 GDP 的比例来衡量该省的金融规模。考虑到以前中国四大国有商业银行(中国银行、中国农业银行、中国工商银行和中国建设银行)在中国银行业中所占的比重,借鉴林毅夫和孙希芳(2008)的设定,将四大国有商业银行以外的其他所有金融机构定义为中小金融机构。用中小金融机构年末本外币贷款余额占各地区全部金融机构年末本外币贷款总余额的比重衡量我国银行业的集中度与竞争程度。用直接融资额占各省全部融资额的比重衡量各省直接融资的规模。

根据已有的研究和对中国现实的观察,我们总结了几类影响各地区经济增长的主要因素，包括金融发展因素（金融规模、银行业集中度和直接融资规模）、要素投入（劳动增长率、固定资产投资增长率和R&D投入增长率）、对外开放度变量（实际利用FDI的增长率和外贸依存度）、结构性因素（受教育人数占总就业人数的比重、所有制结构）以及政府支出等变量。

第一个考虑是金融规模并不简单表现为对经济增长的正向影响。在经济发展的初期，通过较高的实际利率、资本管制等金融扭曲动员储蓄，可以优先发展国有经济，逐步健全国民经济体系，扩大国内产出规模，刺激经济增长。这种特殊的金融安排具有其内在的合理性。中国经济增长与宏观稳定课题组（2007）认为在这种金融安排下，通过宽松的货币政策以及存款、银行免于破产的国家隐性担保，可以动员全民储蓄进行信用扩张，刺激产出，保持经济的高速增长。然而如同Mckinnon（1973）和Shaw（1973）指出的，发展中国家存在严重的"金融抑制"，认为各种金融抑制政策和体制制约了这些国家的经济增长。中国经济增长与宏观稳定课题组（2007）也指出，中国的这种金融安排，如果一直保持不变，会使金融环境恶化，付出银行不良信贷资产不断积累以及宏观经济不稳定的成本，特别在开放条件下，可能放大外部冲击效应，影响经济长期增长。一直以来，中国四大国有商业银行的贷款占所有银行总贷款的比例较高，且更多受到政策压力的影响，主要偏向于向国有企业贷款，影响了贷款投资的效率。因此，我们假设如果中国的金融体制没有及时进行调整，金融规模的扩大可能不利于经济增长。

第二个考虑是降低银行业的集中度，提高银行业内部的竞争，有利于提高贷款效率，促进经济增长。四大国有商业银行长期在我国银行体系中占据主导地位，其贷款决策容易受到政策影响，服务对象多为国有大型企业，缺乏决策的自主性，导致整个银行业贷款效率低下。而中国的中小金融机构多为区域性的金融机构，其服务对象多为无法从直接金融市场和四大国有商业银行获得资金支持的中小企业。林毅夫和孙希芳（2008）认为区域性的中小金融机构在处理关于中小企业信息以及贷款决策方面比四大国有商业银行更有优势，同时中小企业多属于劳动密集型行业，在生产和出口方面具有比较优势。区域性的中小金融机构通过向有前途的中小企业提供资金支持会带动就业和出口增加，拉动经济增长。

第三个考虑是直接融资规模可能在促进经济增长方面作用有限。中国股票、债券等直接融资市场建设尚不完善，结构尚不合理。在上市公司中，国有控股公司组建过多，公司内部治理结构不合理，对资金缺乏有效的监督导致资金使用效率较低。而且我国公司申请 IPO 与 SPO 要通过严格烦琐的审批程序，成本较高。一般的中小企业很难获得直接融资。这些现状都阻碍我国直接融资市场发挥动员储蓄、配置资源等方面的作用。赵振全和薛丰慧（2004）认为融资利用效率的低下和资源的逆配置导致股票市场对经济增长几乎没有效应。

此外，考虑到改革开放以来中国支撑经济增长的两个模式为投资拉动与出口带动，我们认为固定资产投资以及出口都会显著地促进经济增长。

## 三 数据及变量描述

本章使用的数据是 1991—2008 年全国 29 个省份的面板数据。① 反映金融规模和金融结构的数据，如各省全部金融机构本外币贷款余额，各省四大国有商业银行本外币贷款余额，各省上市公司 IPO、SPO、配股增发以及公司债券实际募集资金等直接融资额取自相关年度的《中国金融年鉴》和 Winds 数据库，其他相关的经济数据，如各地区国内生产总值、各地区就业人员数、各地区全社会固定资产投资、各地区商品进出口总额、各地区外商直接投资、各地区 R&D 投入、各地区财政支出，各地区国有经济以及规模以上非国有经济工业增加值、各地区按受教育程度分的人口数等来源于相应年度的《中国统计年鉴》和各省国民经济和社会发展统计公报。

本章用金融规模和金融结构来衡量该地区的金融发展水平。具体地，我们用各地区上市公司 IPO、SPO、配股增发以及公司债券实际募集资金之和衡量各地区直接融资额，用各地区当年全部金融机构年末本外币贷款余额衡量地区的间接融资额。用于衡量金融规模的指标（fscale）是各地区直接融资额与间接融资额之和与该地区国

---

① 由于数据的可得性，样本中没有包含中国西藏自治区、青海省以及港澳台地区。由于 2005 年以后没有完整的关于分省的四大行贷款余额数据，故四大国有商业银行贷款样本期取自 1991—2004 年。

内生产总值的比例。反映金融结构的变量为直接融资比例（dfinance）和银行集中度（banks）。直接融资比例为直接融资额占全部融资额的比例。我们借鉴林毅夫和孙希芳（2008）的做法，将四大国有商业银行之外的所有金融机构统称为中小金融机构。用各地区中小金融机构年末本外币贷款余额占该地区全部金融机构总贷款余额的比例衡量银行业集中度与竞争程度，该比例越低，说明四大行的主导地位越明显，银行集中度越高。图1给出了各地区平均的直接融资比例与实际GDP增长率之间的散点图，可以看出，二者之间没有明显的相关关系。图2给出了各地区平均的中小金融机构比例与实际GDP增长率之间的相关图，可以看出，中小金融机构比例与实际GDP增长率之间有简单的正相关关系，说明银行集中度与实际GDP增长率之间存在负相关关系，但我们还不能就此得出降低银行集中度会促进经济增长的结论。

我们用实际人均实际GDP的增长率（rgdp）衡量经济发展速度，其中各地区的人均实际GDP的增长率是根据人均国内生产总值指数（上年=100）计算的。其他相关的社会经济指标中，用各地区按三次产业分就业总人数的增长率衡量劳动增长率（labor）；用各地区全社会固定资产投资增长率衡量资本增长率（capital）；用各地区用于科研开支的增长率衡量研发投入（R&D）；用各地区外商直接投资占当地GDP的比例（FDI）和各地区进出口总额占当地GDP的比例（trade）衡量对外开放度和市场竞争程度；用各地区拥有高中以上（含高中）教育程度的人口占当地总人口的比重衡量人口结构中人力资本的比例（hcapital）；用各地区全部国有及国有控

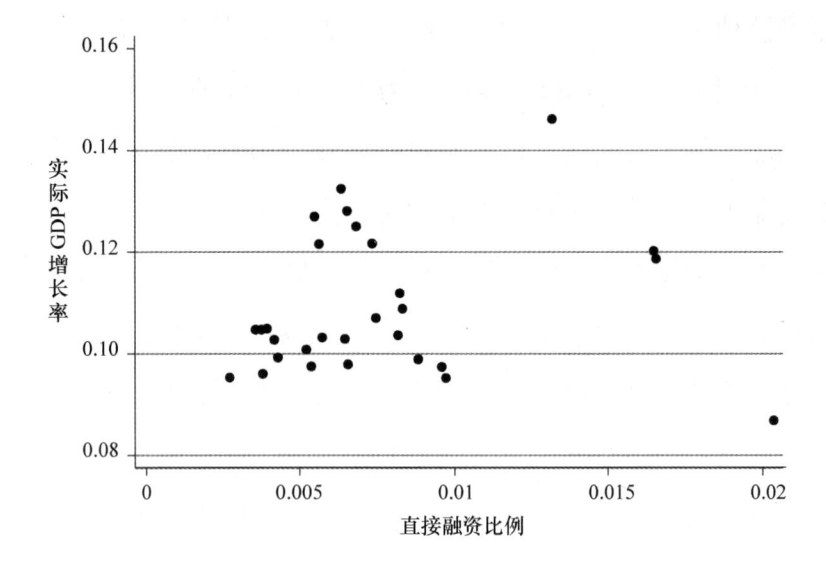

图 6.1 直接融资比例与实际 GDP 增长率

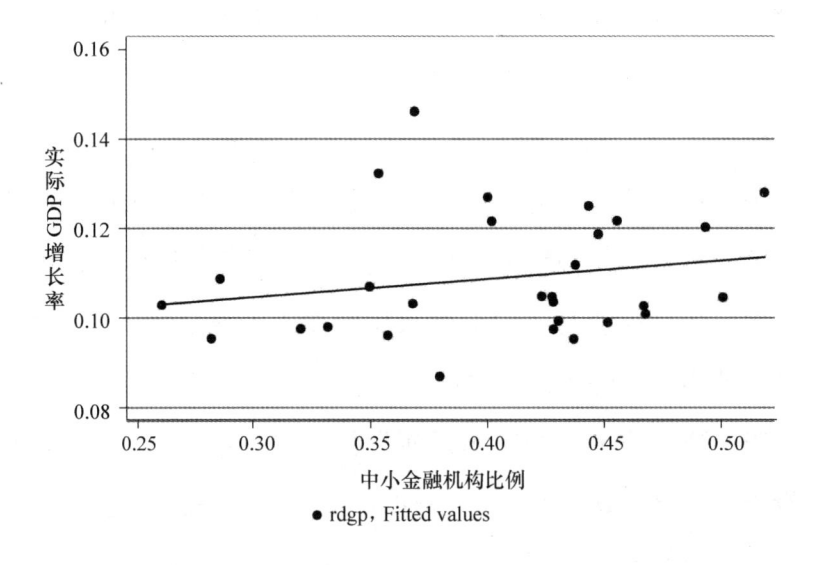

图 6.2 中小金融机构比例与实际 GDP 增长率

股企业工业总产值占当地全部国有及规模以上非国有企业工业总产值的比重衡量所有制结构（soe）；用各地区财政支出占当地GDP的比例衡量政府的作用（gov）。表6.1给出了上述主要变量的统计特征。

表6.1　　　　　　　　　主要变量的统计描述

| 变量名 | 观测值 | 均值 | 标准差 | 最小值 | 最大值 |
| --- | --- | --- | --- | --- | --- |
| 实际GDP增长率 | 522 | 0.109 | 0.021 | 0.068 | 0.209 |
| 金融规模 | 522 | 1.181 | 0.449 | 0.633 | 3.407 |
| 直接融资比重 | 522 | 0.008 | 0.011 | 0 | 0.102 |
| 中小金融机构比重 | 522 | 0.404 | 0.079 | 0.188 | 0.581 |
| 固定资产增长率 | 522 | 0.169 | 0.099 | -0.006 | 0.617 |
| 就业人数增长率 | 522 | 0.015 | 0.029 | -0.046 | 0.269 |
| 人力资本比例 | 522 | 0.196 | 0.077 | 0.059 | 0.436 |
| 国有企业产值比重 | 522 | 0.564 | 0.192 | 0.13 | 0.882 |
| 财政支出占GDP比重 | 522 | 0.149 | 0.056 | 0.047 | 0.348 |
| 实际利用FDI增长率 | 522 | 0.025 | 0.025 | 0.0003 | 0.097 |
| 外贸依存度 | 522 | 0.335 | 0.452 | 0.037 | 1.843 |
| 研发投入增长率 | 522 | 0.308 | 0.368 | -0.385 | 3.2 |

## ◇ 四　计量模型设定

经济的产出水平由两方面的要素决定，一方面是劳动力和资本等有形的生产要素，另一方面由制度经济结构性等影响经济效率的因素决定。我们将生产函数设定为如下形式：

$$Y = F(A, K) \tag{6-1}$$

其中 $Y$ 为整个社会的人均产出，$F(\cdot)$ 为生产函数，$A$ 衡量经济效率，$K$ 为人均资本存量。为便于分析，我们把生产函数设定为 Cob-Douglas 形式：

$$Y(t) = A(t)K(t)^\alpha \tag{6-2}$$

两边取对数并对时间 $t$ 求导数，得到经济产出增长率的函数：

$$g_Y(t) = g_A(t) + \alpha \cdot g_k(t) \tag{6-3}$$

影响经济效率提高的因素有，研发投入、金融结构及金融规模、经济所有制结构、经济开放度等。研发投入的增加会推动技术的进步；一国金融发展以及金融结构的改善，会提高资金配置效率，更有效地动员储蓄，为最有前途的项目融资；所有制结构改革，适度增加私有经济的比重，会调动积极性，提高劳动生产率；经济的开放，投资环境的改善会吸引外资，有利于引进先进技术。因此，我们将经济效率增长的函数设定为：

$$g_A(t) = X \cdot \theta + \varepsilon_t \tag{6-4}$$

其中，$X$ 为影响经济效率增长率的控制变量，$\theta$ 为参数，$\varepsilon_t$ 为扰动项。

将上式代入式（6-3），得到：

$$g_Y(t) = \alpha \cdot g_K(t) + X \cdot \theta + \varepsilon_t \tag{6-5}$$

我们基于式（6-5），建立计量模型：

$$rgdp_{it} = c + F_{it}\beta + X_{it}\theta + \alpha_i + v_t + \varepsilon_{it} \tag{6-6}$$

其中，$rgdp_{it}$ 是第 $i$ 个省在第 $t$ 年的人均实际 GDP 的增长率；$F_{it}$ 是反映第 $i$ 个省在第 $t$ 年的金融规模和金融结构的变量，包括金融规模（fscale）、银行集中度（banks）和直接融资比例（dfinance）；$X_{it}$ 为一组识别影响经济增长的其他控制变量，包括劳动增长率（labor）、固定资本增长率（capital）、研发投入增长率（R&D）等反映经济总量的指标，以及人力资本比（hcapital）、外商直接投资比例（FDI）、外贸依存度（trade）、国有企业产值比重（soe）和政府支出比重（gov）等反映经济结构的指标。$\alpha_i$ 为不随时间改变的地区特定效应；$v_t$ 为不随地区改变的时间特定效应；$\varepsilon_{it}$ 为随机扰动项。

我们采用29个省份的面板数据对模型进行估计，相比随机效应模型，显然固定效应模型更合适。相比混同的最小二乘估计（Pooled OLS），采用固定效应模型可以控制不随时间改变的地区特定因素（如地理位置）对经济增长的影响，避免由于忽略这类变量造成的模型设定错误。

然而在回归中，可能存在的问题就是内生性。如果存在内生性，即变量与随机扰动项相关，那么在大样本下对参数的估计就是有偏和不一致的。我们关注分别金融发展和其他控制变量可能存在的内生性。如金融规模的合理扩大会有效地动员储蓄，为有前途的投资项目融资，从而促进经济增长；而金融规模过度扩张又会造成流动性过剩，影响宏观金融系统的稳定性，阻碍经济增长。反过来，经济增长会增加对金融服务的需求，促使金融规模扩大；而经济疲软又会减少金融需求，抑制金融规模。又如在中国市场经济体制下，国家允许和鼓励非公有制经济的发展，如民营企业、外资企业等，这些非公有制经济活跃了市场，增加了就业，有利于改善所有制结构，促进经济增长。反过来，经济增长本身会改善投资环境，增加投资机会，也会吸引外资流入和促进民营经济的发展。因此金融变量和其他控制变量与经济增长可能是相互影响的。为了一致地估计模型参数，我们必须考虑到这种内生性。

此外，经济增长可能存在动态效应，即上一年的经济形势会影响这一年的经济增长。因此，我们进一步采用动态面板数据模型，试图分析这种动态效应，同时也用面板 GMM 的方法试图解决内生性问题。动态面板数据模型的基本模型为：

$$rgdp_{it} = c + rgdp_{it-1} + F_{it}\beta + X_{it}\theta + \alpha_i + v_t + \varepsilon_{it} \qquad (6-7)$$

## ◇◇ 五　经验分析与稳健性检验

我们在这部分首先报告从固定效应模型中得到金融规模、金融结构和其他相关经济变量对经济增长的影响。然后，我们将分别考察内生性问题和动态面板数据的回归结果，以期检验模型估计结果的稳健性。

### (一) 固定效应模型

表 6.2 列出的是固定效应模型的估计结果。我们采用"从小到大"（bottom-up）的建模思路进行分析。模型 1 将金融规模以及投资率、贸易依存度、外商直接投资占 GDP 的比例、研发投入和政府支出占 GDP 的比例，作为解释变量引入模型；模型 2 又加入了教

育、所有制结构和滞后一期实际 GDP 总量的对数值,加入该变量考虑我国经济的收敛效应;模型 3 在模型 2 的基础上将中小金融机构比例 b 加入模型;模型 4 在模型 3 的基础上加入直接融资比例;模型 5 是在联合显著性检验的基础上,将一直不显著的外商直接投资占 GDP 的比例、研发投入和政府支出占 GDP 三个变量剔除后得到回归结果。

表 6.2　　　　　　　　影响经济增长的固定效应模型

| 被解释变量 | 固定效应模型 | | | | |
| --- | --- | --- | --- | --- | --- |
| 人均实际 GDP 增长率 | 1 | 2 | 3 | 4 | 5 |
| 金融规模 | -0.028*** | -0.029*** | -0.038*** | -0.038*** | -0.038*** |
|  | (0.011) | (0.008) | (0.008) | (0.008) | (0.008) |
| 中小银行贷款比例 |  |  | 0.053*** | 0.053*** | 0.053*** |
|  |  |  | (0.020) | (0.020) | (0.019) |
| 直接融资比例 |  |  |  | 0.001 | 0.005 |
|  |  |  |  | (0.089) | (0.087) |
| 投资率 | 0.105*** | 0.051*** | 0.048*** | 0.048*** | 0.047*** |
|  | (0.014) | (0.011) | (0.010) | (0.011) | (0.011) |
| 贸易依存度 | 0.081*** | 0.047*** | 0.045*** | 0.045*** | 0.045*** |
|  | (0.014) | (0.010) | (0.010) | (0.010) | (0.009) |
| 外商直接投资 | 0.051 | -0.024 | 0.019 | 0.020 |  |
|  | (0.122) | (0.085) | (0.084) | (0.084) |  |
| 研发投入 | -0.000 | 0.001 | 0.0007 | 0.0007 |  |
|  | (0.003) | (0.002) | (0.002) | (0.002) |  |
| 教育 | 0.034 | 0.026 | 0.026 | 0.026 |  |
|  | (0.024) | (0.024) | (0.026) | (0.022) |  |
| 财政支出 | 0.065 | 0.023 | 0.017 | 0.017 |  |
|  | (0.060) | (0.045) | (0.044) | (0.044) |  |

续表

| 被解释变量 | 固定效应模型 | | | | |
|---|---|---|---|---|---|
| 人均实际 GDP 增长率 | 1 | 2 | 3 | 4 | 5 |
| 所有制结构 |  | -0.227*** | -0.222*** | -0.222*** | -0.222*** |
|  |  | (0.020) | (0.019) | (0.020) | (0.020) |
| 人均实际 GDP 滞后值 |  | -0.0003 | -0.0004 | -0.0004 | -0.0004 |
|  |  | (0.001) | (0.001) | (0.001) | (0.001) |
| 观测值 | 522 | 522 | 522 | 522 | 522 |
| 拟合优度 | 0.548 | 0.797 | 0.810 | 0.807 | 0.810 |

注：括号内为标准差。***、**和*分别表示1%、5%和10%的显著性水平。

资料来源：作者整理。

在模型1到模型5的回归结果中，我们发现反映金融规模的变量（fscale）系数显著为负，反映银行业竞争程度的中小金融机构比例（banks）的系数显著为正，而反映直接金融的（dficance）不显著。如果模型揭示了因果关系，那么我们的假说初步得到了回归结果的支持：金融规模的扩大并不一定促进经济增长，从模型结果来看，在其他条件不变的情况下，单纯增加金融规模不利于经济增长；增加中小金融机构的比例，降低银行业的垄断程度，合理促进银行业间的竞争会提高融资效率，为更多有前途的项目提供资金支持，促进经济增长；直接融资市场尚不健全，对经济增长的作用仍不显著。反映所有制结构的变量（soe）的系数显著为负，说明中国的所有制结构不合理，鼓励非公有制经济的发展，合理降低公有制经济在国民经济中的比重会提高效率，促进增长。此外，固定资产投资增长率（capital）和外贸依存度

(trade) 的系数显著为正,说明长期支撑中国经济增长的两大支柱投资和对外贸易依然对经济有显著的刺激作用。以模型5为例,在其他因素保持不变的情况下,金融规模提高1%会使经济增长速度下降0.038%,而中小金融机构比例提高1%,会使经济增长速度提高0.053%。直接融资比重(dfinance)系数接近于0且不显著。国有企业总产值在工业总产值中的比重降低1%会使经济增长速度提高0.222%。固定资产投资增长率提高1%,会使经济增长速度提高0.047%,外贸依存度提高1%会使经济增长率提高0.045%。

## (二) 内生性检验

之前的估计表明,金融发展与经济增长存在显著影响。然而,考虑到内生性问题,并不能直接将这种关系解释为因果关系。金融发展会提高生产效率,进而促进经济增长。反过来,经济增长可能也内在地要求金融发展,金融效率提高等。如果这种双向关系均存在,那么内生性将是一个必须处理的问题。借鉴 Wooldridge(2002)的建议,用解释变量的滞后一期代替原变量的方法处理内生性问题。理由为以前的金融发展水平应该会影响当期的经济增长,而当期的经济增长不会影响以前金融抑制政策的制定。

表6.3给出了考虑内生性的估计结果。其中前两列为OLS估计结果,后两列为固定效应估计结果。第一列和第三列只考虑反

映金融发展的金融规模、中小银行比重和直接融资比例存在的内生性，用这三个变量的滞后值和其他控制变量估计结果。第二列和第四列将所有变量的滞后值放入模型估计结果。我们发现，之前的估计具有稳定性。金融规模的系数显著为负，说明目前金融规模的扩张不利于经济增长。中小银行贷款比重的系数显著为正，说明降低银行集中度，提高中小银行的比例，有利于促进金融机构的竞争，提高金融资源的分配和使用效率，促进经济增长。直接融资比例系数为正但不显著，说明资本市场还没有明显发挥出其市场调节的作用，这可能与参与市场交易的主体结构有关。此外，投资和贸易依存度对改革开放以来的经济增长起到了显著的促进作用。中国的所有制结构有待进一步优化，适当降低国有部门比例，提高中小私营企业的比重，有利于促进市场竞争，提高经济效益。

表 6.3　　　　　　　　增长模型：内生性问题

| 被解释变量 | 混同 OLS 模型 | | 固定效应模型 | |
| --- | --- | --- | --- | --- |
| 人均实际 GDP 增长率 | 1 | 2 | 3 | 4 |
| 金融规模（滞后项） | $-0.057^{***}$ | $-0.058^{***}$ | $-0.064^{***}$ | $-0.067^{***}$ |
| | (0.018) | (0.019) | (0.019) | (0.021) |
| 中小银行比重（滞后项） | $0.070^{***}$ | $0.072^{***}$ | $0.075^{***}$ | $0.077^{***}$ |
| | (0.024) | (0.026) | (0.025) | (0.027) |
| 直接融资比例（滞后项） | 0.026 | 0.024 | 0.015 | 0.012 |
| | (0.091) | (0.094) | (0.094) | (0.096) |
| 投资率（滞后项） | $0.048^{***}$ | $0.048^{***}$ | $0.043^{***}$ | $0.043^{***}$ |
| | (0.008) | (0.007) | (0.007) | (0.006) |

续表

| 被解释变量 | 混同 OLS 模型 | | 固定效应模型 | |
|---|---|---|---|---|
| 人均实际 GDP 增长率 | 1 | 2 | 3 | 4 |
| 贸易依存度（滞后项） | 0.051*** | 0.051*** | 0.050*** | 0.051*** |
| | (0.011) | (0.012) | (0.011) | (0.012) |
| 教育（滞后项） | 0.026 | 0.029 | 0.028 | 0.033 |
| | (2.358) | (3.383) | (2.349) | (0.277) |
| 财政支出（滞后项） | -0.028 | -0.021 | -0.049 | -0.062 |
| | (0.216) | (0.218) | (0.112) | (0.154) |
| 所有制结构（滞后项） | -0.222*** | -0.220*** | -0.274*** | -0.245*** |
| | (0.020) | (0.019) | (0.023) | (0.024) |
| 人均实际 GDP（滞后项） | -0.0005 | -0.0004 | -0.0005 | -0.0005 |
| | (0.001) | (0.002) | (0.001) | (0.001) |
| 时间效应 | 否 | 否 | 是 | 是 |
| 省区效应 | 否 | 否 | 是 | 是 |
| 观测值 | 522 | 522 | 522 | 522 |
| 拟合优度 | 0.771 | 0.756 | 0.711 | 0.608 |

注：括号内为标准差。\*\*\*、\*\* 和 \* 分别表示 1%、5% 和 10% 的显著性水平。

资料来源：作者整理。

## （三）动态面板模型

上面我们给出了固定效应模型和工具变量模型的回归结果及分析，下面考察动态面板模型。采用 Arralleno 和 Bond（1990）的方法估计动态面板模型。考虑到有限样本偏误，我们报告一步估计的回归结果。表 6.4 列出了动态面板模型的回归结果。

在这里，我们考察金融规模（fscale）和反映所有制结构的

(soe)的内生性，在面板GMM估计中，可以适当选取这些变量的滞后值作为当期值的工具。模型1只将金融规模（fscale）作为内生变量，将中小银行贷款比例、直接融资比例和政府支出作为前定变量，把投资率、教育、贸易依存度、所有制结构和取对数的人均实际GDP的滞后一期的作为外生变量进行回归；模型2将模型1中较不显著的外生变量剔除；模型3在模型1的基础上将所有制结构作为内生变量进行估计；模型4将模型3中较不显著的外生变量剔除。在回归过程中，我们做了过度识别的Sagan检验，结果所有模型的过度识别的矩条件都是合理的。

与以前的估计结果一样，金融规模的变量（fscale）系数显著为负，反映银行业竞争程度的中小金融机构比例（banks）的系数显著为正，并且两个变量的系数基本保持稳定。以模型4为例，在其他因素保持不变的情况下，金融规模提高1%会使经济增长速度下降0.015%，而中小银行比例提高1%，会使经济增长速度提高0.053%。直接融资比重的系数在10%的水平上显著，且符号为负，说明我国直接融资市场尚未发挥出对经济增长应有的作用。

表6.4还显示，固定资产投资对经济增长依然有显著的拉动作用，同时，提高中国就业人口的整体教育水平会显著促进经济增长。此外，所有制结构仍然是制约我国经济增长的主要因素。改善中国所有制结构，有利于中国经济的高速增长。

表 6.4　　　　　　　　影响经济增长的动态面板模型

| 被解释变量 | 动态面板数据模型 | | | |
|---|---|---|---|---|
| 人均实际 GDP 增长率 | 1 | 2 | 3 | 4 |
| RGDP（-1） | 0.614 *** | 0.658 *** | 0.636 *** | 0.675 *** |
|  | (0.087) | (0.080) | (0.084) | (0.077) |
| 金融规模 | -0.019 *** | -0.018 *** | -0.015 *** | -0.015 *** |
|  | (0.006) | (0.005) | (0.006) | (0.005) |
| 中小银行贷款比例 | 0.050 *** | 0.050 *** | 0.052 *** | 0.053 *** |
|  | (0.019) | (0.018) | (0.019) | (0.018) |
| 直接融资比例 | 0.266 * | 0.297 * | 0.256 | 0.284 * |
|  | (0.165) | (0.156) | (0.166) | (0.157) |
| 投资率 | 0.060 *** | 0.061 *** | 0.063 *** | 0.067 *** |
|  | (0.012) | (0.011) | (0.011) | (0.010) |
| 贸易依存度 | 0.001 |  | 0.003 |  |
|  | (0.009) |  | (0.009) |  |
| 教育 | 0.098 ** | 0.087 *** | 0.083 ** | 0.069 ** |
|  | (0.039) | (0.032) | (0.038) | (0.030) |
| 财政支出 | 0.103 ** | 0.106 ** | 0.101 ** | 0.100 ** |
|  | (0.060) | (0.045) | (0.044) | (0.044) |
| 所有制结构 | -0.055 *** | -0.047 *** | -0.055 *** | -0.044 *** |
|  | (0.021) | (0.017) | (0.021) | (0.016) |
| 人均实际 GDP 滞后值 | -0.001 | -0.001 | -0.001 | -0.001 |
|  | (0.001) | (0.001) | (0.001) | (0.001) |
| Sargan 检验 | 0.400 | 0.386 | 0.336 | 0.332 |
| 观测值 | 522 | 522 | 522 | 522 |

注：括号内为标准差。***、** 和 * 分别表示 1%、5% 和 10% 的显著性水平。

资料来源：作者整理。

## ◇◇ 六 最优金融规模

固定效应模型和基于稳健性分析的估计结果均表明，目前金融规模的扩张不利于经济增长，这种结论似乎有悖于传统理论。按照传统理论，金融规模的扩大有利于促进金融资源分配，服务更大范围的实体经济，促进经济增长。然而，这种观点是建立在经济发展的同时经济结构也会随之发生适应性调整上的，金融规模的合理扩张有利于促进生产效率的提高，促进经济增长。

就中国改革开放过程而言，关注更多的是数量，而结构等质量问题并没有得到足够的重视。中国的经济结构调整远远滞后于经济增长。高增长的过程中，经济结构失衡问题不断积累。其中，金融体系的结构性问题之一为金融资产结构较为单一。中国金融资产大部分仍然是金融机构的存贷款，这反映了中国货币市场和资本市场发展不尽如人意。金融资产结构畸形导致了企业负债率高、金融运行风险高、企业债负担重、国有企业行为扭曲、银行和非国有企业行为不规范等负面影响（易纲和宋旺，2008）。在这种情况下，单纯的扩张金融规模，提高信贷水平，则会增加金融运行风险，降低金融资源的使用效率。金融规模过度扩张也会造成流动性过剩，产生通胀和资产价格泡沫的风险和压力，影响宏观金融系统的稳定性，阻碍经济增长。

与经济结构和发展阶段相对应，应存在最优的金融规模。而超出实体经济所要求的最优规模,则会影响宏观经济的稳定,损害金融资源的分配和使用效率。因此,我们认为金融规模与经济增长之间并不是简单的线性关系。我们在这一部分,通过加入金融规模的平方项,来初步探析最优金融规模的问题。我们将数据扩充至2008年,在控制了其他变量的基础上,我们关注金融规模与经济增长的关系。

表6.5给出了加入金融规模平方项的模型估计结果。其中前两列为OLS估计结果,后两列为固定效应估计结果。第一列和第三列只考虑将金融规模和金融规模的平方项引入模型。第二列和第四列将所有变量引入模型估计结果。模型的估计结果表明,金融规模与其金融规模的平方项的估计系数均显著,说明金融规模与经济增长之间并非简单的线性关系。更为重要的是,金融规模的二次项为显著负,一次项为正,说明在其他条件不变的情况下,就促进经济增长而言,存在最优的金融规模。以模型4为例,在其他条件不变的情况下,有估计系数反映的最优金融规模为139%。

表6.5　　　　　　　　考虑最优金融规模的估计结果

| 被解释变量 | 混同OLS模型 | | 固定效应模型 | |
| --- | --- | --- | --- | --- |
| 人均实际GDP增长率 | 1 | 2 | 3 | 4 |
| 金融规模 | 0.227*** | 0.105*** | 0.164*** | 0.078*** |
|  | (0.018) | (0.019) | (0.019) | (0.021) |
| 金融规模平方项 | −0.081*** | −0.039** | −0.058*** | −0.028*** |
|  | (0.018) | (0.019) | (0.013) | (0.011) |
| 投资率 |  | 0.052*** |  | 0.048*** |
|  |  | (0.008) |  | (0.006) |

续表

| 被解释变量 | 混同 OLS 模型 | | 固定效应模型 | |
|---|---|---|---|---|
| 人均实际 GDP 增长率 | 1 | 2 | 3 | 4 |
| 贸易依存度 |  | 0.051*** |  | 0.051*** |
|  |  | (0.011) |  | (0.012) |
| 教育 |  | 0.017 |  | 0.024 |
|  |  | (0.358) |  | (0.277) |
| 财政支出 |  | -0.015 |  | -0.037 |
|  |  | (0.216) |  | (0.154) |
| 所有制结构 |  | -0.208*** |  | -0.233*** |
|  |  | (0.020) |  | (0.024) |
| 人均实际 GDP |  | -0.001 |  | -0.0008 |
|  |  | (0.001) |  | (0.001) |
| 时间效应 | 否 | 否 | 是 | 是 |
| 省区效应 | 否 | 否 | 是 | 是 |
| 观测值 | 522 | 522 | 522 | 522 |
| 拟合优度 | 0.771 | 0.756 | 0.711 | 0.608 |

注：括号内为标准差。***、**和*分别表示1%、5%和10%的显著性水平。

资料来源：作者整理。

## ◇ 七 结论及政策含义

本章运用中国29个省份1991—2008年的面板数据，考察了金融规模、中小金融机构比例、直接融资比例以及其他相关控制变量对各地区经济增长的作用和影响。我们发现，目前金融规模扩张不利于经济增长，而改善金融结构，降低银行集中度，提高中小金融机构在银行业中所占的比重，会增加银行业内部的竞争，促进经济增长。直接融资对经济增长的作用尚不显著。稳健性的检验支持了此结论。我们对金融规模对经济增长的负向影响进行了分析,我们发现,金融规模和经济增长并非简单的线性关系。一定的发展阶段和经济结构存在最优的金融规模。此外,改善中国所有制结构有利于促进经济增长,固定资产投资和对外贸易依然是拉动经济增长的重要因素。

  本章的研究对于中国的金融发展和经济增长有启示意义。传统文献对金融发展的研究,往往只关注金融规模,而忽视了金融业内部的结构变化。金融发展不只体现在金融规模量的扩张上,更重要的是金融结构的合理安排。研究表明,金融规模单纯量上的扩大并不利于经济增长,这一方面是由于中国融资决策的行政干预,另一方面也反映了中国金融结构有待改善。降低银行集中度,提高中小金融机构在银行业中的比重,会促进银行业间的竞争,降低垄断程度,提高融资效率,促进经济增长。而直接融资市场还不健全,由于缺乏事后监督、公司治理结构不合理、融资自主性偏低等问题,其对经济增长的影响不显著。中国传统的投资和对外贸易两大因素依然是促进经济增长的主要因素。最后,改善中国所有制结构,鼓励非公有制经济发展,合理降低国有经济在国民经济中的比重,有利于中国经济的高速增长。

# 第七章

# 中国金融规模快速增长的原因

相对于金融结构而言，中国的金融规模明显偏高。以广义货币占GDP的比例衡量的金融规模不但高于新兴经济体，也高于发达国家。畸高的金融规模的根源也正在于中国金融管制。政府采取金融抑制政策，压低了实际利率，相当于利用居民家庭部门补贴企业部门，以较低的融资成本支持特定产业和部门发展以促进经济较快增长。然而，以投资和出口驱动的增长模式，难以有充足的资源支持和建立相对完善的社会保障体系。居民出于养老、医疗、子女教育等方面的考虑，必须压缩消费，增加储蓄。而由于中国资本市场不完善，金融资产结构较为单一，可供选择的金融资产种类较少。对于居民和企业而言，银行储蓄自然地成为了安排金融资产的主要渠道。这两方面的原因同时存在，造成了中国货币化率过高的事实。

本章的其余部分安排如下：第二部分介绍构建的指标并对所用数据进行描述；第三部分采用跨国面板数据分析广义货币与国内生产总值的比例的决定因素，得到经验分析的结果；第四部分从指标构建、长期效应以及分组回归的角度考察结论的稳健性；第五部分是总结与政策含义。

## ◇ 一 问题提出

广义货币与国内生产总值的比例（M2/GDP）通常用来衡量一国的货币化率。改革开放以来，中国宏观经济的一个显著特征是货币供应量的高速增长。1978—2009 年，名义 GDP 年均增长 16%，广义货币（M2）则平均每年增长 22.5%，比名义 GDP 增长率高出 6.5 个百分点。广义货币增长率在长期内远远超过名义 GDP 增长率在其他国家也较为罕见。从国际比较来看，以 M2/GDP 衡量的中国的货币化率不但高于其他新兴市场经济体，而且也超过了发达国家的水平（见图 7.1）。

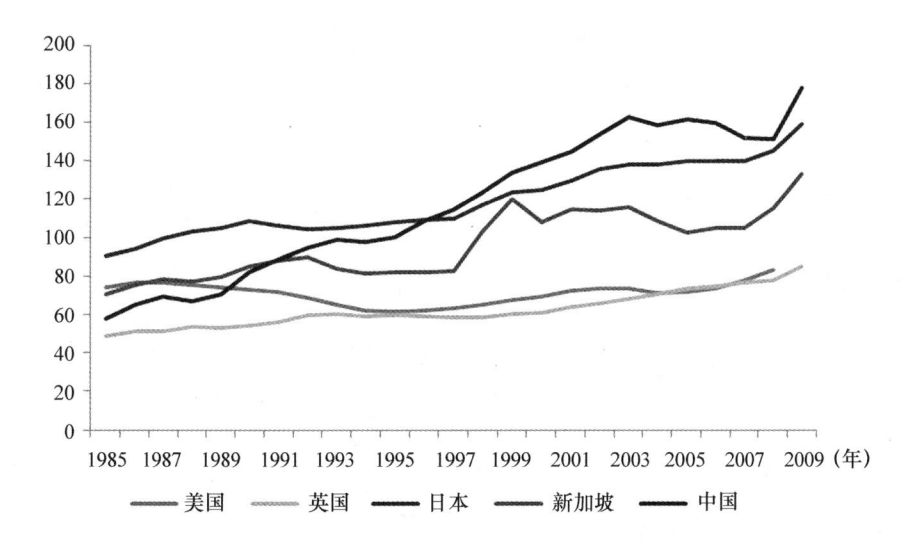

**图 7.1 世界主要国家 M2/GDP 趋势：1985—2009 年**

资料来源：国际金融统计（IFS）、CEIC。

中国畸高的 M2/GDP 受到理论研究界和政府部门的关注，对此现象的解释也不断增多。较早的观点认为中国 M2/GDP 比例升高是经济发展要求的金融深化的必然结果。这种说法显然不能很好地解释，与其他国家相比，中国货币化率提升过快的事实。也有观点从数比数量论出发，认为 M2/GDP 的比例偏高是货币流通速度下降所致，这样的解释有会计恒等式的循环论证之嫌。还有观点试图从银行不良资产、金融风险理论、政府控制等角度做出解释。然而这些观点并没有对高货币化率的事实提供一个完整合理的解释（汪洋，2007）。

要理解中国 M2/GDP 比例过高的事实，我们需要回答两个问题：一是中国的金融部门为什么积累了如此多的银行存款，二是金融资产为什么主要集中在银行存款上。回答第一个问题，需要分析银行存款的结构。在各类存款中，居民储蓄存款最多，企业存款次之。2009 年两类存款分别占金融机构总存款的 43.6% 和 36.3%。在改革开放的过程中，储蓄的主要构成已经由最初的国有企业和政府转变为老百姓（易纲，1996）。与居民消费占 GDP 比例不断下降的事实相对应，居民储蓄率呈现上升趋势。回答第二个问题，需要分析中国的金融资产结构。与发达国家相比，中国的金融资产结构仍然较为单一，大量金融资产集中在银行存款上。按股票市值和债券市值占 GDP 比例衡量的直接融资市场的规模，不仅落后于发达国家，也远远落后于周边的发展中国家和地区（易纲、宋旺，2008）。

针对这两个问题，我们在这一章中试图提供一个较为合理的解释。我们认为，较落后的社会保障体系和较单一的金融资产结构是造成中国 M2/GDP 比例偏高的主要原因。在经济快速发展的同时，中国并没有建立起相对完善的社会保障体系。居民出于养老、医疗、子女教育等方面的考虑，必须压缩消费，增加储蓄。而由于我国资本市场不完善，金融资产结构较为单一，可供选择的金融资产种类较少。对于居民和企业而言，银行储蓄自然地成为了安排金融资产的主要渠道。这两方面的原因同时存在，造成了中国 M2/GDP 过高的事实。基于 60 个国家面板数据的实证分析显著地支持了本章的解释。随后的指标构建、长期效应及分组数据的分析结果证实了我们结论的稳健性。

## ◇◇ 二 指标构建及数据描述

经济发展水平和经济结构决定着一个国家的货币化进程。货币化有两方面的含义，一是财政赤字的货币化，即中央政府通过增发货币的方法为财政赤字融资。二是经济发展过程中的货币化，即在经济发展过程中，一方面由于收入水平的提高和经济规模的扩大产生的正常的货币需求增加，另一方面，在经济发展过程中，由于经济结构的原因，产生超常的货币需求，导致了较高的货币化率。

尤其对于转型经济体而言，经济发展中的结构性因素对货币化进程的影响尤其重要。以中国为例，改革开放以来以广义货币与国内生产总值的比例衡量的货币化程度迅速提高。为财政赤字融资是原因之一，而造成中国货币化程度迅速提高的深层次原因，可能更多的来自国内的经济结构。经济高速增长的同时，并没有建立起与经济发展程度相适应的社会保障体系。出于养老、医疗、子女教育以及应付其他不确定性的考虑，居民预防性的储蓄倾向较高（杨汝岱、陈斌开，2009）。改革开放以来，中国的储蓄主体由国家转变为老百姓，收入分配向居民倾斜。然而，由于中国的金融资产结构较为单一（易纲、宋旺，2008），可供居民选择的金融资产较少，银行储蓄存款成为居民安排金融资产的主要渠道。

因此，我们认为除了经济增长、为财政赤字融资、人口因素以及经济开放度等影响货币化率的主要因素外，一国的社会保障水平和金融资产结构也是影响该国货币化率的重要因素。这两个因素的影响机制为：社会保障水平低下抑制了居民的消费，导致了较高的储蓄倾向。如果该国的金融资产结构较为单一，可供选择的金融资产种类较少，那么银行的储蓄存款就成为居民安排其金融资产的主要渠道。大量的金融资产集中在银行存款上，提高了该国的货币化水平。而这恰恰反映了该国金融市场的不完善，以一国的货币化程度来判断该国的金融规模，进而衡量其金融发展水平，可能就会出现与事实相反的结论。为此，要考察这种机制，首先需要衡量金融资产多样化的指标和社会保障水平。

### （一）金融资产多样化指标

金融资产种类的多样化，会增加人民对金融投资的选择。资产组合理论表明，人们会优化自己的资产组合，而不至于因金融资产单一而被迫将金融资产集中于某一个投资品种。在构建金融资产多样化指标时，应体现两方面的信息。一是在资产种类相同的情况下，如果一种金融资产的规模占全部金融资产规模的比重较大，说明金融资产结构较为单一。而如果各种金融资产规模越均匀，说明金融资产的多样化程度越高。二是在金融资产规模一定的情况下，金融资产的品种越多，表明一国的金融资产多样化程度越高。考虑到这两方面的因素，我们借鉴 Agresti 和 Agresti（1978），Holms 和 Park（2000）的做法，将国家 $i$ 在 $t$ 期的金融资产多样化指标（Financial Asset Diversity Index，FAD）定义为：

$$FAD_{it} = 1 - \sum_{j=1}^{k} P_{j,it}^2$$

其中，$P_{j,it} = \dfrac{i \text{ 国第 } j \text{ 种金融资产在 } t \text{ 期的规模}}{i \text{ 国 } t \text{ 期金融资产总规模}}$

这里的金融资产为现金、银行存款、企业债券、机构债券、国债、股票及金融衍生品。按照 Levine（2002）的做法，其中债券采用期末余额衡量，股票用市价总值衡量。可以发现，当一国金融资产全部集中于某一种资产时，即只有单一品种的金融资产时，该国的金融资产多样化指标 $FAD$ 最小，为 0。当各种金融资产的规模越趋于均匀，该国的金融资产多样化程度越高，最大值为 $1 - \dfrac{1}{k}$；在其他条件相同的情况下，一国的金融资产种类越多，即 $k$ 越大，该国金融资产多样化指标越大，金融资产多样化程度越高。

### （二）社会保障水平

一国的社会保障体系，包括社会保险、社会福利、社会救助和社会优抚等方面的内容。其中社会保险是社会保障体系的重要组成部分，在社会保障体系中居于核心地位。因此，我们用社会保险密度和社会保险深度两个指标来反映社会保障水平。保险密度为一国的人均保费收入，反映该国保险的普及程度和保险业的发展水平。保险深度为保费收入与国内生产总值的比例，反映该国保险业在国民经济中的地位。

中国经济高速增长的同时，并没有建立起与之相适应的社会保障体系。无论从社会保险密度还是保险深度衡量，中国的社会保障水平都较为落后，远低于世界平均水平。以2007年为例，中国保险密度为人均69.6美元，远低于世界平均的607.7美元；2007年中国的保险深度为2.9，也低于7.5的世界平均水平（如图7.2）。可见，用社会保险衡量的我国社会保障水平较为落后。低水平的社会保障体系，降低了居民的消费意愿，增加了其储蓄倾向。

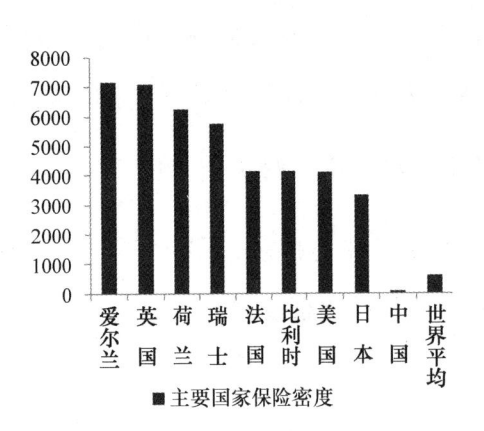

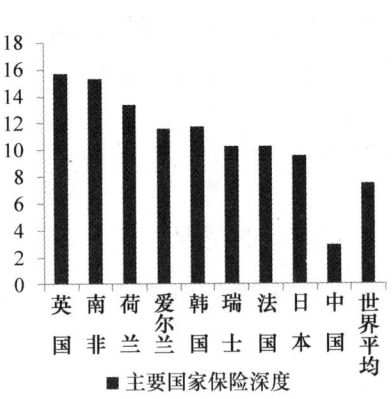

图7.2 2007年主要国家的社会保险密度（美元/人）和社会保险深度（%）

资料来源：世界发展指标数据库（WDI）。

## 第七章 中国金融规模快速增长的原因

影响货币化进程的其他重要因素有：第一，人均实际收入。大多数学者强调货币化是一国经济发展所要求的金融深化的必然结果，一国财富水平的增长会对一国货币需求产生重要影响。Easterly 和 Rebelo（1992）以及 Carroll 等（2000）认为当一国居民满足基本的消费需求后，随着收入水平的增长，消费的边际效用会迅速降低，因此一国居民消费水平的增加要滞后于收入增加，收入水平的上升会导致国内储蓄率的提升，从而会提高一国广义货币占国内生产总值的比例。

第二，人口结构。按照年龄区间划分，一国人口结构可以分为未成年、劳动力、老年人三类。① 当一国未成人人口比重较高时，家庭需要安排将来的教育、医疗、住房等费用开支，从而减少消费，增加储蓄。而当一国老年人比重较高时，纯消费群体增多，会增加消费需求。因此，当少年抚养比率上升时，一国的储蓄水平会上升；当老年抚养比率上升时，一国的消费需求增加，储蓄水平下降，从而影响到一国的货币化率。

第三，政府财政支出。获取铸币税收入是政府拥有货币发行权的一大好处。当财政收入不足以支付政府的财政预算支出时，政府可以通过发行货币为财政赤字融资。谢平（1994）估计 1986—1993 年，中央政府每年得到的货币发行收入平均为国民生产总值的 5.4%。因而，当一国的赤字率较高时，拥有独立货币政策的国家可能倾向于通过增发货币来降低财政赤字水平。此外，随着一国的

---

① 按照世界银行 WDI 的标准，一国的未成年人是指年龄小于 14 岁的公民，劳动力是指年龄大于 14 岁小于 65 岁的公民，大于 65 岁的公民为老年人。

经济开放度的提高，市场规模会不断扩大，国外需求的增加会提高货币的交易性需求。同时，外汇储备的积累也会造成基础货币投放的增加，从而影响本国的货币化程度。这些变量说明和资料来源见附录。

## 三 模型设定及经验分析

本章所选取的变量主要来自 Penn World Table、世界银行的世界发展指标数据库（World Development Index，WDI）以及 IMF 的国际金融统计（International Financial Statistics，IFS）数据库。我们广泛选取了影响货币化率的长短期经济因素，包括反映政府铸币税的政府财政赤字率、① 反映经济规模和发展水平的人均实际收入、反映人口结构的少年人口扶养比和老年人口扶养比，以及反映经济开放程度的贸易依存度和实际利用 FDI 与 GDP 的比例等控制变量。我们收集了 60 个国家 1990—2007 年的面板数据，为了分析金融资产多样化指标和社会保障水平对货币化率的影响，我们建立如下实证模型：

$$MR_{it} = \alpha + \beta FAD_{it} + \gamma_1 IDN_{it} + \gamma_2 IDP_{it} + \delta X_{it} + \alpha_i + \lambda_t + u_{it}$$

其中，因变量 $MR_{it}$ 为 $i$ 国在第 $t$ 年 M2 与 GDP 的比例，即货币化率；$FAD$ 为我们构建的金融资产多样化指标；$IDN$ 和 $IDP$ 分别为社会保险密度和社会保险深度；$X$ 为其他一系列会影响一国货币化率

---

① 政府财政赤字率为政府财政预算支出与财政预算收入支出与 GDP 的比例，负值表示财政盈余。

的控制变量,其中包括政府财政赤字率、人均实际收入、人口抚养比、贸易依存度和FDI与GDP的比例;$\alpha_i$和$\lambda_t$分别为国家和时间虚拟变量;$u_{it}$表示未观测到的随国家和时间改变的效应。我们所关注的参数为$\beta$和$\gamma$,即金融资产多样化指标及社会保障水平对货币化率的影响。

为衡量金融资产结构与社会保障水平对货币化率的影响,我们借鉴文献的通常做法,首先将影响货币化率的常规控制变量因素引入模型,然后逐步将我们关心的变量引入模型。这种"从大到小"的建模思路可以有效降低模型的设定误差。考虑到固定效应模型的优势和固定效应模型参数估计的一致性,我们首先用固定效应模型对上式进行估计。模型的估计结果如表7.1所示,在控制了财政支出、人口抚养比、人均实际收入、贸易依存度和外商直接投资等变量后,第一列引入了反映金融资产结构的金融资产多样化指标,第二列引入了反映社会保障水平的社会保险密度变量,第三列引入了反映社会保障水平的社会保险深度变量,第四列将金融资产多样化指标、社会保险密度和社会保险深度均引入模型。考虑到财政支出和人均实际收入与货币化率之间可能存在的内生性,我们借鉴Wooldridge(2002)的建议,用解释变量的滞后一期代替原变量的方法处理内生性问题,即我们用财政支出与人均实际收入的滞后一期作为模型中的控制变量。

模型的估计结果与传统理论以及我们的预期相符。金融资产多样化指标的系数显著为负,说明在其他条件不变的情况下,金融资产的多样化会降低经济发展过程中的货币化率。反映社会保障水平的社会保险密度和社会保险深度的估计参数显著为负,说明在其他条件不变的情况下,提高社会保障水平会降低人们的审慎性储蓄倾向,增加消费,从而降低经济的货币化率。这说明中国的货币化率过高,有着明显的社会经济结构因素。在经济高速增长的同时,社会保障水平并没有得到改善和提高,人们不得不为将来的医疗、养老以及其他不确定性因素进行储蓄,导致了较高的居民储蓄倾向。由于中国的金融资产结构相对单一,可供人们选择的金融资产投资工具较少,银行储蓄则成了居民安排金融资产的主要渠道。社会保障水平低下和金融资产结构单一,成为中国改革以来货币化率过高的主要原因。

此外,财政支出、人均实际收入、人口结构和经济开放度等控制变量也是影响货币化率的重要因素。财政支出的系数显著为正,表明在其他条件不变的情况下,财政支出增加会显著提高 M2 占 GDP 的比例。这说明出于为财政赤字融资的货币发行目的是存在的。铸币税是由于中央政府拥有货币发行权而拥有的一种收入。通过发行货币,可以向公众收取通货膨胀税,从而增加政府收入为财政支出融资。人均实际收入前的系数显著为正,说明人均实际收入水平的提高,会增加人们对货币的交易性需求,造成货币化率的提高。这反映了货币化是经济增长的客观要求。人口结构是货币化的显著影响因素,少年人口抚养比的系数为正,老年人口抚养比的系数为负,说明在其他条件不变的情况下,少年人口抚养比的提高会导致人们增加储蓄,而老年人口抚养比的上升会增加消费,从而引起货币化率的相应变化。一个国家的对外开放度也会显著影响货币化率。贸易依存度的系数显著为正，说明贸易会扩大经济规模，货币需求随之提高。FDI 与 GDP 之比的系数虽然为正值但是不显著，这一定程度上是由于该指标与贸易依存度指标存在较高的相关关系而造成的。尤其是近年来产业内和产品内分工越来越具体，贸易越来越活跃，而且与之相关的垂直型 FDI 也随之增长，使得贸易和投资的关系越来越密切（卢峰，2008）。

具体地，以模型 4 为例，在其他条件不变的情况下，金融资产结构提高一个单位，会带来 M2/GDP 下降 12.7%；社会保险密度和深度分别提高一个单位，会使 M2/GDP 分别下降 5.8% 和 3.1%；少年人口抚养比和老年人口抚养比对货币化率的影响方向相反，每上升一个单位，少年人口抚养比上升一个单位，会引起 M2/GDP 上升 18.8%，而老年人口抚养比上升一个单位，会引起 M2/GDP 下降 14.3%；财政赤字率和人均实际收入水平分别上升一个单位，会分别引起 M2/GDP 上升 5.9% 和 12.8%；贸易依存度上升一个单位会带来 M2/GDP 上升 4.7%。

表 7.1　　　　　　　　　　货币化率的决定因素

| 被解释变量 | 固定效应模型 | | | |
|---|---|---|---|---|
| 货币化率：M2/GDP | 1 | 2 | 3 | 4 |
| 金融资产结构 | -0.231*** | | | -0.127*** |
| | (0.021) | | | (0.019) |
| 社会保险密度 | | -0.071*** | | -0.058*** |
| | | (0.005) | | (0.005) |

续表

| 被解释变量 | 固定效应模型 | | | |
|---|---|---|---|---|
| 货币化率：M2/GDP | 1 | 2 | 3 | 4 |
| 社会保险深度 | | | -0.043*** | -0.031** |
| | | | (0.016) | (0.015) |
| 财政赤字率 | 0.056** | 0.071*** | 0.076** | 0.059** |
| | (0.028) | (0.031) | (0.031) | (0.029) |
| 少年人口扶养比 | 0.168*** | 0.153*** | 0.193*** | 0.188*** |
| | (0.051) | (0.048) | (0.053) | (0.053) |
| 老年人口扶养比 | -0.211*** | -0.172*** | -0.187*** | -0.143*** |
| | (0.044) | (0.047) | (0.047) | (0.046) |
| 人均实际收入 | 0.106*** | 0.154*** | 0.171 | 0.128*** |
| | (0.054) | (0.038) | (0.055) | (0.045) |
| 贸易依存度 | 0.083** | 0.062** | 0.069** | 0.047** |
| | (0.041) | (0.029) | (0.028) | (0.24) |
| 外商直接投资 | 0.007 | 0.006 | 0.011 | 0.006 |
| | (0.371) | (0.236) | (0.352) | (0.275) |
| 时间效应 | 否 | 否 | 是 | 是 |
| 国家效应 | 否 | 否 | 是 | 是 |
| 观测值 | 1080 | 1080 | 1080 | 1080 |
| 拟合优度 | 0.338 | 0.315 | 0.323 | 0.398 |

注：括号内为标准差。\*\*\*、\*\* 和 \* 分别表示 1%、5% 和 10% 的显著性水平。

资料来源：作者整理。

接下来我们考虑不同的估计方法。我们将分别采用 OLS、随机效应模型和固定效应模型，比较不同方法的估计结果是否存在显著差异。表 7.2 给出了三种估计方法的估计结果，前两列为 OLS 方法的估计结果，第三列和第四列为随机效应模型的估计结果，后两列为固定效应模型估计结果。与之前的方法类似，第一列和第三列只放入了金融资产多样化指标和其他控制变量，第二列和第四列将金融资产多样化指标和社会保障水平都引入了模型。第五列为只控制了国家效应的固定效应模型，第六列在第五列的基础上控制了时间效应，即表中的第四个模型。

根据估计结果，我们发现模型的估计结果具有稳健性。在其他条件不变的情况下，金融资产种类的多样化，以及提高社会保障水平会降低经济的货币化率。此外，少年人口抚养比的上升会提高货币化率，而老年人口抚养比的上升会降低经济的货币化率。财政支出、人均实际收入水平和对外开放度的提高都会引起货币化率的提高。

表 7.2　　　　货币化率的决定因素：不同估计方法的结果

| 被解释变量 | 混同 OLS | | 随机效应模型 | | 固定效应模型 | |
|---|---|---|---|---|---|---|
| 货币化率：M2/GDP | 1 | 2 | 3 | 4 | 5 | 6 |
| 金融资产结构 | -0.262*** | -0.248*** | -0.313** | -0.261*** | -0.297*** | -0.127*** |
|  | (0.036) | (0.033) | (0.033) | (0.031) | (0.044) | (0.019) |
| 社会保险密度 |  | -0.116*** |  | -0.102*** | -0.091*** | -0.058*** |
|  |  | (0.008) |  | (0.011) | (0.017) | (0.005) |
| 社会保险深度 |  | -0.073*** |  | -0.083*** | -0.066* | -0.031** |
|  |  | (0.020) |  | (0.001) | (0.039) | (0.015) |
| 财政赤字率 | 0.081*** | 0.087*** | 0.106* | 0.095 | 0.077*** | 0.059** |
|  | (0.013) | (0.018) | (0.59) | (0.061) | (0.033) | (0.029) |
| 少年人口扶养比 | 0.126*** | 0.135*** | 0.139*** | 0.138*** | 0.175*** | 0.188*** |
|  | (0.051) | (0.048) | (0.053) | (0.053) | (0.066) | (0.053) |
| 老年人口扶养比 | -0.168*** | -0.171*** | -0.133*** | -0.128*** | -0.155*** | -0.143*** |
|  | (0.044) | (0.047) | (0.047) | (0.046) | (0.044) | (0.046) |
| 人均实际收入 | 0.206*** | 0.254*** | 0.271 | 0.228*** | 0.262*** | 0.128*** |
|  | (0.054) | (0.038) | (0.055) | (0.045) | (0.058) | (0.045) |

续表

| 被解释变量 | 混同 OLS | | 随机效应模型 | | 固定效应模型 | |
|---|---|---|---|---|---|---|
| 货币化率：M2/GDP | 1 | 2 | 3 | 4 | 5 | 6 |
| 贸易依存度 | 0.083** | 0.062* | 0.096** | 0.043 | 0.039** | 0.047** |
| | (0.041) | (0.036) | (0.047) | (0.047) | (0.018) | (0.024) |
| 外商直接投资 | 0.097 | 0.076 | 0.061 | 0.065* | 0.055 | 0.006 |
| | (0.71) | (0.063) | (0.052) | (0.036) | (0.038) | (0.075) |
| 时间效应 | 否 | 否 | 否 | 否 | 否 | 是 |
| 国家效应 | 否 | 否 | 是 | 是 | 是 | 是 |
| 观测值 | 1080 | 1080 | 1080 | 1080 | 1080 | 1080 |
| 拟合优度 | 0.410 | 0.415 | | | 0.344 | 0.367 |

注：括号内为标准差。***、** 和 * 分别表示 1%、5% 和 10% 的显著性水平。

资料来源：作者整理。

## 四 稳健性检验

之前的面板数据估计结果表明，在经济增长的同时，由于金融资产结构单一和社会保障水平较低，造成了中国改革开放以来广义货币与国民生产总值的比例迅速上升。然而，这种结论是否稳健，取决于指标构建、分组方法和数据波动等多方面的影响。因此，为检验结果的稳健性，我们从指标构建、分组和数据波动三个角度进行分析。

### （一）指标构建的稳健性

我们之前设计的指标和模型暗含的假设是金融资产多样化指标

与货币化率之间存在简单的线性关系。虽然在大样本下,线性拟合得到的估计参数具有一致性,但是在存在非线性的情况下,考虑到这种非线性会提高模型的估计精度,因此为了考虑非线性问题,我们将采用金融资产多样化指标的自然对数值进行回归。此外,作为替代,我们借鉴易纲和宋旺(2008)的方法,将直接用广义货币与金融资产总值的比例,作为金融资产结构的另一种衡量标准。广义货币占比越大,说明可供人们选择的金融资产结构较为单一,较多的投资以银行存款的形式持有。

表7.3为采用金融资产结构衡量指标的估计结果。FAD2为取自然对数金融资产多样化指标,FAD3为广义货币与金融资产总值的比例,FAD4为取自然对数的广义货币与金融资产总值的比例。我们发现,FAD2的系数依然显著为负,说明即使考虑了非线性问题,同样可以得到在其他条件不变的情况下,金融资产多样化会降低货币化率的结论。不过FAD2在5%的水平上显著,较之前的金融资产多样化指标的显著性有所降低。这在一定程度上说明了线形假设的合理性。

以广义货币与金融资产总值的比例(FAD3)衡量的金融资产结构及其取对数的指标均显著。与之前的估计结果类似,社会保障水平与老年人口扶养比的系数显著为负,对货币化率存在显著的负向影响。财政支出、人均实际收入和贸易依存度的系数显著为正,对货币化有显著的促进作用。

表 7.3　　稳健性检验之一：指标构建

| 被解释变量 | 固定效应模型 | | |
|---|---|---|---|
| 货币化率：M2/GDP | 1 | 2 | 3 |
| FAD2 | −0.099*** | | |
|  | (0.036) | | |
| FAD3 | | 0.045*** | |
|  | | (0.008) | |
| FAD4 | | | 1.321*** |
|  | | | (0.141) |
| 社会保险密度 | −0.085*** | −0.091*** | −0.088*** |
|  | (0.011) | (0.017) | (0.005) |
| 社会保险深度 | −0.044** | −0.046** | −0.031** |
|  | (0.023) | (0.023) | (0.015) |
| 财政赤字率 | 0.095 | 0.077*** | 0.059** |
|  | (0.061) | (0.033) | (0.029) |
| 少年人口扶养比 | 0.107*** | 0.105*** | 0.088** |
|  | (0.043) | (0.046) | (0.043) |
| 老年人口扶养比 | −0.131*** | −0.155*** | −0.143*** |
|  | (0.046) | (0.044) | (0.046) |
| 人均实际收入 | 0.262*** | 0.177*** | 0.182*** |
|  | (0.045) | (0.058) | (0.045) |
| 贸易依存度 | 0.043*** | 0.039** | 0.047** |
|  | (0.017) | (0.018) | (0.024) |
| 外商直接投资 | 0.067* | 0.055 | 0.006 |
|  | (0.036) | (0.038) | (0.075) |
| 时间效应 | 是 | 是 | 是 |
| 国家效应 | 是 | 是 | 是 |
| 观测值 | 1080 | 1080 | 1080 |
| 拟合优度 | 0.311 | 0.315 | 0.314 |

注：括号内为标准差。*** 、** 和 * 分别表示 1%、5% 和 10% 的显著性水平。

资料来源：作者整理。

## （二）基于分组方法的考察

不同国家由于所处的发展阶段不同，其货币化过程会呈现不同的特征。发达国家的直接融资市场和间接融资市场都较为发达，资金利用效率较高，而且有较高水平的社会保障体系，因此居民的储蓄倾向相对较弱。发展中国家的金融体系往往不够完善，资金一般表现为银行部门比重较大，而直接融资市场，如股票和债券等市场相对发展滞后，再加上社会保障水平较低，可供居民选择的金融资产较为单一，体现为金融资产中准货币的比重较大。

为了考虑不同发展阶段的影响，我们将样本分为发达国家和发展中国家两类，分别用固定效应模型进行估计。表7.4给出了发达国家和发展中国家两个子样本的估计结果。其中，前两列为发达国家样本的回归结果，后两列为发展中国家样本的回归结果；第一列和第三列只控制了国家效应，第二列和第四列在控制国家效应的基础上，控制了时间效应。我们发现，不管是发达国家，还是发展中国家，金融资产多样化和社会保障水平都是影响该国货币化率的主要因素。发展中国家的系数高于发达国家，说明在其他条件不变的情况下，发展中国家的金融资产多样化程度和社会保障水平的变化对其货币化率会产生更大的影响。这可能是由于发展中国家的金融资产结构与发达国家相比较为单一，社会保障水平与发达国家相比较为落后，因此发展中国家金融资产多样化和社会保障水平的边际作用会高于发达国家相同变化所带来的对货币化的影响。

表7.4　　　　　　　　稳健性检验之二：分组回归结果

| 被解释变量 | 发达国家 | | 发展中国家 | |
|---|---|---|---|---|
| 货币化率：M2/GDP | 1 | 2 | 3 | 4 |
| 金融资产结构 | -0.071*** | -0.057*** | -0.332*** | -0.188*** |
|  | (0.006) | (0.007) | (0.011) | (0.010) |
| 社会保险密度 | -0.053*** | -0.047** | -0.127 | -0.101*** |
|  | (0.012) | (0.008) | (0.026) | (0.021) |
| 社会保险深度 | -0.011** | -0.007 | 0.073*** | 0.052** |
|  | (0.005) | (0.005) | (0.026) | (0.026) |
| 财政赤字率 | -0.155* | -0.101 | -0.261*** | -0.199*** |
|  | (0.088) | (0.098) | (0.043) | (0.016) |
| 少年人口扶养比 | 0.149*** | 0.118*** | 0.075** | 0.088*** |
|  | (0.053) | (0.053) | (0.036) | (0.035) |
| 老年人口扶养比 | 0.014*** | 0.012*** | 0.087*** | 0.074*** |
|  | (0.134) | (0.097) | (0.139) | (0.114) |
| 人均实际收入 | 0.126*** | 0.154*** | 0.227*** | 0.228*** |
|  | (0.054) | (0.038) | (0.055) | (0.045) |
| 贸易依存度 | 0.017** | 0.012 | 0.096*** | 0.077*** |
|  | (0.009) | (0.011) | (0.014) | (0.012) |
| 外商直接投资 | 0.003 | 0.003 | 0.006 | 0.004 |
|  | (0.371) | (0.236) | (0.352) | (0.275) |
| 时间效应 | 否 | 是 | 否 | 是 |
| 国家效应 | 是 | 是 | 是 | 是 |
| 观测值 | 1080 | 1080 | 1080 | 1080 |
| 拟合优度 | 0.118 | 0.125 | 0.223 | 0.248 |

注：括号内为标准差。***、**和*分别表示1%、5%和10%的显著性水平。

资料来源：作者整理。

### (三) 处理短期波动的方法

数据短期内的波动会影响变量间长期关系的识别。根据文献的做法，为降低短期因素的影响，一般采用3年或5年平均的方法，以便于对变量间的长期现象做出经验分析。由于我们的数据是从1990年开始，如果5年平均会使样本量下降较多，损失大量自由度，故我们选取3年平均的方法，以减少短期波动的影响。

表7.5给出了3年平均后的样本估计结果。前两列为OLS估计结果，后两列为固定效应模型估计结果。我们发现金融资产多样化指标和社会保障水平仍然显著为负。这说明在长期内，金融资产种类的多样化和社会保障水平的提高对货币化有显著影响，在其他条件不变的情况下，会引起广义货币与国内生产总值的比例下降。其他控制变量对货币化率的影响与之前的研究类似，财政支出、人均实际收入、少年人口扶养比、贸易依存度会显著提高一国的货币化率，而老年人口抚养比的上升会降低经济的货币化率。

表7.5　　　　　稳健性检验之三：3年平均的估计结果

| 被解释变量 | 混同 OLS | | 固定效应模型 | |
| --- | --- | --- | --- | --- |
| 货币化率：M2/GDP | 1 | 2 | 3 | 4 |
| 金融资产结构 | -0.221*** | -0.208*** | -0.197*** | -0.115*** |
| | (0.036) | (0.033) | (0.044) | (0.019) |
| 社会保险密度 | | -0.066*** | -0.083*** | -0.059*** |
| | | (0.008) | (0.017) | (0.005) |

续表

| 被解释变量 | 混同 OLS | | 固定效应模型 | |
| --- | --- | --- | --- | --- |
| 货币化率：M2/GDP | 1 | 2 | 3 | 4 |
| 社会保险深度 | | -0.063*** | -0.066* | -0.043** |
| | | (0.020) | (0.039) | (0.015) |
| 财政赤字率 | 0.078*** | 0.064*** | 0.077*** | 0.058** |
| | (0.013) | (0.018) | (0.033) | (0.029) |
| 少年人口扶养比 | 0.119*** | 0.124*** | 0.157*** | 0.172*** |
| | (0.051) | (0.048) | (0.066) | (0.053) |
| 老年人口扶养比 | -0.147*** | -0.117*** | -0.165*** | -0.161*** |
| | (0.044) | (0.047) | (0.044) | (0.046) |
| 人均实际收入 | 0.216*** | 0.215*** | 0.181*** | 0.133*** |
| | (0.054) | (0.038) | (0.058) | (0.045) |
| 贸易依存度 | 0.082** | 0.058 | 0.043** | 0.045** |
| | (0.041) | (0.036) | (0.018) | (0.024) |
| 外商直接投资 | 0.097 | 0.076 | 0.055 | 0.006 |
| | (0.71) | (0.063) | (0.038) | (0.075) |
| 时间效应 | 否 | 否 | 是 | 是 |
| 国家效应 | 否 | 否 | 是 | 是 |
| 观测值 | 360 | 360 | 360 | 360 |
| 拟合优度 | 0.113 | 0.115 | 0.108 | 0.109 |

注：括号内为标准差。***、** 和 * 分别表示 1%、5% 和 10% 的显著性水平。

资料来源：作者整理。

## ◇ 五　结论及政策含义

广义货币与国内生产总值的比值偏高是改革开放以来中国经济的显著特征之一。本章采用跨国面板数据，从一个新的角度解释了货币化率的决定和演进。我们发现，中国较高的货币化率产生于国内经济结构因素。其中，落后的社会保障体系和单一的金融资产结构是导致货币化率偏高的主要原因。实证结果表明，金融资产的多样化会降低经济发展过程中的货币化率。提高社会保障水平会减弱人们的审慎性储蓄倾向，增加消费，从而降低经济的货币化率。这说明中国的货币化率过高，有着明显的社会经济结构因素。在经济高速增长的同时，社会保障水平并没有随之得到改善和提高，人们不得不为将来的医疗、养老以及其他不确定性因素进行储蓄，导致了较高的居民储蓄倾向。由于中国的金融资产结构相对单一，可供投资者选择的金融资产投资工具较少，银行储蓄则成了居民和企业安排金融资产的主要渠道。社会保障水平低下和金融资产结构单一，成为中国改革开放以来货币化率过高的主要原因。

财政支出、人均实际收入、人口结构和经济开放度等控制变量也是影响货币化率的重要因素。政府财政赤字增加会显著提高 M2/GDP 的比例。说明出于为财政赤字融资的货币发行目的是存在的。人均实际收入水平的提高，会增加人们对货币的交易性需求，造成货币化率的提高。这反映了货币化是经济增长的客观要求。人口结构是货币化的显著影响因素，少年人口抚养比的提高会导致人们增加储蓄，而老年人口抚养比的上升会增加消费，从而引起货币化率的相应变化。一个国家的对外开放度也会显著影响货币化率。贸易会扩大经济规模，货币需求随之提高。FDI 与 GDP 之比的影响不显著，这可能是由于该指标与贸易依存度指标存在较高的相关关系而造成的。尤其是近年来产业内和产品内分工的细化和贸易越来越活跃，与之相关的垂直型 FDI 也随之增长，使得贸易和投资的关系越来越密切。

　　本章的研究结论具有重要的理论和政策含义。中国货币化率过高的事实揭示了中国经济结构失衡的问题。完善中国收入分配体系，加快社会保障体系建设，有助于提高居民的消费意愿，拉动内需并使之成为将来经济增长新的支撑点。促进中国金融资产种类多样化，加快股票、债券等资本市场建设，有利于优化国内的金融资产结构，提高金融资源的利用效率。在其他条件不变的情况下，社会保障体系建设和金融资产结构优化有助于适当降低中国的货币化率，接近并达到与经济发展相适应的最优金融规模，更有助于改善经济结构失衡，减少对外部需求的过度依赖，从而转变经济增长方式，实现可持续的包容性增长。此外，我们的研究还有助于解释中国 M2 增长率长期内高于 GDP 的实际增长率，而中国以 CPI 衡量的通货膨胀并没有出现较快上升的原因。由于中国社会保障水平较低，导致了居民出于审慎考虑的边际储蓄倾向较高。金融资产结构较为单一导致银行存款成为居民和企业金融资产的主要选择。这一方面会造成货币的流通速度下降，另一方面，更重要的是，国民财富最终没有形成有效的消费需求，这样，就不难理解以消费物价指数衡量的通货膨胀率没有大幅上升的原因了。

# 第八章

# 中国的金融开放

审慎的金融开放贯穿于中国改革开放的整个过程。20世纪80年代，为适应改革开放的新形势，中国逐步调整高估的人民币汇率，并改善对外经贸关系，同时通过设立经济特区在特定范围内检验市场经济与对外开放的效果。20世纪90年代，中国积极推动"以市场换资金""以市场换技术"的吸引外国直接投资的策略，同时，1994年年初将官方汇率和市场汇率并轨后开始实行有管理的浮动汇率制度。在2001年加入世界贸易组织之时，政府承诺境内金融业对外开放以及外资金融机构享受准入前国民待遇。国际金融危机之后，中国加速了人民币国际化进程，人民币正式加入"特别提款权"，同时还倡导亚洲基础设施投资银行并提出了"一带一路"倡议。

本章分为三个部分。第一部分介绍人民币国际化的现状、条件与改革；第二部分用多种方法从多个角度分析资本项目管制的有效性；第三部分评估改革进程中资本项目管制对经济增长的影响。

# 一 人民币国际化的现状、条件及改革

## (一) 人民币可兑换的程度

实现人民币可兑换不仅是中国金融开放的既定目标，也是人民国际化的必要条件。人民币可兑换包括经常项目可兑换和资本项目可兑换。中国已在1996年年底实现了经常项目可兑换，而资本项目开放，尤其在经历了亚洲金融危机后，开放的进程变得渐进而谨慎。衡量资本项目开放的程度，一方面可从政策角度，即从资本项目管制的政策放松的角度进行，另一方面可基于实际统计数据，根据一国对外金融资产和负债的存量数据，测算金融开放度。

资本管制的综合指标①清晰地反映了改革开放以来资本项目不断开放的渐进趋势（见图8.1）。管制大幅放松始于20世纪90年代中期，伴随着1994年年初汇率并轨和1996年年底实现经常项目完全开放，政府也逐步放弃了一些资本项目管制。可惜的是很快发生了亚洲金融危机，迫使政府重新收紧资本项目管制以防范金融危机

---

① 量化资本管制强度指标最常见的做法是用简单的0-1数据代表具体的资本交易项目有无限制（Klein and Olivei, 1999）。为更真实地反映中国的情况，金荦（2004）对此方法做了改进。我们借鉴金荦（2004）的做法，测算了我国改革开放以来资本管制强度的指标。

的风险。这个紧缩的趋势仅仅维持了一年左右的时间。资本项目开放再次发生在2001年之后,可能作为加入WTO的承诺,中国大幅度地开放贸易、金融等领域。因此资本管制强度不断降低,在2006年达到样本期内的最低点。可惜的是随着美国次债危机的爆发和发展,热钱流动日益频繁,中国资本管制再次出现了反复。政府加强了外债管理,对直接投资的规模和流向也增强了监督和管理,以降低宏观经济风险。不过到2009年下半年,国际金融危机风险基本得到控制,中国资本管制强度又有所回落,但仍然明显高于2006年的水平。

由于测算资本项目管制强度的方法不考虑各自项目下国际收支

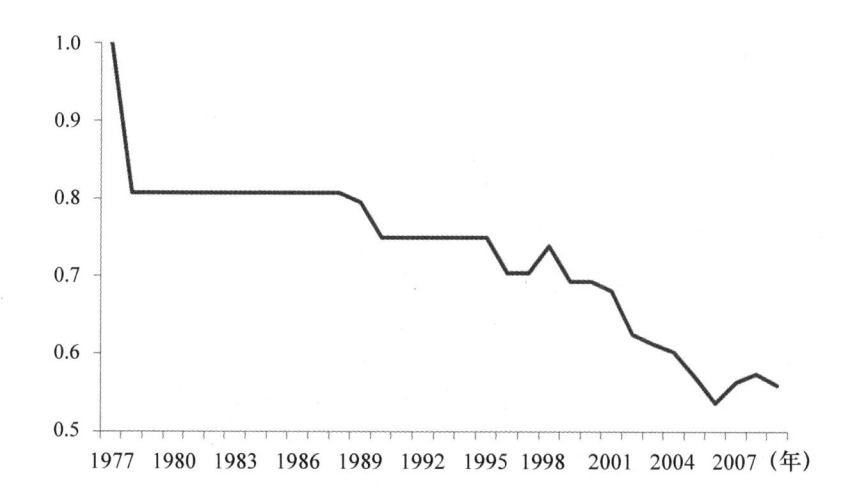

图 8.1 中国资本项目管制强度:1978—2009 年

注:资本管制强度指数仅仅是个相对的概念,指数越低表明资本管制越宽松,或者资本流动越自由。

资料来源:金荦(2004)、黄益平和王勋(2010b)、国家外汇管理局。

交易规模的较大差异，难以准确反映资本管制的整体状况，而根据实际统计数据测算的金融开放度指标，则会相对客观合理地反映人民币的可兑换程度。根据国家外汇管理局公布的国家投资头寸表，可以计算我国金融开放度指标。2008年中国金融开放度为1.13，高于土耳其、巴西、印度等新兴经济体。从历史比较而言，我国2008年金融开放度相当于1985年的德国和1990年的日本。从国际比较看，中国金融开放度偏低。中国在直接投资、其他投资和证券投资等主要项目仍存在管制，在很大程度上说明人民币资本项目可兑换程度还不是很高。

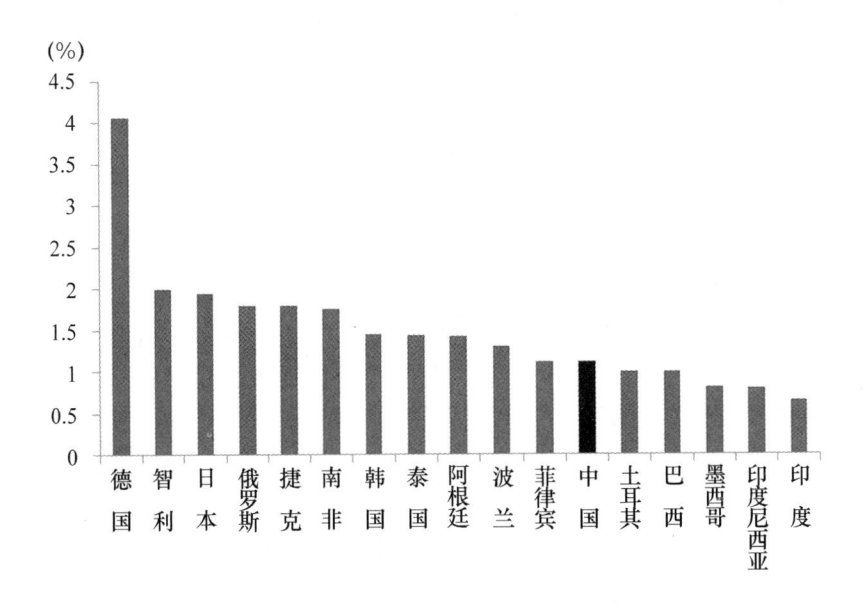

**图8.2 世界各国2008年金融开放度**

注：金融开放度 = 对外金融资产负债之和/GDP。

资料来源：国家外汇管理局、IFS。

## （二）推进人民币国际化的有利条件

中国的资本项目开放，尤其在经历了亚洲金融危机后，开放进程变得相对谨慎，主要在于担心国内改革的条件尚不具备，资本项目全面开放会带来的大规模资本流动会对金融市场和宏观经济造成冲击。就目前而言，无论国际环境，还是中国的宏观经济和金融状况均表明，人民币国际化的基本条件已具备。

首先，世界储备货币进入多样化的阶段。尤其是美国次贷危机以来，美元地位的下降使得汇率的不确定性大大提高。人民币国际化，将降低汇率风险，近年积累的巨额外汇储备规模也会减少。

其次，人民币汇率长期持续低估，造成了严重的宏观经济风险。汇率扭曲的直接后果就是导致庞大的经常账户盈余，既使经济结构严重失衡，高速增长难以持续，又令流动性过剩，形成严重的通货膨胀压力。因此，要消除宏观经济的风险，便绕不过深入改革汇率这一关。

再次，中国40年经济改革已经为人民币国际化创造了基本的条件。现在宏观经济基本面相对比较健康，财政状况良好，经常账户盈余庞大，金融资产质量和金融监管水平不断提高，外汇储备充裕，同时人民币存在升值的压力，可以说，人民币国际化已经具备了最基本的条件。这些条件远比其他实行资本项目开放的发展中国家好，更重要的是，如果中国不尽快稳健地推进资本项目开放，这些有利条件很可能在未来几年内不复存在。

最后，国际上尤其是亚洲各国对人民币的接受程度已经大为增强。这一点自亚洲金融危机以来就表现得十分明显。越南、泰国、巴基斯坦等国已经接受人民币作为清算和支付的货币。中国目前已与俄罗斯、蒙古国等周边8国签订了自主选择双边货币结算协议。此外人民币离岸市场的建立和发展，也有利于增强人民币的接受程度，推进人民币国际化。

### (三) 实现人民币国际化的配套改革

1. 促进人民币汇率改革

人民币要成为国际储备货币，最终必然走向浮动汇率制度。2005年7月汇改以后，央行宣布开始实行以一篮子货币为参照的有管制的浮动汇率体系。然而，对随后市场数据的分析表明，参考一篮子货币实际上仍以参考美元为主。美国次贷危机后，又回到了盯住美国的模式。政策的随机性给市场发展带来极大的困难。因此要真正落实以一篮子货币为参照的有管制的浮动汇率体制，是人民币国际化的重要一步。

人民币汇率逐步由市场机制决定，越来越多地随着供求关系的变化波动，这一方向在1994年1月1日就已经确定，央行在2005年7月21日和2010年6月19日两次重新确定了这个方向。最近，央行明确表示，人民币汇率走向自由浮动和人民币逐步国际化，是中国的长期政策目标。

过去几年，政府一直在汇率问题上表现得非常谨慎。2008年年中以来，人民币汇率制度实际上采取了"软钉住"美元的做法。但现在，起码有三个方面的因素表明，人民币汇率增加弹性已经成为一项十分紧迫的任务。首先，人民币汇率弹性是降低外部失衡和提高资本利用效率的必要条件。国际金融危机期间，中国外部失衡的程度已经明显减轻，经常项目顺差占GDP的比例从2007年的10.8%减少到2010年第一季度的3.5%。不过这个回落更多的是周期性的，危机之后可能反弹，实际上目前贸易顺差已经在明显回升。同时，中国的外汇储备已经高达25000亿美元，这些资产除了继续支持美国政府借债过日子，对中国经济没有多少实际贡献。其次，人民币汇率增加灵活性也是保障中国货币政策独立性的必然步骤。在蒙代尔不可能三角中，中国目前的政策选择是维持相对稳定的汇率和独立的货币政策，但放弃自由流动的资本。然而，目前中国资本项目管制的有效性已经在明显减弱，其直接后果，就是跨境资本流动，尤其是热钱的自由流动已经明显影响到货币政策的独立性。大量的资本流入使得国内市场流动性十分充裕，严重干扰了央行实现利率政策的目标。作为一个高速增长的经济大国，中国显然不可能像香港那般放弃货币政策的独立性。最后，人民币适当升值是避免贸易保护主义政策的重要环节。许多专家强调汇率政策是中国自己的政策，无须他国指手画脚。但问题是，中国确实已经是一个经济大国，任何重大政策都会对国际市场造成重要影响。

目前，许多新兴市场国家对人民币汇率政策有看法，发达国家的意见更大。美国议员最近动作频频，主要是因为美国接近两位数的失业率。如果我们不能适当回应，中美发生贸易战的风险是很大的。其实，尽力避免贸易战也是保护中国自身利益的策略。

2005年7月汇改的经验表明，适度升值的宏观影响基本还在可控范围内，而且对于经济结构调整具有正面的作用。因此，还应该继续保持人民币小幅稳步的升值过程。同时，汇率改革对宏观经济的影响更多地体现在对经济结构的调整上：汇改之后，中国第一、二类产业占比下降，第三产业的占比明显上升，有助于中国完成产业结构的优化；汇率的升值也改变了中国的出口产品结构，从劳动密集型更多地偏向资本和技术密集型产品，有助于中国重新定位出口优势，获取更多的产品附加值。此外，汇率升值有效抑制了通胀压力，部分缓解了经济过热所可能带来的不良影响。人民币汇率升值还促进了工资的增长，而人民币实际购买力的加强也有助于提高人民的生活水平，改善整个社会的福利。

此外，从以往经验看，升值以后最容易出问题的并非实体经济部门，而是跟资本流动和资产价格相关的领域。日本和中国台湾的教训为什么比较大，主要是因为他们一直在抵制升值，在汇率和其他价格变量方面积累了相当严重的扭曲，以后调整的幅度就会比较大，步伐也会比较激烈。更重要的是它们在升值的同时保持了非常宽松的货币政策，

2. 有效推进资本项目开放

无论是政策操作，还是理论研究，均表明资本项目管制的有效性在不断降低。目前实施的资本项目管制，一方面在承担资本流动的效率损失，另一方面在挤占央行的货币政策独立性。推进资本项目开放，不仅是人民币可兑换的必要条件，更有利于降低和分散宏

观金融风险，提高投资收益。

1996年12月，中国承诺实现人民币经常项目下可兑换。原本的设想是再经过5—10年的时间，逐步完成资本项目下可兑换的改革。不过因为紧接着发生了亚洲金融危机，这一计划被无限期地推延了。

当然，资本项目逐步开放的步伐并没有停顿，根据国家外汇管理局的评估，在国际货币基金组织（IMF）考察的资本项目管制的7大类40项中，中国已经有75%的项目起码实现了部分开放。2015年11月发布的"十三五"规划建议中，明确提出了转变外汇管理方式和使用方式，从正面清单转变为负面清单。要扩大金融业双向开放，有序实现人民币资本项目可兑换，推动人民币加入特别提款权，成为可兑换、可自由使用货币。

今后3年，可能是中国资本项目管制改革的黄金窗口期。随着中国经济的崛起和开放，现存管制措施不仅已经严重制约一些重要领域的改革，比如建设国际金融中心和实现人民币国际化；而且维持这些管制的难度越来越大、成本越来越高。

同时，中国经济经过多年的改革与发展，已经为资本项目开放创造了一些有利的基本条件，包括稳定的宏观经济环境、健康的财政与国际收支状况，以及良好的金融资产质量和金融监管能力。但是，其中一些条件可能会逐步发生变化，如果现在不抓紧改革，以后难度会更大。

3. 不开放的成本日益增大

为什么要开放资本项目？这个问题在理论上比较容易回答，就是为借贷双方增加回报、降低风险,提供更多的选择机会,提高资本的利用效率。开放的资本市场,也有助于平稳由于国内因素导致的经济波动,倘若发生地震或其他灾害,政府或其他经济主体可以从国际市场融资支持国内建设。

另外,在一个开放的资本市场中,国际投资者的行为也可以形成一个重要的市场纪律机制,约束政府无节制的财政赤字或者央行宽松无度的货币政策。如果我们比较1978—2008年10个增长最快和10个增长最慢的新兴市场经济,就会发现前面一组都在不断地开放,后面一组却缺乏改革动向。

当然,资本项目开放也有成本,金融风险可能上升,甚至酿成金融危机。经济学界曾经有很多文献,分析资本项目开放对经济增长的贡献,最终却没有得出清晰一致的结论。

理由很简单,有些国家开放后效率提高,增长加速,有些国家却发生了金融危机。把这些国家的样本放在一起,结论便不太清楚。这恰恰说明稳妥地实施资本项目的开放十分关键,其中起码包括三个方面的内容:一是改革需要一些基本的前提条件;二是不同领域的开放要有一个适当的次序;三是开放以后还可以保留一些谨慎监管的手段。

在中国,资本项目管制已经严重限制资金配置的最优化,比如居民不能投资海外证券市场,对外直接投资依然要经过繁杂的审批程序,等等。但是,随着经济开放度的增加,短期跨境资本流动日益活跃。根据国际经济政策的三元悖论,即在自由的资本流动、稳定的货币汇率和独立的货币政策之间,决策者只能选择两个。在汇率相对不灵活的前提下,一旦资本流动管不住,就只好牺牲货币政策的独立性。这就是央行管理流动性的难度日益增大的原因。更重要的是,如果资本项目不放开,其他一些改革就无法推进,包括将上海建成国际金融中心的目标。

4. 有利条件不会永远存在

资本项目开放,究竟需要什么样的前提条件呢?

国际经济学界其实有一些基本共识,如稳定的宏观经济环境、健康的金融资产和健全的金融监管体系。国际经验表明,如果经济疲软、国际收支逆差、货币面对贬值压力,或者银行坏账庞大,或者金融机构资不抵债,那就不宜开放资本项目。因为一旦放弃管制,可能形成大规模资金外流,直接导致国内金融市场的震荡,甚至引发金融危机。

另外,如果国内金融监管水平低下,放开资本市场,监管当局就可能无法有效地检测并控制新的金融风险。

目前看来,中国已经具备了这些基本条件,当前的条件远优于印度尼西亚、印度和俄罗斯当年开放时的条件,如经济持续高速增长,经常项目长年保持较大的顺差,外汇储备已经高达3万亿美元,人民币一直存在较大的升值压力,金融体系总体来看也非常健康,四大行的资本充足率超过11%,不良贷款比例则低于5%。

当然,具体来看,也还存在一些不足。但有些条件也只能在改革的过程中逐步创造,简单地等是等不来的。比如金融机构风险控制能力的提高,包括对一些避险产品的发展和运用,需要在不断开放和增加竞争的过程中动态实现。

如果现在不改革,这些条件也许永远不会自行实现。更重要的是,上面提到的一些有利条件可能会发生逆转。如目前的国际收支顺差、财政收支盈余、金融资产质量,也许过几年就消失了。

以人民币汇率为例,升值压力不会永远存在。现在中国经济还处在上升期,生产率增长很快,经常项目顺差很大。但是随着全球经济再平衡,如果我们不能有效控制国内的通胀,也许升值压力就变成贬值压力。金融资产质量也一样,过去几年贷款迅速扩张,未来几年的不良贷款比例可能会有所上升。因此,现在不开放,未来更难。

国际资本市场的不确定性也可能持续增加。全球经济再平衡,意味着过去的资本流动可能发生逆转。发达国家债务危机风险居高不下,以及全球储备系统的进一步改革,都表明过去资金单纯由新兴市场经济流向发达国家尤其是美国的格局很难再长期持续。

IMF最近也开始允许各国在特殊情况下,采取管制资本流动的措施。这些因素表明,未来跨境资金流动的规模不一定减少,但是流向变化可能会变得越来越频繁。

此外,还应进行货币政策决策机制改革。其核心是提高中央银行制定货币政策的独立性。人民币成为储备货币甚至世界货币,独立的货币政策决策是必需的。否则,如果继续给货币政策赋予许多派生的功能,比如帮助政府的财政或产业政策,既影响货币政策的效率,干扰实现货币政策主体目标,即价格水平(包括汇率)的稳定,同时也给投资者造成附加的风险,从而降低人民币作为国际货币的价值。

最后,还应尽快推进一些基本配套改革,建立以市场为基础的利率体系。央行应减少甚至放弃对商业银行存贷款利率的直接干预,转向通过再贷款利率、贴现率或存款保证金比例等政策工具影响拆借市场利率、银行存贷利率和债券收益率等市场利率。银行间拆借市场和国债市场的发展是其中非常重要的环节,只有建立了市场决定的利率,才能讨论市场决定的汇率。

## ◇◇ 二 中国资本项目管制以及有效性

我们在这部分分析亚洲金融危机以来中国的资本项目管制及其有效性。我们发现在过去10年间资本管制强度指数不断下降、外汇占款占广义货币(M2)的比例持续上升以及国内投资储蓄率相关关系稳步下降,这些都间接地证明跨境资本流动明显增强。我们运用抛补利率平价方法直接检验资本管制的有效性,结果表明长期来看离岸和在岸利率之间存在稳定的协整关系,而短期来看用伦敦银行间美元同业拆借利率(Libor)测算的离岸收益率和上海银行间人民币同业拆借利率(Shibor)已经互为对方的导因,同时用美国国债收益率测算的离岸收益率也是中国央票收益率的导因。这些都证实中国资本项目管制起码已经部分失效。因此政府应该尽快考虑有序地开放资本管制,培养企业和金融机构适应资本流动的能力,并以此降低宏观金融风险。

### (一) 问题的提出

资本项目管制的有效性，是中国宏观经济讨论的一个重要话题。20世纪90年代对这一问题的关注始于李扬提出的"迷失的货币"之谜（李扬，1998）。随后亚洲金融危机爆发，一些学者发现了"资本外逃"的现象（宋文兵，1999；王晓春，2001），再次提出了中国资本项目管制有效性的问题。中国政府也在1997—1998年亚洲金融危机的高峰期加强了对跨国资本流动的监督和控制。

不过中国在2001年年底加入世界贸易组织（WTO）之后，更深地融入到世界经济之中。从那时到国际金融危机爆发之前，大量的"热钱"流入中国（Zhang，2009），增加了人民币升值的压力。在2008—2009年国际金融危机期间，"热钱"的流向和规模出现了非常大的反复。这些最新发展再次提出了中国资本项目管制究竟是否有效的课题。

蒙代尔-克鲁格曼的不可能三角表明，一个国家在汇率稳定、资本自由流动和独立的货币政策三个经济政策目标中，最多只能实现其中两个。经济学界的一个共识是，中国作为一个高速增长的经济大国，因为经济周期通常与其他主要世界经济体不一致，必须保持其货币政策的独立性，而不可能像香港那样将货币政策决策完全交付给美联储。因此中国只能从汇率稳定和资本流动之中选择一个。

而亚洲金融危机以来中国政府追求稳定的汇率水平的政策偏好

非常清晰。1998年以后，人民币与美元的汇率一直固定在8.27，直到2005年7月以后，人民币汇率才开始转向参照一篮子货币的有管理的浮动，但汇率水平总体上还是保持着相对稳定。2008年7月，随着国际金融危机的影响逐步加剧，人民币的汇率采取了"软盯住"美元的做法。

但稳定人民币汇率的政策能否持续，这已经成为摆在中国决策者面前的一个重大经济问题。2010年年初，美国政客要求人民币升值的压力骤然上升，这固然是美国国内经济问题尤其是双位数失业率所驱动，但确实也反映出人民币汇率在国际政治经济游戏中的重要性（Krugman，2010）。正是因为人民币汇率已经成为许多亚洲新兴市场经济货币政策决策的重要参数，中国的汇率决策很自然地成了一个重要的国际经济事件。当然，这并不影响中国的汇率决策最终必须由中国经济的根本利益来决定这个基本原则。

中国的一些经济学家也已经指出，人民币汇率缺乏灵活性，导致外部账户严重失衡，投资偏好贸易部门，但歧视非贸易部门。货币升值的预期引发大量资本流入境内，央行为了保持稳定的汇率被迫购买所有市场上的外汇，2000—2009年来中国外汇储备积累的速度非常惊人。外汇市场干预的另一个后果是国内流动性泛滥，最终可能形成通货膨胀或资产泡沫的巨大风险。因此汇率政策已经成为中国宏观经济不稳定因素的重要根源（余永定，2006）。

固定或相对固定的汇率导致国内宏观经济不稳定的一个重要前提就是资本项目管制可能已经失效或者部分失效。在资本管制完全有效的情况下，汇率偏离均衡水平会造成资源配置效率降低，但不会形成外资流入、储备增加以及流动性泛滥等问题。因此，关于中国资本项目管制有效性的研究，可以帮助回答缺乏灵活性的人民币汇率制度究竟还能否持续的问题。如果管制已经失效或者部分失效，那么增加汇率的灵活性可能就是必然的选择。

研究资本管制的有效性还可以为未来开放资本市场的改革提供一些重要的启示。中国于1996年年底实现了经常项目可自由兑换以后，本来承诺于2000年实现资本项目的可自由兑换。不过这一计划因为亚洲金融危机的爆发而被无限期地推迟。2008年国际金融危机爆发以后，中国政府大幅收缩了人民币汇率的波动区间，同时却又加快了人民币国际化的进程，包括推动人民币作为与周边国家贸易的结算货币。这可能意味着资本项目开放再次被提上了议事日程，其中的一个原因可能是如果这次国际金融危机标志着美元即将走向没落，中国和世界经济就必须尽快寻找一个替代货币。同时中国经济40年的高速增长与改革，也已经为人民币国际化创造了比较成熟的条件。

但资本项目究竟如何开放以及需要多长时间完成改革，仍然是一个充满争议性的话题。一个普遍的担心是国内的企业和金融机构尚无法在完全开放的资本市场中生存，不过这个担心的前提是国内仍然处在严格的资本管制的保护之下。倘若果真如此，那么政府确实需要非常谨慎地设计资本项目开放的措施以及步骤，避免因为不当放开管制而对经济造成严重冲击。反之，如果我们能够证明当前资本管制已经失效，那么这种担心就可能是多余的，因为实质上企业与金融机构已经在面对相对自由的资本流动。

本章的目的就是分析亚洲金融危机以来中国资本账户的有效性。我们具体运用了两类分析工具,第一类是衡量资本管制与资本流动的强度,包括量化资本管制强度的指数、考察货币政策的独立性以及分析国内投资储蓄之间的相关关系。这些分析的结果可以提供很多重要的信息,包括2000—2009年来资本管制的强度到底是在增强,还是在减弱,资本流动的规模到底是在增加,还是减少?这些都有助于我们对资本管制的有效性做出判断,不过它们不是对管制有效性的直接检验。

第二类工具是抛补利率平价的分析框架,这是一个非常常用的分析手段,其基本原理也十分简单,如果存在完全自由的跨境资本流动,那么离岸和国内的利率应该相等,否则就会出现以套利为目的的资本流动。当两个利率完全相等时,套利机会不再存在。不少现有文献就是利用抛补利率平价的框架比较离岸和国内收益率之间的差额,以确定资本管制是否有效(Frankel,1992)。

不过我们认为在实际经济中要求离岸和国内收益率完全相等的条件可能过于苛刻。因为它所检验的其实是资本管制是否完全无效,或者资本是否完全自由跨境流动。在实际经济中存在信息不对称、交易成本等因素,再加上收益率数据通常为不稳定序列,离岸和国内收益率完全相等基本上不存在。即使两个利率不相等,其结论至多也就是不存在资本完全自由流动,或者资本管制并非完全失效。这个结论不能排除资本管制可能已经部分失效。目前中国不存在完全自由的跨境资本流动,这一点似乎并不需要太多的研究来验证。我们更想知道的其实是境内外利率是否存在稳定的关系，即资本管制是否已经部分失效。

我们用 Johansen（1988）提出的协整理论检验离岸收益率和在岸收益率之间是否存在长期稳定的关系。在此基础上，我们建立向量误差修正模型（VECM），用格兰杰因果关系检验方法（Granger Causality Test）检验两种收益率之间的短期因果关系。这样，我们就可以从长期和短期两个角度来衡量我国资本管制的有效性。如果跨国资本流动受到有效控制，那么套利机制就无法发挥作用，长期来看，离岸收益率和在岸收益率就会相互独立、不存在均衡关系；短期内一种收益率的变动不会引起另一种收益率随后相应的变动。

我们运用抛补利率平价理论对以下四对 3 个月期的利率分别作了统计分析：（1）伦敦银行间美元同业拆借利率（Libor）和中国银行间人民币同业拆借利率（Chibor）的日数据；（2）美元 Libor 利率和上海银行间人民币同业拆借利率（Shibor）的日数据；（3）美元 Libor 利率和人民币 Chibor 利率的月数据；（4）美国国债和中国央票收益率月数据。人民币 Chibor 利率其实不是一个理想的在岸利率变量，原因在于多年来国内银行间拆解市场在参与机构数量、资金周转规模和利率形成机制方面均不理想，因此后来央行另起炉灶建立了新的 Shibor 市场。但 Shibor 变量的时间序列比较短，因此我们的结论将更多地关注以 Shibor 和央票收益率作为在岸利率的分析结果。

利用上述数据的所有分析都表明离岸和国内利率之间存在长期稳定、均衡的协整关系，而且基本上都是离岸利率变化引发国内利率的调整。除了2007—2008年从国际金融危机爆发到中国经济受到重大影响这个特殊的时期，上述结论在自1999年以来的按主要经济事件划分的各阶段都是成立的。这说明资本流动实际上充分利用了境内外的套利机会，因此从长期来看资本管制起码是部分失效的。

但分析短期导因关系的结果却不太一致。在1999年以来的各个阶段内，凡是利用Chibor的分析中均没有发现境内外利率之间短期内相互的导因关系，也就是说它们基本上是各自独立的。但利用Shibor和央票收益率的分析却发现在样本期内最后一个阶段，境内外利率存在短期导因关系，因此我们认为资本管制起码是部分失效的。

资本管制长期起码部分失效、短期效率明显下降的结论对于中国目前的政策研究具有十分重要的意义。它们实际上印证了一些经济学家对宏观经济风险的担忧，直观的判断是既然中国经济已经如此开放，要完全有效地管制资本流动基本上是不可能的，因此，逐步开放资本管制应该是必然的选择。这既是经济全球化以后我们必须接受的后果，也是将来推动人民币国际化的必要条件。资本管制起码部分失效也表明开放的后果可能不像我们想象的那样严重。但是谨慎地设计和实施一些具体项目，包括证券市场投资等的开放，还是十分重要的。

### （二）资本项目管制的改革

资本项目管理是中国外汇管理的重要组成部分，是对跨境资本交易（包括转移支付）和汇兑活动的限制。中国目前的资本管制是按照国际收支平衡表中资本和金融账户的分类项目进行的。资本账户包括涉及资本转移的收取或支付，以及非生产、非金融资产的收买或放弃的所有交易。金融账户包括涉及一国经济体对外资产和负债所有权变更的所有交易。在国际收支平衡表中，金融账户按照投资类型或功能，划分为直接投资、证券投资、其他投资三个部分。在实际业务办理中，可划分为直接投资、证券投资、信贷业务和其他投资四个部分。

根据中国资本项目管理的历史沿革，资本管制政策逐渐由宽进严出向均衡管理转变。从中国资本账户管制内容看，可以将中国资本管制政策划分为三个主要阶段：第一阶段是1978—1996年，资本项目管制开始出现松动，尤其是在吸引外国直接投资方面有很大的改善，但当时改革的重点主要集中在经常项目。第二个阶段是1997—1999年，亚洲金融危机期间，不仅推迟了原先计划的资本项目开放，还收紧了一些领域的管制。第三个阶段是2000—2010年，随着中国加入WTO的进程，资本项目开放的进程出现了加速的势头。

改革开放以前，中国既无外债，也无内债，不允许外商来华直接投资，对资本项目实行严格管制。在中华人民共和国成立后的近30年中，资本项目交易基本处于空白阶段。改革开放后，中国着重在吸引和利用外资方面放松管制，开始启动了渐进的、审慎的资本账户开放进程。国内企业逐步开始在境外市场上通过发行证券的形式进行融资。资本账户管理表现出鼓励资金流入、限制资金流出的政策倾向。

为大量吸引外资,国家从资本市场、直接投资、外汇交易管理等方面出台了一系列政策鼓励资本流入。随着改革开放进程的推进,1994年中国人民币汇率官方汇率和市场汇率并轨,人民币实行以市场供求为基础的单一的有管理的浮动制。1996年12月,中国实现了经常项目下的货币可兑换,对经常项目下的用汇不再实施数量和制度限制,开始注重资本项目的开放。

在放松资本流入管制的同时,为防止资本外逃,中国在直接投资、证券投资和外债管理方面均采取严格的资本流出管制政策。如境内机构向境外投资,外汇管理部门要审查其外汇资金来源;企业境外发行股票筹集的外汇资金必须全部调回境内;严格管理国内银行对外提供贷款的行为,禁止非银行金融机构对外进行放款活动,国内居民不得在境外设立个人外汇账户等。

这一阶段的资本项目管理对资本流出管制较为严格,而对资本流入管制较松。在管理领域,以直接投资为主,其次为外债,证券投资被严格限制。1997年亚洲金融危机爆发后,为维护宏观经济和国内金融业稳定,中国进一步加强了对资本流出的管制。

亚洲金融危机爆发后,中国进出口贸易和利用外资受到冲击,资本项目和金融项目出现小幅逆差,人民币贬值预期加大,资本流向发生逆转。1998年,中国资本净流出63亿美元。其他投资项目下基本净流出高达437亿美元(国家发改委宏观经济研究院课题组,2008)。

为应对亚洲金融危机的影响,维持人民币汇率稳定,防止资本外流，保持国际收支平衡，中国采取了严格的资本管制措施，如禁止购回提前还贷；惩治骗购外汇、逃汇和非法买卖外汇的不法行为；禁止购汇用于境外股权和债权投资；禁止购汇进行外币股票和债券的回购；资本项目下购汇支付超过等值1000万美元（含1000万美元）的，应经国家外汇管理局批准等。

这一阶段的资本项目管理可以概括为严格管制资本流出，努力维护人民币汇率稳定。经过一系列严格的外汇管制措施，中国国际收支状况好转，外汇流出状况不断缓和。

亚洲金融危机后，基于外资流动形式的好转，中国及时调整了资本项目管制政策，逐步放松外汇管制，下放外汇审批权限以便利资本流动。2000年以后，为适应中国进入WTO和经济全球化的要求，结合中国经济发展的客观需要，资本项目开放的步伐逐步加快，并逐步深入。与上一阶段相比，2001年以来资本项目管理的特点体现在两个方面：一是资本项目开放重点有所变化，二是资本项目管理政策由宽进严出向均衡管理转变。

在直接投资领域，管理已经相对成熟，实现了基本开放；在证券投资领域，正在经历从无到有的重要时期。尤其在国际资本流动规模迅速扩大时期，如何通过参与国际金融市场来分享国际资本市场发展的成果，如何在有效利用国际金融市场的同时防范和化解金融风险，成为监管者无法回避的问题。针对这一局势，2002年中国推出了合格境外机构投资者制度（QFII），允许境外投资者投资中国资本市场；随后，又相继推出了放宽银行、证券、保险等金融机构以自有资本或代客从事境外证券投资的政策。

2002年以来,中国开始出现经常项目和资本项目持续双顺差,外汇储备迅速增长。2005年7月,人民币汇率形成机制改革后,人民币开始小幅升值的过程。这一过程强化了人民币升值预期,大量资本持续流入,货币政策独立性不断受到影响。在这一形势下,资本项目管理开始转向鼓励资金有序流出和防止投机性资金流入、促进国际收支基本平衡。为鼓励资本流出,监管部门改革境外投资外汇管理,支持国内企业"走出去",允许以合格境内机构投资者(QDII)方式投资境外金融产品,并允许个人资本转移等。

在鼓励资本流出的同时,加强境外资本流入管理,尤其是加强对短期资本流入的管制。为防止房地产市场泡沫扩大,对流入房地产市场的直接投资进行严格管理,以防止房地产市场成为热钱投机的渠道。延长境外融资调回境内的时限,2005年将境外上市公司外汇调回期限和境外专用外汇账户使用期限分别上调为6个月和两年。2008年8月,国务院修订外汇管理条例,取消了外汇收入强制调回境内的要求。

这一阶段的外汇项目管理体现为鼓励资本流出,控制热钱流入的特征。然而,快速积累的外汇储备造成国内流动性充裕,为避免流动性泛滥,降低人民币升值压力,央行不得不做大量的对冲操作。尽管如此,人民币升值预期依然强烈,热钱借道经常账户、外国直接投资(FDI)、个人等渠道不断涌入国内市场,资产价格泡沫突现,所有这些不断质疑着中国资本项目管制的有效性。

### (三) 衡量资本管制和资本流动的强度

我们首先考察改革开放以来，尤其是 2000—2009 年来中国资本管制与资本流动的强度。参照已有文献的研究，我们具体运用了三种方法进行分析，即计算资本管制强度的指数、估计热钱流动的规模以及测算投资储蓄的相关性。需要指出的是，这些分析只是为我们的经验性判断提供一些初步的依据，而非对资本管制有效性的直接验证。

1. 资本项目管制强度的衡量

量化资本管制强度指标最常见的做法是用简单的 0–1 数据代表具体的资本交易项目有无限制（Klein 和 Olivei，1999）。将这一方法应用于中国政策研究的缺点是无法反应年度之间资本管制政策的变化。事实上，几乎所有项目都存在一定程度的资本流动管制，但这些管制的措施也在不断变化。因此如果按照 0–1 设定指数将无法反映改革开放以来资本管制强度的变化。

参照金荦（2004）的研究，我们对上述度量方法做了改进。首先我们将改革开放前的 1977 年设为基年，以 1 代表严格管制，0.75 代表有较多管制，0.5 代表中等管制，介于较多与较少之间，0.25 代表有较少管制，0 代表资本完全自由流动或可自由兑换。如果某一项的限制程度相对于上一年没有变化，则加 0 分；如果某一项限制程度相对于上一年有较大放松，则减 0.25 分，如果有较少放松，则减 0.125；反之，分别加上相应的分数。这样，得分越高表示该交易项目的管制越严格，得分越低表示管制越放松。最后我们将所有项目的总得分除以项目的个数得到资本管制的强度指标。

我们根据经济合作与发展组织《资本流动自由化准则》中对资本流动的分类，结合我国外汇管理部门关于资本项目外汇管理的政策法规变动，分析中国对11类资本交易项目的限制程度。同样借鉴金荦（2004）的做法，我们将商业信贷与金融信贷合并为一类，而将对外直接投资和外商直接投资分别列为两类。这样做主要是考虑到我国对商业信贷的管理法规同样适用于金融信贷，而对外直接投资和外商直接投资的管理思想存在差异。

从具体项目来看，中国严格管制的主要是非居民在境内自由发行或买卖金融工具、非居民在境内自由发行或买卖金融衍生工具、居民对外借款和房贷等（见表8.1）。而对于直接投资清盘、境内金融机构向国外发放贷款等，经主管部门真实性审核后可以直接办理，基本实现可兑换。1999—2009年，一些项目的管制也被逐步放松，比较突出的例子是对外直接投资。这可能是因为经过几十年的发展，国内企业走出去的要求日益增强，另外央行积累了庞大的外汇储备，也迫切地需要找到分流的渠道。

表8.1　中国资本管制强度的测算，1999—2009年

| 项目 | 1999年 | 2000年 | 2001年 | 2002年 | 2003年 | 2004年 | 2005年 | 2006年 | 2007年 | 2008年 | 2009年 |
| --- | --- | --- | --- | --- | --- | --- | --- | --- | --- | --- | --- |
| 第一类 | 0.875 | 0 | 0 | -0.125 | 0 | -0.125 | 0 | 0 | 0 | 0 | 0 |
| 第二类 | 1 | 0 | 0 | -0.25 | 0 | 0 | 0 | -0.25 | 0 | 0 | 0 |
| 第三类 | 1 | 0 | 0 | 0 | 0 | 0 | 0 | 0 | 0 | 0 | 0 |
| 第四类 | 1 | 0 | 0 | 0 | 0 | 0 | 0 | 0 | 0 | 0 | 0 |
| 第五类 | 0.625 | 0 | -0.125 | 0 | 0 | 0 | -0.125 | 0 | 0 | 0 | 0 |

续表

| 项目 | 1999年 | 2000年 | 2001年 | 2002年 | 2003年 | 2004年 | 2005年 | 2006年 | 2007年 | 2008年 | 2009年 |
|---|---|---|---|---|---|---|---|---|---|---|---|
| 第六类 | 0.5 | 0 | 0 | 0 | 0 | 0 | 0 | -0.125 | 0.125 | 0 | -0.125 |
| 第七类 | 0.75 | 0 | 0 | -0.125 | -0.125 | 0 | -0.125 | -0.125 | 0 | 0 | 0 |
| 第八类 | 0.375 | 0 | 0 | -0.125 | 0 | 0 | 0 | 0 | 0 | 0.125 | 0 |
| 第九类 | 0 | 0 | 0 | 0 | 0 | 0 | 0 | 0 | 0 | 0 | 0 |
| 第十类 | 0.5 | 0 | 0 | 0 | 0 | 0 | 0 | 0.125 | 0.125 | 0 | 0 |
| 第十一类 | 1 | 0 | 0 | 0 | 0 | 0 | 0 | 0 | 0 | 0 | 0 |
| 累计得分 | 7.63 | 7.63 | 7.5 | 6.88 | 6.75 | 6.63 | 6.28 | 5.9 | 6.2 | 6.33 | 6.15 |
| 强度指标 | 0.69 | 0.69 | 0.68 | 0.63 | 0.61 | 0.6 | 0.57 | 0.54 | 0.57 | 0.58 | 0.56 |

注：第一类至第十一类分别为：(1) 资本市场证券；(2) 货币市场工具；(3) 共同投资证券；(4) 衍生工具及其他工具；(5) 商业与金融信贷；(6) 担保保证及金融支持工具；(7) 对外直接投资；(8) 外商直接投资；(9) 直接投资清盘；(10) 房地产交易和 (11) 个人资本交易。表中1999年的数据为1977年以来累计积分，而之后的数据则反映当年政策调整。

资料来源：金荦（2004），国家外汇管理局。

资本管制的综合指标则清晰地反映了改革开放以来资本项目不断开放的渐进趋势（见图8.3）。改革一开始政府便放松了对商业与金融信贷、外商直接投资和直接投资清盘的控制。不过在随后的十年间，改革的重点一直放在国内农业和国企方面，资本项目管制基本没有发生变化，管制强度指数一直平稳地保持在略高于0.8的水平。管制大幅放松始于20世纪90年代中期，伴随着1994年年初汇率并轨和1996年年底实现经常项目完全开放，政府也逐步放弃了一些资本项目管制。可惜的是很快发生了亚洲金融危机，迫使政府重新收紧资本项目管制以防范金融危机的风险。好在这个紧缩的趋势仅维持了1年左右的时间。

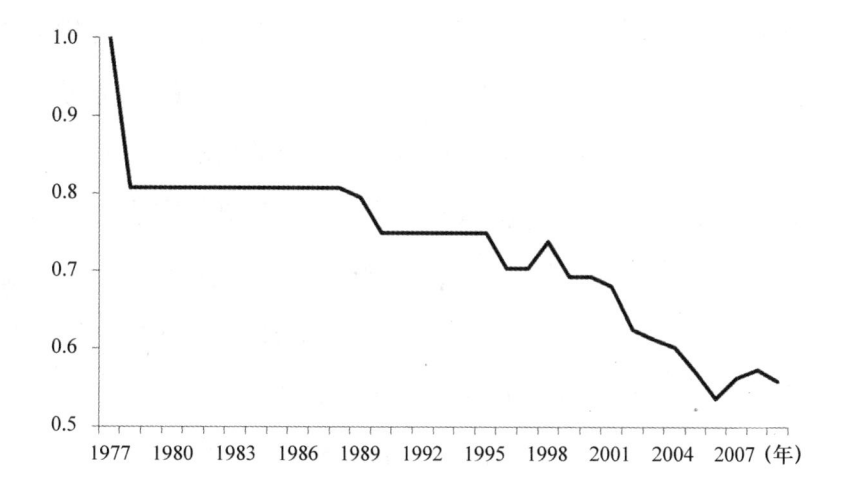

**图 8.3 资本项目管制强度指标，1977—2009 年（1977 = 1.0）**

注：资本管制强度指数仅仅是个相对的概念，指数越低表明资本管制越宽松，或者资本流动越自由。

资料来源：金荦（2004），国家外汇管理局。

资本项目开放再次发生在 2001 年之后，作为加入 WTO 承诺，中国大幅度地开放贸易、金融等领域。因此资本管制强度不断降低，在 2006 年达到样本期内的最低点。可惜的是随着美国次贷危机的爆发和发展，热钱流动日益频繁，中国资本管制再次出现了反复。政府加强了外债管理，对直接投资的规模和流向也增强了监督和管理，以降低宏观经济风险。不过到 2009 年下半年，国际金融危机风险基本得到控制，中国资本管制强度又有所回落，但仍然明显高于 2006 年的水平。

2."热钱"流动与外汇占款比例

分析资本管制强度的另一个方法是通过考察央行资产负债表的变

化来判断货币政策的独立性。另一个更加直截了当的途径是考察非正规资本流动的数量（李扬，1998）。例如，如果"热钱"流动频繁且规模巨大，货币政策的独立性同样会受到严重的挑战。在汇率盯住或者基本盯住美元的前提下，大量外资流入会迫使央行在购买外汇同时投放基础货币，这样外汇占款就会上升。而为了控制市场上的流动性，央行不得不进行大量的对冲操作，且对冲成本和难度会越来越大。货币政策的操作空间不断受到挤压，如果对冲不足，会造成货币投放过多，货币政策目标难以贯彻，威胁到宏观经济的稳定。

关于"热钱"或"资本外逃"，李扬等学者的研究主要是通过对国际收支项目计算资本的缺口。除此以外，也还有一些其他的方法，例如，Zhang（2009）曾经发现中国经常项目的官方数据可能包括了相当一部分非正规的跨境资本流动。通过对经常项目顺差与人民币无本金交割远期市场汇率预期做统计分析，他推测2005—2007年，每年以经常项目的名义进入中国的资本规模达到当年GDP的3%左右，而这就相当于1000亿美元的资本在流动。

我们在本章考察的是一个更加简单，但被广泛应用的指标，即外汇储备积累扣除贸易平衡与实际利用FDI之和。外汇储备积累的步伐明显超过了贸易和投资的变化，显然有其他因素在起作用。当然这个变量并不是一个准确的"热钱"指标，因此只能作为分析的参考。事实上，这个变量的波动性非常大，而且近年来有大幅增加的势头，尤其是在2008年上半年大量流入，2008年下半年至2009年上半年又大量流出，在此后又有大量资本流入（见图8.4）。"热钱"流动反复如此之大，给宏观经济决策和金融稳定带来了相当大的困难。这也为资本管制效果减弱的假说提供了一个间接的证据。

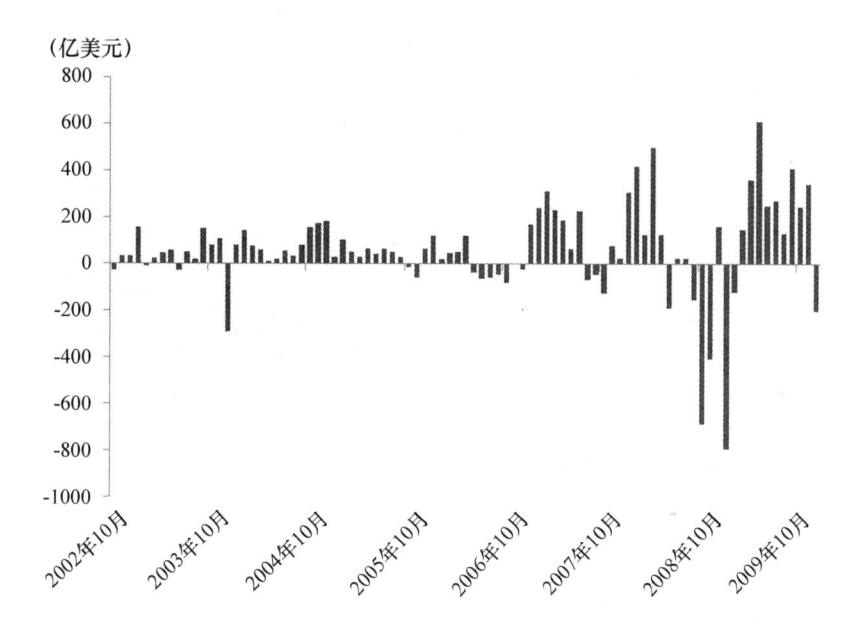

**图 8.4** "热钱"流动的方向与规模，2002 年 10 月—2009 年 10 月

资料来源：WIND 数据库。

流入导致近年来外汇储备快速增加。在盯住美元的汇率机制下，央行被迫投放基础货币，外汇占款大幅上升，最终影响央行对于货币政策变量尤其是流动性的控制能力。这一点我们从 2001 年以来的货币供应变量中看得非常清楚（见图 8.5）。外汇占款占 M2 的比例由 2001 年 1 月的 12.2% 上升到 2009 年 12 月的 31.8%。受国际金融危机影响，2008 年 11 月后外汇占款比例略有下降。不过随着经济的复苏，这一比例已经自 2009 年第三季度开始再次上升。

3. 投资储蓄相关性分析

我们也可以用中国的数据来考察 Feldstein 和 Horioka 提出的国

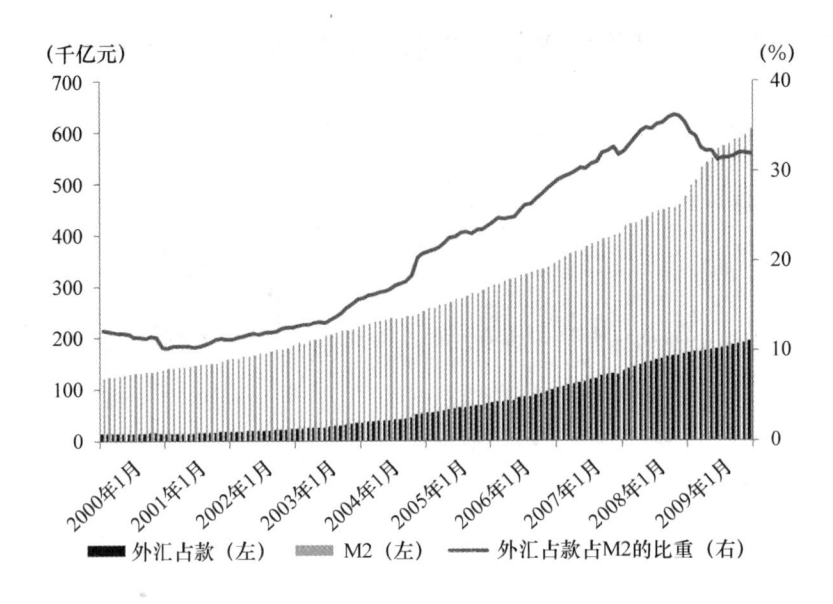

图 8.5 外汇占款的规模及其占广义货币 M2 的比例，2001 年 1 月至 2009 年 12 月

资料来源：WIND 数据库。

民投资与国民储蓄之间的相关关系，其基本思路是如果投资与储蓄相关性低，就表明存在跨境净资本流动。不过在报告我们的分析结果之前，我们首先要提出在解读结果时需要注意的两个问题。第一，通常对 Feldstein-Horioka 之谜的分析都是利用多国数据，而我们这里只考察一个国家的数据，因此分析的有效性值得关注。第二，即使存在庞大的跨境资本流动，也可能完全是官方资本流动，不一定与资本管制的有效性相关。

如果简单地看中国投资率和储蓄率的变化，我们可以发现在改革开放之前，这两者之间基本是完全重合的，这证明改革开放以前中国经济是相对封闭的（见图 8.6）。改革开放以后，投资率与储蓄率之间仍然存在较强的相关关系。但随着改革的推进,这种相关关系有逐步减弱的趋势。到21世纪,两个变量开始分离,表明跨境净资本流动逐步成为一个重要的经济现象。储蓄率超过投资率,意味着中国已经成为一个净资本出口国。当然,到目前为止,资本外流最主要的渠道还是外汇储备的海外投资。

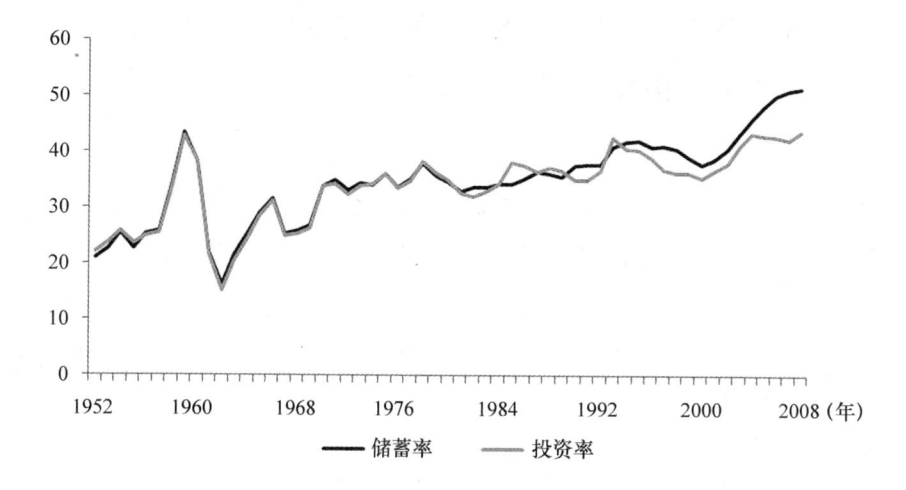

**图 8.6　中国储蓄率和投资率,1952—2008（%）**

资料来源:WIND 数据库。

为了深入分析投资储蓄关系,我们参照 Feldstein 和 Horioka (1980) 的简单回归方程:

$$\frac{1}{Y} = \alpha + \beta \cdot \frac{S}{Y} + \varepsilon \qquad (8-1)$$

其中,$\frac{1}{Y}$ 为投资率,$\frac{S}{Y}$ 为储蓄率。

不过仅将两个时间序列变量作简单的 OLS 回归分析,其结果的可靠性存在很大的问题。正如 Nelson 和 Plossar (1982) 指出的,大多数宏观经济变量是非平稳的变量,即存在单位根。在存在单位根的情况下,OLS 回归的统计量不服从标准分布,传统的统计检验失效,甚至会造成伪回归(spurious regression)的结果。基于此,我们首先用 ADF test(augmented Dickey – Fuller)对投资率和储蓄率进行单位根检验。结果表明,投资率和储蓄率均为一阶单整过程,即 I(1)过程。因此,为考察二者之间的动态关系,我们根据 Johansen(1988,1991)的协整分析框架,构建误差修正模型。

表 8.2    Johansen 协整检验与残差诊断

| $H_0$ | $\lambda_{trace}$ 统计检验 | | | $H_0$ | $\lambda_{max}$ 统计检验 | | |
|---|---|---|---|---|---|---|---|
| | $H_1$ | Statistic | critical value | | $H_1$ | statistic | critical value |
| r = 0 | r > 0 | 19.83** | 15.49 | r = 0 | r = 1 | 18.72** | 14.26 |
| r ≤ 1 | r > 1 | 1.12 | 3.84 | r = 1 | r = 2 | 1.12 | 3.84 |
| 残差项诊断检验 | | | | | | | |
| LM 检验 AR(1):Chi – square statistic = 8.02,P value = 0.09 | | | | | | | |

注:***、**和*分别表示1%、5%和10%的显著性水平。

在单位根检验的基础上,我们用 Johansen 协整检验考察投资率和储蓄率之间是否存在协整关系。分析揭示迹统计量和最大值统计量都显示投资率和储蓄率之间存在一个协整关系,说明投资率和储蓄率之间存在长期均衡关系(见表8.2)。基于 LM 检验的残差诊断拒绝了残差存在一阶序列相关的原假设,说明模型设定合理。表8.3 给出了投资率和储蓄率之间的协整方程:

$$inv_t = 10.113 + 0.679 saving_t + e_t \qquad (8-2)$$

表 8.3　　　　　　　　　协整方程与调整系数

| 投资 | 储蓄 | C |
|---|---|---|
| 协整方程 | | |
| 1 | −0.679*** | −10.113*** |
| 调整系数 | | |
| −0.934*** | −0.701*** | |
| (0.228) | (0.232) | |

注：***、**和*分别表示1%、5%和10%的显著性水平。括号内数字为标准差。

式（8-2）说明，长期来看，储蓄率上升1%会引起投资率上升0.697%。根据表8.2和表8.3的结果，我们可以得到投资率的误差修正模型为：

$$\Delta inv_t = 0.002 + 0.544\Delta inv_{t-1} - 0.093\Delta saving_{t-1} - 0.934 COEQ_t + e_{i,t}$$

（8-3）

　　　（0.004）（0.364）　　　（0.369）　　　　（0.228）

其中，COEQ项为式（8-2）的协整方程项。根据误差修正模型的估计结果，我们可以发现：短期系数，即差分项前的系数均不显著，说明短期内储蓄率的变化并没有显著引起投资率的变化。调整系数，即协整方程的系数1%的水平上显著，如果投资率和储蓄率本期偏离均衡水平1%，投资率会在下一期调整0.93%，说明向均衡调整的速度较快。这表明，在长期内，投资率的变化并没有独立于国内的储蓄率，仍然受储蓄率的影响。

由于投资率和储蓄率之间存在长期均衡关系，即协整关系，我们可以用静态OLS的方法分析二者之间的关系，这样做不会出现伪回归，同时可以得到一致的估计量。考虑到参数的结构性变化，我们分段对两个序列进行了回归分析，为避免残差存在序列相关，我们又采用了动态 OLS 的方法。

无论采用静态 OLS 还是动态 OLS 的估计方法，分段回归的结果均表明，投资率与储蓄率之间的斜率参数显著不为 0，但是参数值在逐渐减小（见表 8.4）。动态 OLS 的估计结果表明，投资率与储蓄率之间的斜率参数已由改革开放前的 0.995 下降为 1998 年以后的 0.511。LR 检验的结果表明，1998—2008 估计参数 b 显著不等于 1。这说明，虽然投资率和储蓄率之间存在长期均衡关系，即投资率受储蓄率变动的影响，这种影响依赖关系在逐渐减弱，表明随着中国经济和金融的开放，跨境净资本流动不断增强。

表 8.4　　　　静态 OLS 和动态 OLS 回归结果及参数检验

|  | 1952—1977 年 | 1978—1997 年 | 1998—2008 年 |
|---|---|---|---|
|  | $int = c + b_1 \cdot saving$ | $int = c + b_2 \cdot saving$ | $int = c + b_2 \cdot saving$ |
| SOLS 估计值 | 0.989 *** | 0.717 *** | 0.577 *** |
| LR test for $b_i = 1$ | 1.776 | 2.768 * | 28.086 *** |
| DOLS 估计值 | 0.995 *** | 0.674 *** | 0.511 *** |
| LR test for $b_i = 1$ | 3.571 | 6.948 ** | 35.781 *** |

注：***、** 和 * 分别表示 1%、5% 和 10% 的显著性水平。

（四）抛补利率平价法

上述三种分析方法为我们判定资本管制的有效性提供了一些初

步的证据，但利率平价法才是对资本管制有效性的直接检验。根据利率平价理论，在资本自由流动，无交易成本的情况下，以不同货币表示的相同金融资产在经过汇率风险调整后应该具有相同的收益率，否则就会存在套利机会。因此，可以通过利率平价法检验资本管制的有效性。如果同种金融资产的收益率长期偏离利率平价，说明国内金融资产与国外金融资产不能完全替代，从而认为该国存在有效的资本管制。

假设国内金融资产收益率为 $r_d$，国外对应金融资产的收益率为 $r_f$，人民币即期汇率为 $e_s$，人民币远期汇率为 $e_f$。利率平价成立意味着国内相应的金融资产收益率应满足：

$$1 + r_f = \frac{(1 + r_{d*}) e_f}{e_s} \qquad (8-4)$$

其中 $r_d^*$ 为隐含的国内金融资产收益率，我们称之为离岸（offshore）收益率。如果利率平价成立，离岸收益率应等于在岸（onshore）收益率，即国内金融资产收益率 $r_d$。

不过式（8-4）所检验的其实并不是一般意义上的资本管制有效性，因为只有当资本管制完全失效，并假设不存在任何交易成本和信息不对称时，式（8-4）才成立。这样的假设在理论上没有问题，但实际即使在发达国家之间也不见得成立。以这样的条件来检验中国的数据，拒绝资本完全自由浮动，或者资本管制完全失效的可能性非常大。但这样的结论其实意义并不大，我们知道现行的管制措施肯定增加了资本流动的交易成本。我们更想知道的是资本管制是否部分失效，即离岸和在岸利率之间是否存在稳定的互动关系。

从统计学的角度来看，在市场主导的情况下，收益率序列大多数服从随机游走（random walk）。这样，即使两种收益率之间存在稳定的均衡关系，如果这种关系不是1：1的对应关系，那么两种收益率之差很可能也表现为随机游走的特征。因此，直接分析两种收益率的差额，依此得出有关资本管制有效性的结论有可能是不准确的，甚至是不正确的。在对下面每组数据进行分析之前，我们仿照 Ma 和 McCauley（2004）的做法，以离岸、在岸利率差额对时间变量做了回归。但这些分析的统计指标尤其是 Durbin-Watson 检验表明结果并不可靠。因此我们没有报告这些结果。

我们用 Johansen（1988）提出的协整理论检验离岸收益率和在岸收益率之间是否存在长期稳定的关系。在此基础上，我们建立向量误差修正模型（VECM），用 VEC Granger Causality test 检验两种收益率之间的短期因果关系。这样，我们就可以从长期和短期两个角度来衡量我国资本管制的有效性。如果跨国资本流动受到有效控制，那么套利机制就无法发挥作用，离岸收益率和在岸收益率就会相互独立，不存在均衡关系。

在短期内，如果资本管制部分无效，资本实现自由流动，那么一种收益率的变动会影响另一种收益率，使其相应做出调整，说明一种收益率前期的变动对另一种收益率的变动具有预测信息。因此，如果短期内资本管制无效，那么其中一种收益率应为另一种收益率的 Granger 原因，或者互为 Granger 原因。否则，短期内资本管制有效，资本并没有实现自由流动。

在本章中,我们对离岸和在岸利率的日数据和月数据分别进行了分析并做了相互比较。在日数据的分析中,我们以 3 个月美元 Libor 的利率作为离岸指标,并以人民币汇率与人民币无本金远期交割汇率(NDF)进行调整,计算出相当于国内利率的离岸利率水平。同时以中国银行间同业拆借市场 3 个月 Chibor 的利率作为在岸利率。该样本的时间跨度从 1999 年 3 月至 2010 年 3 月。作为对比,我们又以后来建立的上海银行间同业拆借市场 3 个月 Shibor 利率作为在岸利率做了分析。该样本的时间跨度为从 2006 年 3 月到 2010 年 3 月。

在月数据的分析中,我们分析了两组不同的利率,第一组为用 3 个月美元 Libor 的利率根据式(8-4)测算的离岸利率和 3 个月人民币 Chibor(在岸)的利率;第二组则为用 3 个月美国国债的收益率根据式(8-4)测算的离岸收益率和 3 个月央行票据的收益率(在岸)。两组数据的样本时间段均为从 1999 年 4 月到 2009 年 12 月。

1. 基于日数据的分析

我们对日数据的分析包括两个部分,第一部分我们以 Chibor 作为在岸利率,第二部分我们以 Shibor 作为在岸利率。在两部分的分析中 Libor 均被作为离岸利率。分两个部分做的主要原因是如易纲(2009)所指出的,3 个月以内的短期 Shibor 充分反映了市场资金供求的变化,以 Shibor 为基准的市场交易不断扩大,在货币市场的基准地位初步确立,可惜的是 Shibor 的时间段比较短。不过在解读两部分的结果时,我们将更加重视 Shibor 的结果。

直观地考察 Libor 和 Chibor 的变化，我们发现自亚洲金融危机结束后，离岸收益率和在岸收益率逐步趋于同步（见表 8.7）。2005 年 7 月人民币汇率形成机制改革后，两种收益率之间的差距拉大，但始终在维持在稳定的水平上同步变化。2007 年第三季度后，美国发生次贷危机，危机的产生和蔓延影响了市场预期和资本的流动方向，两种收益率之间关系出现较大变化。随着金融危机的扩散，2008 年第三季度后，我国经济受到国际金融危机的影响，出口行业受到较大冲击。由于国内经济和国外经济都受到危机的影响，市场预期不断纠正，资本的理性流动也不断使两种收益率趋于同步。

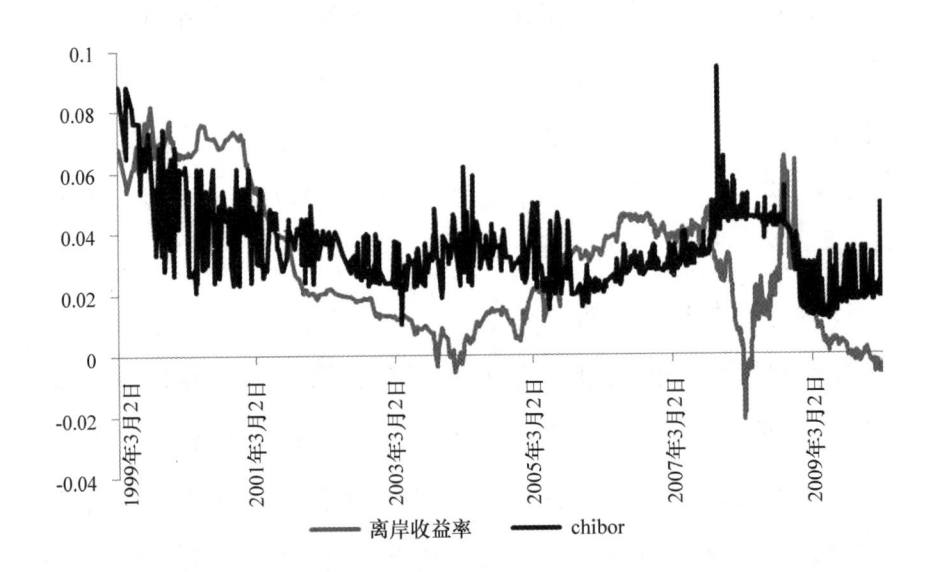

图 8.7 基于 Libor 的离岸和在岸 Chibor 的 3 个月收益率：日数据，1999 年 3 月至 2010 年 3 月

资料来源：Bloomberg，作者整理计算。

由于变量时间序列的特性，我们首先采用 ADF test 检验两种收益率的平稳性。我们发现两个序列均存在单位根，而一阶差分后的序列则为平稳序列。因此，我们用 Johansen Co-integration test 检验两种利率之间的长期关系，在此基础上，建立误差修正模型，用 VEC Granger 因果关系检验两种收益率之间的短期关系。

考虑到政策变动及其他外生冲击带来的结构性调整会影响参数的变动以及变量之间的关系，我们又进行了分段检验：1999年3月到2005年7月（汇率形成机制改革前）；2005年8月到2007年7月（人民币汇改到美国次贷危机爆发）；2007年8月到2008年9月（美国次贷危机爆发到中国经济遭受严重影响）；2008年10月至今（中国经济遭受严重影响到复苏）。鉴于美国次贷危机期间在岸收益率和离岸收益率出现较大偏差，我们在对整个样本区间作协整检验分析时，加入了虚拟变量，将2007年7月至2008年9月设为1，将其他时间设为0，以考察这段时间的偏差对均衡关系的影响。

表8.5列出了Johansen协整关系检验的结果。模型1检验了整个样本区间的协整关系，模型2-5检验了各个分区间的协整关系。第二、第三列为迹统计量检验结果，分别对应的原假设为没有协整关系和协整关系个数小于等于1个。第四、第五列为最大特征值统计量检验结果，分别对应原假设为没有协整关系和只有一个协整关系。

表 8.5　　各时间段的 Johansen 协整关系检验

| 模型 | $\lambda_{trace}$ 统计检验 | | $\lambda_{max}$ 统计检验 | |
| --- | --- | --- | --- | --- |
| | r = 0 | r ≤ 1 | r = 0 | r = 1 |
| 模型1：1999年3月—2010年3月 | 32.09** | 4.61 | 27.48** | 4.61 |
| 模型2：1999年3月—2005年7月 | 39.01** | 1.79 | 37.22** | 4.61 |
| 模型3：2005年8月—2007年6月 | 40.40** | 5.68 | 34.71** | 5.68 |
| 模型4：2007年7月—2008年9月 | 11.08 | 2.74 | 8.35 | 2.74 |
| 模型5：2008年10月—2010年3月 | 31.77** | 12.04 | 19.73** | 12.04 |

注：***、** 和 * 分别表示1%、5%和10%的显著性水平。

模型1协整关系检验结果说明，在整个时间段内离岸收益率和在岸收益率存在协整关系，在长期国际套利机制的作用下，资本管制失效。分阶段的检验表明，除了模型4，模型2、模型3和模型5均显示在岸收益率和离岸收益率存在协整关系。这表明，亚洲金融危机结束后，随着中国金融市场的不断开放，在岸收益率和离岸收益率保持了长期稳定的均衡关系，资本长期实现相对自由的流动。

表8.6给出了各模型的协整方程、误差修正模型中两种收益率对应的调整系数和基于LM检验的残差诊断。协整方程反映了两种收益率之间的长期均衡关系。由离岸收益率的系数可以看出，两种收益率长期同向变动。调整系数反映了两种收益率偏离均衡后向均衡调整的速度，同时，也可以根据调整系数的显著性对两种收益率做弱外生性检验。调整系数的显著性检验表明，模型1-3中在岸收益率的调整系数均显著，而离岸收益率的调整系数均不显著，说明离岸收益率为弱外生变量，离岸收益率的变动引起了国内收益率的相应调整。基于残差的LM检验统计量均不显著，表明残差序列不

存在序列相关，说明模型设定合理。

表 8.6 协整方程及调整系数

|  | 模型 1 | 模型 2 | 模型 3 | 模型 5 |
|---|---|---|---|---|
| 协整方程 | | | | |
| C | −0.03*** | −0.028*** | −0.007*** | 0.009*** |
| 时间变量 | — | — | −0.0001*** | 0.0002*** |
| 离岸 | −0.131*** | −0.249*** | −0.428*** | −1.091*** |
| 调整系数 | | | | |
| 在岸 | −0.121*** | −0.412*** | −0.768*** | −0.148*** |
|  | (0.023) | (0.068) | (0.127) | (0.075) |
| 离岸 | 0.009 | 0.024 | 0.036 | 0.129*** |
|  | (0.008) | (0.016) | (0.065) | (0.032) |
| 残差项诊断检验 | | | | |
| LM test | 3.21 | 3.845 | 6.977 | 3.228 |

注：***、**和*分别表示1%、5%和10%的显著性水平，括号内为标准差。

在 Johansen 协整关系检验的基础上，我们可以建立 VECM 模型，并考察两种收益率之间的短期动态关系。表 8.7 给出了 VEC Granger 因果关系检验的结果，其中第一行的原假设为在岸收益率不是离岸收益率的 Granger 原因，第二行的原假设为离岸收益率不是在岸收益率的 Granger 原因。我们发现，两个方向的 Granger 检验均不显著，说明短期内任何一个收益率都不是另一个收益率的 Granger 原因。因此，短期内，一种收益率的变动不足以解释和预测另一种收益率的变动。这表明，短期内两种收益率不存在 Granger 意义上的因果关系，中国的资本管制在短期内有效。

表 8.7　　　　　　　　　　VEC Granger 因果关系检验

| | 模型 1 | 模型 2 | 模型 3 | 模型 4 | 模型 5 |
|---|---|---|---|---|---|
| 在岸 | 0.865 | 0.313 | 0.262 | 0.925 | 0.494 |
| 离岸 | 0.956 | 0.809 | 0.898 | 0.754 | 0.605 |

注：表内数字表示检验统计量的 P 值。

鉴于 Shibor 在中国利率市场化进程中的作用，我们用 3 个月的 Shibor 作为国内在岸收益率的另一种衡量标准，分析了 2006 年 10 月以来两种收益率的长短期关系。与使用 Chibor 作为在岸收益率的情形相似，从 2005 年 7 月汇改以后，自 2006 年 10 月至 2007 年 6 月，离岸收益率与在岸收益率 Shibor 存在较强的同步变化，而 2007 年第三季度美国发生次贷危机后，两种收益率出现了较大变化，而自 2008 年中国受到经济危机冲击以来，两种收益率又逐步表现为回到同步变动的趋势（见图 8.8）。

与上一部分分析方法相同，我们首先通过 ADF 检验两种收益率的平稳性。结果表明，两种收益率均为一阶单整过程，即 I（1）过程。在此基础上，我们应用向量误差修正模型分析两种收益率之间的长短期动态关系。

根据 Johansen 协整检验的结果，迹统计量和最大特征值统计量均表明：在整个样本区间内，在岸收益率和离岸收益率之间存在协整关系；除了美国次贷危机发生到中国经济受到经济危机影响前这段时间（2007 年 7 月至 2008 年 9 月），两种收益率不存在协整关系外，其前和其后两个时间段内，在岸收益率和离岸收益率都存在协整关系（见表 8.8）。这表明，长期来看，在岸收益率和离岸收益率

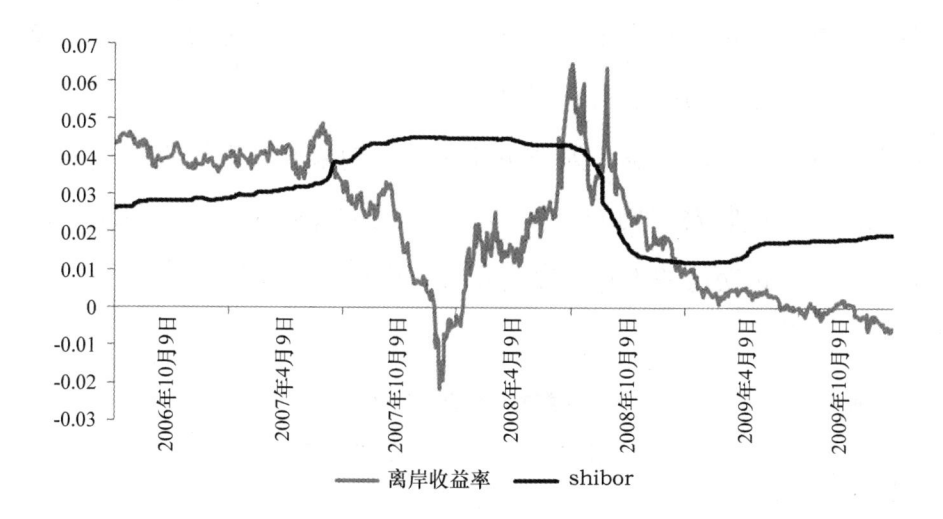

**图 8.8　离岸 Libor 和在岸 Shibor 三个月收益率：2006 年 10 月至 2010 年 3 月**

资料来源：Bloomberg；作者整理计算。

存在稳定的均衡关系，长期资本流动的结果使得抵补利率平价成立，说明长时间内资本管制无效。

**表 8.8　各时间段的 Johansen 协整关系检验**

| 模型 | $\lambda_{trace}$统计检验 | | $\lambda_{max}$统计检验 | |
|---|---|---|---|---|
|  | $r=0$ | $r \leqslant 1$ | $r=0$ | $r=1$ |
| 模型 1：2006 年 10 月—2010 年 3 月 | 16.31** | 3.04 | 13.27* | 3.04 |
| 模型 2：2006 年 10 月—2007 年 6 月 | 14.76** | 3.04 | 11.72** | 3.04 |
| 模型 3：2007 年 7 月—2008 年 9 月 | 7.87 | 0.79 | 7.08 | 0.79 |
| 模型 4：2008 年 10 月—2010 年 3 月 | 94.60** | 11.43 | 83.16** | 11.43 |

注：***、**和*分别表示 1%、5% 和 10% 的显著性水平。

模型 1、模型 2 和模型 4 的协整关系表明，在岸收益率与离岸收益率同向变化（见表 8.9）。调整系数的显著性检验表明，3 个模型中在岸收益率的调整系数均显著，而离岸收益率的调整系数均不显著。这说明离岸收益率为外生变量。长期来看，离岸收益率的变量引起了在岸收益率的同向变动。残差诊断表明，LM 检验统计量均不显著，说明残差不存在序列相关，模型设定合理。

表 8.9　　　　　　　　　协整方程和调整系数

|  | 模型 1 | 模型 2 | 模型 4 |
| --- | --- | --- | --- |
| 协整方程 | | | |
| C | -0.026 | | 0.036 |
| 时间变量 | — | — | 0.0002 |
| 离岸 | -0.142** | -0.805*** | -2.238*** |
| 调整系数 | | | |
| 在岸 | -0.005*** | -0.004*** | 0.004*** |
|  | (0.001) | (0.001) | (0.001) |
| 离岸 | 0.002 | 0.038 | 0.07 |
|  | (0.01) | (0.02) | (0.008) |
| 残差项诊断检验 | | | |
| LM test | 5.978 | 2.378 | 6.977 |

注：***、**和*分别表示1%、5%和10%的显著性水平，括号内为标准差。

在 Johansen 协整检验的基础上，我们建立误差修正模型，用 Granger 因果关系检验两种收益率的短期动态关系（见表 8.10）。模型 1 中在岸收益率是离岸收益率的 Granger 原因，而离岸收益率不是在岸收益率的 Granger 原因；模型 2 和模型 3 表明，2006 年 10 月至 2007 年 6 月，以及 2007 年 7 月至 2008 年 9 月，两种收益率均不存在Granger意义上的因果关系；模型4表明，从2008年10月至今，两种收益率互为Granger意义上的因果关系。这说明资本管制短期内的有效性已经在近期明显下降。

表 8.10    VEC Granger 因果关系检验

|  | 模型1 | 模型2 | 模型3 | 模型4 |
|---|---|---|---|---|
| 在岸 | 0.000 *** | 0.194 | 0.622 | 0.000 *** |
| 离岸 | 0.760 | 0.494 | 0.401 | 0.05 ** |

注：***、** 和 * 分别表示1%、5%和10%的显著性水平，表中数字为P值。

2. 基于月数据的分析

我们现在再利用月数据重复上述分析来验证结果的稳定性。我们的分析包括两个部分，第一部分（模型1）比较Libor（离岸）与Chibor（在岸），第二部分（模型2）比较美国国债收益率（离岸）和中国央票收益率（在岸）（见图8.9和图8.10）。

我们首先对月度的收益率数据作ADF检验。我们发现两种收益率都是一阶单整的，即I（0）。基于此，我们对在岸和离岸收益率做协整关系检验。美元Libor和Chibor的离岸收益率（离岸1）与在岸收益率（在岸1）以及基于美国国债收益率和Chibor的离岸收益率（离岸2）与在岸收益率（在岸2）存在协整关系，即长期均衡关系，利率平价在长期内成立（见表8.11）。虽然中国资本账户存在管制，但亚洲金融危机后，一方面中国资本账户管制放松，另一方面"热钱"通过经常项目贸易、FDI、个人等渠道避开管制流入国内，资本账户管制逐渐失效。

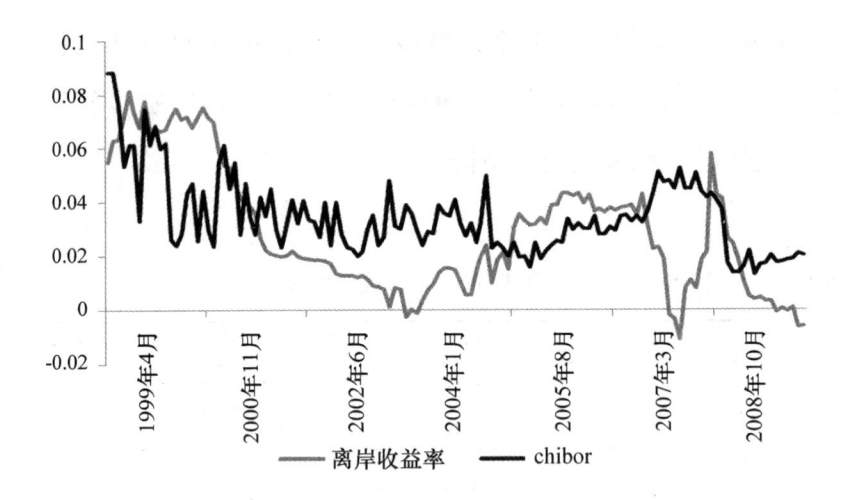

**图 8.9** 基于美元 Libor 的离岸和在岸 Chibor 3 个月收益率：
1999 年 4 月至 2009 年 12 月

资料来源：Bloomberg。

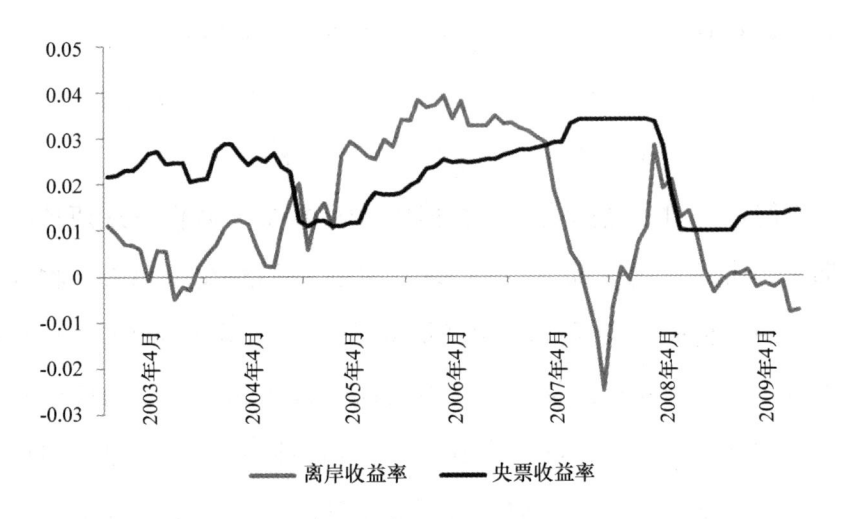

**图 8.10** 基于美国国债的离岸收益率和中国央票收益率 3 个月收益率：
2003 年 4 月至 2010 年 2 月

资料来源：Bloomberg。

表 8.11　　　　　　　　　Johansen 协整检验与残差诊断

| $H_0$ | | $\lambda_{trace}$ 统计检验 | | $H_0$ | | $\lambda_{max}$ 统计检验 | |
|---|---|---|---|---|---|---|---|
| | $H_1$ | Statistic | critical value | | $H_1$ | statistic | critical value |
| 模型 1 | | | | | | | |
| $r=0$ | $r>0$ | 26.26** | 20.26 | $r=0$ | $r=1$ | 20.21** | 15.89 |
| $r\leqslant 1$ | $r>1$ | 6.05 | 9.16 | $r=1$ | $r=2$ | 6.05 | 9.16 |
| 模型 2 | | | | | | | |
| $r=0$ | $r>0$ | 20.71 | 15.49 | $r=0$ | $r=1$ | 19.13 | 14.26 |
| $r\leqslant 1$ | $r>1$ | 1.57 | 3.84 | $r=1$ | $r=2$ | 1.57 | 3.84 |
| 残差项诊断检验 | | | | | | | |
| LM 检验 AR（1）：　P Value = 0.879（模型 1）；P Value = 0.932（模型 2） | | | | | | | |

注：***、**和*分别表示 1%、5% 和 10% 的显著性水平。

资料来源：作者的统计分析。

表 8.12 给出了两个模型在岸收益率和离岸收益率的协整方程：

$$\text{onshore1} = 0.026 + 0.236\,\text{offshore1} + e_1 \qquad (8-5)$$

$$\text{onshore2} = 0.016 + 0.383\,\text{offshore2} + e_2 \qquad (8-6)$$

两个模型的调整系数均说明离岸收益率为弱外生变量，离岸收益率的变动会造成在岸收益率的影响调整。

表 8.12　　　　　　　　　　协整方程与调整系数

| 在岸 1 | 离岸 1 | $C$ | 在岸 2 | 离岸 2 | $c$ |
|---|---|---|---|---|---|
| 协整方程 | | | 协整方程 | | |
| 1 | -0.236** | -0.026*** | 1 | -0.383*** | -0.016** |
| 调整系数 | | | 调整系数 | | |
| -0.328*** | 0.067 | | -0.132*** | 0.115 | |
| (0.074) | (0.052) | | (0.033) | (0.095) | |

注：***、**和*分别表示 1%、5% 和 10% 的显著性水平，括号内数字为标准差。

在此基础上，我们建立 VECM 模型，用 VEC Granger 因果关系检验两种收益率的短期动态关系。可见，模型 1 的检验结果表明两种收益率不存在 Granger 因果关系，模型 2 的检验结果表明在岸收益率不是离岸收益率的 Granger 原因，而离岸收益率是在岸收益率的 Granger 原因，且在 1% 的水平上显著（见表 8.13）。这表明短期内两种收益率相对独立，资本管制具有有效性。然而从模型 2 的 Granger 因果关系检验可以看出，离岸收益率的前期会引起在岸收益率的最后调整，这说明资本管制短期内的有效性也在减弱。

表 8.13　　　　　　　　　　VEC Granger 因果关系检验

|  | 模型 1 | | 模型 2 | |
| --- | --- | --- | --- | --- |
|  | 在岸 | 离岸 | 在岸 | 离岸 |
| 在岸 | — | 0.102 | — | 0.219 |
| 离岸 | 0.884 | — | 0.006 *** | — |

注：***、** 和 * 分别表示 1%、5% 和 10% 的显著性水平。

最后我们总结一下利用抛补利率平价分析框架所得到的结果（见表 8.14）。

表 8.14　　　　　　　　抛补利率平价分析的结论总结

|  | 离岸利率 | 在岸利率 | 数据频率 | 长期关系 | 短期关系 |
| --- | --- | --- | --- | --- | --- |
| （1） | Libor | Chibor | 日数据 | 长期稳定的协整关系 | 离岸利率和在岸利率互相不是对方的导因 |
| （2） | Libor | Shibor | 日数据 | 长期稳定的协整关系 | 最近一个时期离岸利率和在岸利率互相都是对方的导因 |

续表

|  | 离岸利率 | 在岸利率 | 数据频率 | 长期关系 | 短期关系 |
|---|---|---|---|---|---|
| (3) | Libor | Chibor | 月数据 | 长期稳定的协整关系 | 离岸利率和在岸利率互相不是对方的导因 |
| (4) | 美国国债 | 央行票据 | 月数据 | 长期稳定的协整关系 | 离岸利率是在岸利率的导因，但在岸利率不是离岸利率的导因 |

注：所有离岸利率均经过汇率风险的调整。

## （五）结论

本章的主要目的是分析亚洲金融危机以来中国资本项目管制的有效性。我们首先回顾了改革开放以来资本管制措施的变迁，同时对分析资本管制有效性的方法和已有的对中国实例的研究做了综述，我们从三个不同的角度描述了资本项目管制强度和跨境资本流动强度的变化，最后我们运用抛补利率平价的分析框架直接验证资本管制的有效性。

我们的基本结论是，从长期来看，离岸和国内利率之间存在稳定、均衡的协整关系，表明中国资本项目管制的措施已经基本或起码部分失效。短期来看，大部分分析结果显示两个利率之间没有明显的导因关系，因此管制还是有效的。不过自2008年以来情形发生了改变，离岸利率的变动直接改变国内利率，说明管制也已经失效或者效率开始显著降低。

我们测算的资本管制强度指数从1999年的69%下降到2009年的56%（设定改革开放前的1977年为100%），充分揭示了在此期间资本管制放松的趋势，特别是对货币市场工具和对外直接投资的管制出现了明显的松动。不过2009年，对共同投资证券、衍生工具及其他工具和个人资本交易的管制依然十分严格，与改革开放前相比没有明显的变化。不过对直接投资清盘、担保保证及金融支持工具、外商直接投资和商业与金融信贷的管制已经颇为宽松。

与此同时，"热钱"流动的规模和方向发生了巨大的反复。特别是从亚洲金融危机期间"资本外逃"到加入WTO之后"热钱"涌入，在2008—2010年国际金融危机期间再次出现由初期的"热钱"流出到后期的"热钱"流入的逆转，这些都间接地揭示了资本管制有效性下降的可能性。另外，外汇占款占广义货币M2的比例从2001年1月的12.2%急剧上升到2009年12月的32.4%，这也表明资本流动可能已经影响到中国货币政策的独立性。

对投资率和储蓄率之间相关关系的分析则揭示了过去60年间储蓄率是投资率变动的主要影响因素。协整方程的结果表明从长期来看，如果储蓄率提高1个百分点，投资率一般会提高0.68个百分点。但这种依赖关系最近已经明显减弱，不断扩大的储蓄率与投资率之间的差意味着日益增加的跨境净资本流动。

最常见的检验资本管制有效性的方法为抛补利率平价。不过我们认为通常文献中所做的只有离岸、国内利率相等才表明管制无效的假设是不恰当的（Ma and McCauley, 2004；徐明东、解学成, 2009），因为与这个假设所对应的其实是资本完全自由流动，或者资本管制完全失效。对于发展中国家来说，存在交易成本和信息不对称以及收益率随机走动的特性，都意味着两个利率不太可能完全相等。拒绝完全相等的假设，只能证明资本管制并非完全失效，这与文献中经常得到的资本管制仍然有效的结论并不一致。

另外，由于序列的非平稳性，如果不考虑两种收益率的协整关系，很可能得出错误的结论。我们用 Johansen 协整检验法检验了两种收益率之间的长期均衡关系，在 VECM 的基础上，采用 VEC Granger 因果关系检验法检验了两种收益率之间的短期动态关系。考虑到结论的稳健性，我们分别采用了不同频率的数据（日数据和月数据），并考虑了不同的离岸收益率与在岸收益率（离岸利率：Libor 和美国国债；在岸利率：Chibor，Shibor 和央行票据）。

我们发现离岸收益率和在岸收益率存在协整关系，即长期均衡关系。这表明长时间内套利机制发挥作用，逐利的国际资本流动使资本管制在长时间内失效。在短时间内，凡是利用 Shibor 利率和央行票据收益率进行分析，就能发现最近一个时期离岸利率是在岸利率变动的重要原因。因此资本管制在短期内也已经基本或部分失效。但这个结论并不否定跨境资本流动仍然存在一定的障碍，包括政策障碍。但离岸、在岸利率同步变化的趋势已经非常明显。

概括起来，中国资本项目管制长期内已经基本失效，短期内管制效率起码已经部分失效并明显减弱。这一结论支持了先前一些研究的发现，包括金荦和李子奈（2005）以及王信（2008）。但显然有别于其他一些研究的发现，包括张斌（2003），Ma、McCauley（2004）及徐明东和谢学成（2009）。这个区别主要源自不同的方法论，比如张斌直接比较了中美贷款利率，而 Ma、

McCauley以及徐明东、谢学成的分析则直接对离岸、在岸利率相等的假设做检验。

资本管制已经部分或者基本失效，表明中国想再执行固定汇率制已经不太可能。同时，中国的企业与金融机构已经面对相对自由的资本流动，因此资本项目开放带来的冲击可能不如我们想象的那么严重。放开资本管制其实条件已经比较成熟，而且开放既是主动迎接变革、降低风险的需要，也是人民币国际化的必要条件。

当然，这并不意味着放开资本管制不需要谨慎从事。既然资本管制还部分有效，表明目前的资本流动可能存在一定的扭曲以及效率损失。因此在开放的过程中应该尽力避免对经济与金融体系的猛烈冲击。这次国际金融危机尤其令全球监管当局对短期资本流动变得相对谨慎，中国对部分波动性大、容易反复的资本流动的开放也应该小心行事。况且，资本项目开放通常并不意味着政府需要放弃所有的管制手段。

## ◇ 三 资本项目管制对经济增长的影响

资本账户管制是发展中国家采取金融抑制政策的重要组成部分。如前所述，资本账户管制对经济增长的影响，也可能存在两种不同的效果。资本账户管制可以消除或减轻外部冲击对国内经济的影响，尤其是以套利为目的的短期资本流动对宏观经济稳定的影响。同时,在资金短缺的经济中,通过严格限制资金流出,政府可以更有效地支配资金的使用,发展政府偏好的产业,以促进经济增长(麦金农效应)。然而,尽管短期内,资本账户管制有利于维护宏观经济稳定,支持政府发展战略,但是从长期来看,资本账户管制扭曲了资本配置和自由流动,造成了效率损失。而且,随着经济增长,这种扭曲程度会越来越大,除了造成效率损失,也会引起失衡等结构性风险和通胀、资产价格泡沫等宏观经济问题,从而不利于长期经济增长(斯蒂格利茨效应)。因此,资本账户管制对经济增长的影响,取决于两种结果比较的净效应。

### (一) 对改革开放以来经济增长的影响

考察资本账户管制对经济增长的净效应,需要采用量化分析的方法。由于数据的可得性,我们收集了中国 25 个省份的面板数据。由于资本账户管制的政策适用于全国,因此,我们构建的资本账户管制指标不随省份发生改变。借鉴 Dowrick 和 Nguyen (1989) 以及 Drysdale 和 Huang (1997) 的做法,我们构建的实证模型如下:

$$RGDP_{it} = \beta_0 + \beta_1 CACI_t + \beta_2 X_{it} + \xi_{it} \qquad (8-7)$$

其中,$RGDP$ 是人均 GDP 增长率,$CACI$ 是资本账户管制指标,$X_{it}$ 影响人均实际 GDP 增长的其他控制变量,$\xi_{it}$ 为误差项。我们借鉴文献的通常做法,选择重要的控制变量 (Balassa, 1978; Dowrick and Nguyen, 1989; Grossman and Helpman, 1991; Barro, 1991; Roubini and Sala-i-Martin, 1992; and Acemoglu et al., 2005)。由于资本

存量数据不可得，借鉴 Dowrick 和 Nguyen（1989）以及 Drysdale 和 Huang（1997）的做法，我们采用投资率（INV）作为资本投入的代理变量。其他控制变量包括：贸易依存度（TRADE）；人力资本，用适龄小学生入学率衡量（ENROLL）；以及"非生产性"的政府支出，用政府消费占 GDP 比例衡量（GOV）。此外，按照卢锋和姚洋（2004）以及林毅夫和孙希芳（2008）的做法，我们用国有企业在工业总产出中所占比重（SOE）作为经济结构中可能存在的扭曲的代理变量。Huang 和 Wang（2010b）用类似的分析框架考察了中国改革开放期间金融抑制对经济增长的影响。我们在这里用同样的数据考察资本项目管制对经济增长的影响。

首先运用混同 OLS 的方法估计模型（8-7）。考虑到经济增长同样受到省区特征如地理位置、政策环境和其他未观测到的因素的影响，我们采用固定效应模型以控制这些未观测到的因素，[①] 我们同时估计了随机效应模型，用 Hausman 检验表明固定效应模型更合适。表 1 报告了所有模型估计的结果。

因此，在随后的分析中，我们主要采用固定效应模型进行分析。表 8.15 中第 1-2 列报告了混同 OLS 估计的结果，第 3-4 列报告了固定效应估计的结果，第 5-6 列为随机效应估计的结果。对于每一种估计方法，后一列在前一列的基础上，控制了时间趋势。控制变量的估计结果与预期相一致。以固定效应估计结果为例，INV

---

① 由于我们构建的金融抑制指标不随省区改变，考虑到完全共线的问题，我们不能将所有时间虚拟变量放入模型。因此，借鉴其他文献的相关做法，在控制了时间趋势的基础上，我们采用控制部分时间效应，用于反映政治事件和金融危机的影响。

和 EDU 的估计系数显著为正,表明投资和教育与人均实际 GDP 增长存在显著的正向关系。GOV 和 SOE 的估计系数显著为负,说明政府支出和国有部门在经济中的比例上升,不利于人均 GDP 增长。TRADE 和 EDU 估计参数不显著。

重要的是,资本项目管制指标的估计参数显著为负。控制住部分时间效应和时间趋势后,资本项目管制的估计系数仍然显著为负。这些结果表明,总体而言,改革开放期间,资本账户管制阻碍了经济增长。

表 8.15　　　　　　增长方程:资本账户管制的影响

| Dependent Variable | OLS | | FE | | RE | |
|---|---|---|---|---|---|---|
| RGDP | 1 | 2 | 3 | 4 | 5 | 6 |
| CACI | -0.056** | -0.218*** | -0.015 | -0.135*** | -0.055** | -0.217*** |
|  | (0.027) | (0.060) | (0.037) | (0.063) | (0.027) | (0.059) |
| INV | 0.064*** | 0.091*** | 0.109*** | 0.137*** | 0.065*** | 0.091*** |
|  | (0.017) | (0.019) | (0.094) | (0.025) | (0.017) | (0.019) |
| TRADE | 0.007 | 0.010* | 0.004 | 0.009 | 0.006 | 0.009* |
|  | (0.006) | (0.006) | (0.008) | (0.008) | (0.006) | (0.005) |
| EDU | 0.385*** | 0.756* | 2.059*** | 1.802** | 0.345 | 0.710* |
|  | (0.405) | (0.421) | (0.024) | (0.652) | (0.401) | (0.427) |
| GOV | -0.070** | -0.109*** | -0.158*** | -0.226*** | -0.072** | -0.112*** |
|  | (0.033) | (0.035) | (0.048) | (0.053) | (0.033) | (0.036) |
| SOE | -0.047*** | -0.042*** | -0.022 | -0.015 | -0.047*** | -0.041*** |
|  | (0.012) | (0.012) | (0.021) | (0.021) | (0.012) | (0.012) |
| Time Trend |  | -0.002*** |  | -0.002*** |  | -0.002*** |
|  |  | (0.0005) |  | (0.0006) |  | (0.0005) |

续表

| Dependent Variable | OLS | | FE | | RE | |
|---|---|---|---|---|---|---|
| RGDP | 1 | 2 | 3 | 4 | 5 | 6 |
| Year-Specific Effect | NO | NO | YES | YES | YES | YES |
| Province-specific effect | No | NO | YES | YES | YES | YES |
| Hausman Statistic | | | | | 31.02*** | 30.11*** |
| Observations | 750 | 750 | 750 | 750 | 750 | 750 |
| $R^2$ | 0.164 | 0.166 | 0.129 | 0.139 | 0.174 | 0.164 |

注：括号内为标准差。***、**和*分别表示1%、5%和10%的显著性水平。

## （二）对不同时期经济增长的影响

改革开放以来，资本项目管制对经济增长有显著的阻碍效果。考察不同时期资本项目管制对经济增长的影响，有助于我们理解资本项目管制对经济增长的动态影响效果。在经济发展初期，信息不畅通，竞争不充分，政府采取资本管制的政策，有利于动员有限的金融资源，实现经济快速增长。因此，在发展初期，资本管制的政策可能有利于经济增长。而随着经济进一步发展和开放，信息和竞争环境有了较大改善，市场可以充分发挥资源配置的作用。此时，资本管制反而会扭曲资源的有效配置，损害经济效率，不利于经济增长。因此当经济发展到一定阶段，资本管制的效率损失更加明显，可能会不利于经济增长。

为验证中国资本项目管制对经济增长的动态影响，我们将1979—2008年分为三个时期，即20世纪80年代（1979—1989年），90年代（1990—1999年）和2000年后（2000—2008年），分别考察每个阶段资本项目管制对经济增长的影响。表 8.16 给出了不同时期资本项目管制对经济增长影响的估计结果。前两列的数据为 80 年代的,第 3—4 列的数据为 90 年代的,最后两列的数据为 2000 年后的。在每个时期,后一列在前一列的基础上,控制了时间趋势。估计结果表明,资本项目管制系数在整个样本区间内发生了显著的变化,估计系数由大到小,由正到负。80 年代估计系数显著为正;90 年代估计系数为正,但明显小于 80 年代的,控制了时间趋势后,估计系数仍然为正,但不显著;2000 年之后,不管是否控制时间趋势,资本项目管制指标的估计系数都显著为负。

表 8.16　　　　　增长方程:不同时期资本项目管制的影响

| Dependent Variable | 1979—1989 年 | | 1990—1999 年 | | 2000—2008 年 | |
|---|---|---|---|---|---|---|
| RGDP | 1 | 2 | 3 | 4 | 5 | 6 |
| CACI | 1.042*** | 1.062*** | 0.269** | 0.065 | -0.242*** | -0.254*** |
|  | (0.201) | (0.219) | (0.126) | (0.156) | (0.034) | (0.045) |
| INV | 0.066 | 0.064 | 0.205*** | 0.249*** | 0.112*** | 0.101*** |
|  | (0.069) | (0.071) | (0.045) | (0.049) | (0.017) | (0.019) |
| TRADE | 0.031 | 0.031 | 0.028** | 0.023 | 0.004 | 0.003 |
|  | (0.034) | (0.034) | (0.014) | (0.014) | (0.006) | (0.012) |
| EDU | -4.624 | -4.994 | 1.023 | 9.051 | 0.119 | 0.199 |
|  | (6.351) | (6.571) | (4.627) | (6.511) | (0.381) | (0.711) |
| GOV | -0.405*** | -0.391 | -0.780*** | -0.982*** | -0.114*** | -0.157** |
|  | (0.124) | (0.139) | (0.142) | (0.168) | (0.045) | (0.079) |
| SOE | 0.022 | 0.033 | 0.091*** | 0.110*** | -0.020 | -0.038* |
|  | (0.058) | (0.076) | (0.034) | (0.035) | (0.012) | (0.023) |
| Time Trend |  | 0.0004 |  | -0.004** |  | -0.001 |
|  |  | (0.002) |  | (0.002) |  | (0.001) |

续表

| Dependent Variable | 1979—1989 年 | | 1990—1999 年 | | 2000—2008 年 | |
|---|---|---|---|---|---|---|
| RGDP | 1 | 2 | 3 | 4 | 5 | 6 |
| Year-Specific Effect | YES | YES | YES | YES | YES | YES |
| Province-specific effect | YES | YES | YES | YES | YES | YES |
| Observations | 275 | 275 | 250 | 250 | 225 | 225 |
| $R^2$ | 0.125 | 0.125 | 0.187 | 0.165 | 0.572 | 0.513 |

注：括号内为标准差。***、**和*分别表示1%、5%和10%的显著性水平。

通过考察不同时期资本项目管制对经济增长的影响，我们得到了更加有趣且符合事实的结果。第一，资本项目管制对经济增长的影响并不是简单的线性的，随不同发展阶段，其对经济增长的影响会发生动态变化；第二，总体而言，资本项目管制阻碍了改革开放以来的经济增长；第三；不同时期，资本项目管制对经济增长的影响不同。资本项目管制显著促进了20世纪80年代和90年代的经济增长（斯蒂格利茨效果），而2000年之后，资本项目管制对经济增长的阻碍效果越来越显著（麦金农效果）。

### （三）进一步放开资本账户

对跨境资本流动的限制可能有助于中国1979—2008年的宏观经济和金融稳定（Stiglitz，2001；Li，2000）。例如，1999年商业银行平均不良贷款率达到了44%。当时开放资本账户会直接引起大量资本流动，导致银行和国际收支危机。然而，更重要的是，中国已经在稳步推进资本项目开放，主要关注长期投资和资本流动。这种稳步开放的方法，能使中国从有限的资本流动中获益，同时确保经济和金融稳定。这种渐进改革的做法也是改革开放以来中国经济快速增长的重要因素。

然而，资本管制的内在成本也在显著增加。一个重要的问题是有效实施这些控制措施越来越难。我们的实证分析只是证实资本管制在限制短期资本流动方面至少部分有效，并非完全有效。离岸利率和在岸利率之间存在长期协整关系，表明从长期来看，套利机制发挥作用，资本管制措施在长期内失效。此外，短期资本流动表现为稳定的净流入，很可能是人民币汇率升值预期的结果。

这些情况已给政策制定者带来了诸多麻烦。根据蒙代尔"不可能三角"理论，一国只能在资本自由流动、固定汇率和独立的货币政策三个目标中选择两个。中国目前的政策体系表明，我们选择了固定汇率和独立的货币政策，而放弃了资本自由流动，采取了资本管制的措施。然而，由于控制资本流动越来越难，央行货币政策的独立性在不断下降，表现为市场上流动性过剩和不断上升的通胀压力。换言之，如果中国不改变现有政策，宏观经济稳定很可能会受到较大挑战。中国政府一个合理的选择是，采取浮动汇率制，取消资本项目管制，获得货币政策独立性。

继续保持资本项目管制也与中国想要实现的人民币国际化、在IMF特别提款权中加入人民币，以及将上海建成国际金融中心等政策目标相矛盾。中国已经在鼓励于国际经济交易中使用人民币结算。目前，人民币已经用于邻国间的贸易结算，人民币计价的债券也已经开始在中国香港发行。一些国家的中央银行已经在其外汇储备中持有一定数量的人民币。但是，如果人民币不能自由兑换，人民币国际化进程不可能完成。资本自由流动的重要性对于国际金融中心来说甚至更为明显。

其他一些因素也在促使中国考虑放开资本账户。支持资本账户开放的一般观点是可以提高投资收益，分散金融风险。如实证结果所示，目前的资本项目管制已成为制约中国经济增长的因素之一。因此，放开资本项目不仅有利用中国在国际经济中发挥更重要的作用，也有利于进一步提高生产效率，促进经济增长。资本项目开放也会推动国内金融机构和金融市场的改革。

例如，21世纪的第一个10年，中国完成了多数国内商业银行的所有制改革。但是，这些商业银行仍然表现出明显的国有银行特征。国际金融危机期间，所有商业银行都在扩大贷款。仅2009年，商业银行新增贷款接近10万亿，大致是最初计划的两倍。尽管从政府的角度来看，支持经济增长是重要的，但是从投资者角度来看，却会增加对风险的担忧，因此商业银行风险控制体系显然还不能有效地运作。资本账户开放将这些问题置于国际资本市场的背景下，能够促进有效治理结构的变化。

然而一个重要的问题是，中国是否已经具备了资本账户开放的条件。资本账户开放会提高资金分配效率，但是也会带来波动。在一些发展中国家，资金账户开放后也出现了金融危机。因此，强调资本项目开放的必要条件和合适的开放次序是至关重要的。

那么，中国需要哪些关键步骤来开放资本项目呢？麦金农曾经建议发展中国家金融开放应遵循这样的顺序：财政改革—金融和贸易自由化—汇率改革—资本项目开放。有些步骤可以同时进行，总体上中国可以采用这样的顺序实现金融开放。

由于中国财政状况相当稳健，财税改革相对较为简单。然而，对政府而言，规制会产生未来负债的行为至关重要。其中一个领域是银行贷款。尽管银行已经商业化，如果政府继续向商业银行发布指令，那么政府将不得不在未来吸收不良贷款。另一个领域为国有部门，政府仍然在干预能源等关键投入品的价格并对这些企业的营业损失提供补助。最后，规制地方政府支出，限制赤字也非常重要。

金融部门是有待进一步改革的领域。需要减少政府对主要金融机构运营的干预，如真正实施存款保险制度，放宽民营资本进入银行业，引入以市场为基础的利率体系，改善央行货币政策的制定。利率市场化是资本项目开放的重要条件，需要形成完整的政府债券收益率，进一步发展银行间市场，取消商业银行基准利率限制。央行是否应该成为独立的机构也应被探讨。

有条件的自由浮动汇率是资本项目开放的一个最重要的前提任务。中国在1994年年初采用了有管理的浮动汇率制。在亚洲金融危机和国际金融危机之后，中国于2010年6月重启了有管理的浮动汇率制。然而，汇率浮动仍然有限。人民币渐进升值导致了一些严重的后果，如刺激了人民币进一步升值的预期，使热钱流入，产生巨大的经常项目顺差，导致流动性过剩、高通胀压力和外汇储备快速积累。

因此，通过减少央行在外汇市场上的干预，尽快实现浮动汇率是明智之策。经历一个时期的货币升值后，建立在供求关系基础上的人民币双向浮动将成为可能。政府可能希望通过稳定基金干预市场以避免过度波动，但这种干预应是双向的，且不同于目前中国人民银行为了降低币值而采取的干预措施。

资本项目自由化可以和浮动汇率同时进行。然而，资本项目可兑换，并不必然地意味着对资本流动完全没有限制。鉴于我国目前的金融状况和监管能力，实现基本可兑换可能是较好的首选目标。特别是，中国至少应在初始阶段保留对不稳定的短期资本流动的限制。这有助于金融机构避免受到过度冲击。这也符合IMF近期做出的允许对跨境的短期资本流动采取暂时限制措施的决定。

资本项目管制指标表明，中国已经在逐渐放开资本项目，尤其是亚洲金融危机后。国家外汇管理局也认为IMF监测的40个管制项目中的75%已经部分开放、基本开放或完全开放。目前的管制主要集中在债券市场的组合投资、股票市场、衍生品和货币市场、共同基金投资、房地产交易、债券融资和对外直接投资等领域。

放开债务融资和对外直接投资应该相对容易。监管部门可以通过机构的债股比和短期债务比例检测跨境债券发行。目前对外直接投资项目需要满足国家外管局、发改委和商务部的有关规定。由于政府鼓励投资形式的资本流出，对外直接投资的审批流程最近变得相对简单。因此，债务融资和对外直接投资两个领域的自由化会很快实现。

中国是否应该立即取消对跨境证券投资的限制呢？金融危机期

# 参考文献

陈邦强、傅蕴英、张宗益：《金融市场化过程中的金融结构、政府行为、金融开放与经济增长间的研究》，《金融研究》2007年第10期。

范学俊：《金融体系与经济增长：来自中国的实证检验》，《金融研究》2006年第3期。

郭栋：《投资率缘何居高不下》，《中国统计》2005年第6期。

何德旭、姚战祺、余升国：《资本流动性：基于中国及其他亚洲新兴国家的比较分析》，《经济研究》2006年第9期。

胡汝银：《中国资本市场的发展与变迁》，上海人民出版社2008年版。

黄益平、王勋：《中国金融抑制指标：量化测度与增长效应》，工作论文，北京大学，2010年。

黄益平、王勋：《中国资本项目管制的有效性》，《金融发展评论》2010年第6期。

黄益平、谢沛初：《我国资本项目开放的条件、时机与进程》，《中国金融》2011年第14期。

江春：《中国超额货币问题的制度分析》，《贵州财经学院学报》

间印度、印度尼西亚和韩国的经验表明不稳定的证券投资流动会成为金融市场不稳定的重要因素。因此，有必要保留一些限制措施以避免金融市场的过度波动。值得一提的是，中国已经推出了合格境外机构投资者（QFII）和合格境内机构投资者（QDII）机制，允许跨境证券投资。一个选择是显著提高两个机制下的份额，同时大幅削弱资金遣返所需天数等条款。这种方法放开了跨境证券投资的渠道，同时最大限度地降低了波动。在条件成熟的时候，QFII和QDII将最终被取消，以进一步提高资本项目放开的程度。

2004年第4期。

金荦:《中国资本管制强度研究》,《金融研究》2004年第12期。

金荦、李子奈:《中国资本管制有效性分析》,《世界经济》2005年第8期。

李斌:《存差、金融控制与铸币税——兼对我国"M2/GDP过高之谜"的再解释》,《管理世界》2006年第3期。

李庆云、田晓霞:《中国资本外逃规模的重新估计:1982—1999》,《金融研究》2000年第8期。

卢锋:《当代服务外包的经济学观察——产品内分工的分析视角》,《世界经济》2007年第8期。

李扬:《中国经济对外开放过程中的资金流动》,《经济研究》1998年第2期。

李扬:《资本市场任重道远》,《中华工商时报》2002年1月12日第7版。

刘明志:《中国的M2/GDP(1980—2000):趋势、水平和影响因素》,《经济研究》2001年第2期。

刘仁伍:《国际短期资本流动监管:理论与实证》,社会科学文献出版社2008年版。

卢峰、姚洋:《金融压抑下的法治、金融发展和经济增长》,《中国社会科学》2004年第1期。

林毅夫、孙希芳:《银行业结构与经济增长》,《经济研究》2008年第9期。

林毅夫、蔡昉、李周:《中国的奇迹:发展战略与经济改革》,上海人民出版社 1994 年版。

庞明川：《中国的投资效率与过度投资问题研究》，《财经问题研究》2007 年第 7 期。

秦朵：《居民储蓄——准货币之主源》，《经济学》（季刊）2002 年第 2 期。

沈坤荣、孙文杰：《投资效率、资本形成与宏观经济波动——基于金融发展视角的实证研究》，《中国社会科学》2004 年第 6 期。

宋文兵：《中国的资本外逃问题研究：1987—1997》，《经济研究》1999 年第 5 期。

谈儒勇：《金融抑制和金融约束》，《金融研究》1998 年第 12 期。

谈儒勇：《中国金融发展和经济增长关系的实证研究》，《经济研究》1999 年第 10 期。

尉高师、雷明国：《中国的 M2/GDP 为何这么高》，《经济理论与经济管理》2003 年第 5 期。

吴建军：《我国 M2/GDP 过高的原因：基于收入分配差距的分析》，《经济学家》2004 年第 1 期。

吴建军：《中国 M2/GDP 过高——基于 IS – LM 模型的分析》，《金融研究》2007 年第 5 期。

王世华，何帆：《中国的短期国际资本流动：现状、流动途径和影响因素》，《世界经济》2007 年第 7 期。

吴晓灵：《中国金融体制改革 30 年回顾与展望》，人民出版社 2008 年版。

王信：《中国资本管制有效性辨析》，《国际金融研究》2008 年第

8期。

汪洋：《中国 M2/GDP 比率问题研究述评》，《管理世界》2007 年第 1 期。

谢平：《中国转轨经济中的通货膨胀和货币控制》，《金融研究》1994 年第 10 期。

谢平、张怀清：《融资结构、不良资产与 M2/GDP》，《经济研究》2007 年第 2 期。

谢平、俞乔：《中国经济市场化过程中的货币总量控制》，《金融研究》1996 年第 1 期。

徐明东、解学成：《中国资本管制有效性动态研究：1982—2008》，《财经研究》2009 年第 6 期。

杨飞虎：《我国经济运行中的高投资率问题探讨》，《金融与经济》2007 年第 6 期。

杨汝岱、陈斌开：《高等教育改革与中国居民消费》，《经济研究》2009 年第 8 期。

姚枝仲：《中国的高投资率问题》，《国际经济评论》2004 年第 5 期。

易纲：《中国金融资产结构分析及政策含义》，《经济研究》1996 年第 12 期。

易纲：《中国改革开放三十年的利率市场化进程》，《金融研究》2009 年第 1 期。

易纲：《中国金融改革思考录》，商务印书馆 2009 年版。

易纲、宋旺：《中国金融资产结构演进：1991—2007》，《经济研究》

2008年第8期。

余永定：《M2/GDP的动态增长路径》，《世界经济》2002年第12期。

于洋、杨海珍：《中国资本控制有效性的实证检验及启示》，《管理评论》2005年第5期。

曾令华：《论我国M2对GDP的比例》，《金融研究》2001年第6期。

曾五一、赵楠：《中国区域资本配置效率及区域资本形成影响因素的实证分析》，《数量经济技术经济研究》2004年第4期。

赵振全、薛丰慧：《金融发展对经济增长影响的实证研究》，《金融研究》2004年第8期。

张斌：《如何评价资本管制有效性——兼评中国过去的资本管制效率》，《世界经济》2003年第3期。

张春生：《关于中国的M2/GDP指标意义的思考》，《经济前沿》2009年第4期。

张春生、吴超林：《中国M2/GDP畸高原因的再考察——基于商业银行资产负债表的分析》，《数量经济技术经济研究》2008年第5期。

张杰：《经济全球化与全球经济变局：中国应对之道》，《中国金融》2008年第12期。

张杰：《中国的高货币化之谜》，《经济研究》2006年第6期。

张军：《改革以来中国的资本形成与经济增长：一些发现及其解释》，《世界经济文汇》2002年第1期。

张文:《经济货币化进程与内生性货币供给——关于中国高 M2/GDP 比率的货币分析》,《金融研究》2008 年第 2 期。

张烨卿:《资本形成、内生技术进步与中国经济持续增长——基于资本产出比视角的实证研究》,《经济科学》2006 年第 6 期。

郑京平:《我国投资率为何居高难下》,《数量经济技术经济研究》2006 年第 7 期。

郑小胡:《中国超额货币成因的综合分析》,《上海金融》2003 年第 9 期。

中国经济增长与宏观稳定课题组:《金融发展与经济增长:从动员性扩张向市场配置的转变》,《经济研究》2007 年第 4 期。

钟伟、黄涛:《从统计实证分析破解中国 M2/GDP 畸高之谜》,《统计研究》2002 年第 4 期。

周其仁:《中国做对了什么:回望改革,面对未来》,北京大学出版社 2010 年版。

周业安、赵坚毅:《我国金融市场化的侧度、市场化过程和经济增长》,《金融研究》2005 年第 4 期。

Acemoglu D., Johnson S. and Robinson J. A., 2005, "The Rise of Europe: Atlantic Trade, Institutional Change and Economic Growth", *The American Economic Review*, 95 (3), 546 – 579.

Acemoglu, D. and Guerrieri, V., 2008, "Capital Deepening and Nonbalanced Economic Growth", *Journal of Political Economy*, 116, 467 – 498.

Acemoglu, D., Zilibotti, F., 1997, "Was Prometheus Unbound by Chance? Risk, Diversification and Growth", *Journal of Political Econ-*

*omy*, 105, 709 – 751.

Agarwala, R., 1983, *Price Distortions and Growth in Developing Countries*, World Bank, Washington, DC.

Agresti, Alan and Barbara F. Agresti., 1978, "Statistical Analysis of Qualitative Variation", *Sociological Methodology*, 9, 204 – 237.

Ang, J. B. and W. J. McKibbin, 2007, "Financial Liberalization, Financial Sector Development and Growth: Evidence from Malaysia", *Journal of Development Economics*, 84, 215 – 233.

Allen, F., Gale, D., 1995, "A Welfare Comparison of the German and U. S. Financial Systems", *European Economic Review*, 39, 179 – 209.

Allen, F., Gale, D., 1997, "Financial Markets, Intermediaries, and Intertemporal Smoothing", *Journal of Political Economy*, 105, 523 – 546.

Allen, F., Gale, D., 1999, "Diversity of Opinion and Financing of New Technologies", *European Economic Review*, 39, 179 – 209.

Allen, F., Gale, D., 2000, *Comparing Financial Systems*, MIT Press, Cambridge, MA.

Arellano, M. and Bond, S., 1991, "Some Tests of Specification for Panel Data: Monte Carlo Evidence and an Application to Employment Equations", *Review of Economic Studies*, 58, 277 – 297.

Arestis, P. and P. O. Demetriades, 1997, "Financial Development and Economic Growth: Assessing the Evidence", *Economic Journal*, 107, 783 – 799.

Arestis, P., and P. O. Demetraides, 1999, "Finance Liberalization: the Experience of Development Countries", *Eastern Economic Journal*, 25, 441 – 457.

Balassa B., 1978, "Export and Economic Growth: Further Evidence", *Journal of Development Economics*, 5, 181 – 189.

Barro, R., 1991, "Government Spending in a Simple Model of Endogenous Growth", *Journal of Political Economy*, 98 (5), 103 – 126.

Baumol, W. J., 1967, "Macroeconomics of Unbalanced Growth: The Anatomy of Urban Crisis", *American Economic Review*, 57, 415 – 426.

Baumol, W. J., Blackman, S. A. B. and Wolff, E. N., 1985, "Unbalanced Growth Revisited: Asymptotic Stagnancy and New Evidence", *American Economic Review*, 75, 806 – 817.

Bayoumi, Tamim, "Saving-Investment Correlations: Immobile Capital, Government Policy or Endogenous Behavior?", IMF Staff Papers, 1990, 37, 360 – 387.

Berger, A., Clarke, G. R. G., Cull, R., Klapper, L., Udell, G. F., 2005, "Corporate Governance and Bank Performance: A Joint Analysis of the Static, Selection, and Dynamic Effects of Domestic, Foreign, and State Ownership", *Journal of Banking and Finance*, 29, 2179 – 2221.

Blanchard, Olivier and Francesco Giavazzi, 2003, "Macroeconomic Effects of Regulation and Deregulation in Goods and Labor Markets", *Quarterly Journal of Economics*, 879 – 907.

Blundell, R. W. and Bond, S. R., 1998, "Initial Conditions and Moment Restrictions in Dynamic Panel Data Models", *Journal of Econometrics*, 87, 115 – 143.

Bonin, John and Yiping Huang, 2001, "Dealing with the bad loans of the Chinese banks", *Journal of Asian Economics*, 12 (2), 197 – 214.

Buera, F. J. and Kaboski, J. P., 2009, "Can Traditional Theories of Structural Change Fit the Data?", *Journal of the European Economic Association*, 7, 469 – 477.

Buera, F. J. and Kaboski, J. P., 2011, "Scale and the Origins of Structural Change", *Journal of Economic Theory*, forthcoming.

Beck, T., A. Demirgüç-Kunt, R. Levine and V. Maksimovic, 2001, "Financial Structure and Economic Development: Firm, Industry, and Country Evidence", *Financial Structure and Economic Growth: A Cross-Country Comparison of Banks, Markets and Development*, Demirgüç-Kunt, Asli & Levine, Ross (eds), The MIT Press, Massachusetts.

Beck, T. and Levine, Ross, 2002, "Industry Growth and Capital Allocation: Does Having a Market-or Bank-Based System Matter?", *Journal of Financial Economics*, 64 (2), 147 – 180.

Beck, T. and R. Levine, 2003, "Stock Markets, Banks and Growth: Panel Evidence", *Journal of Banking and Finance*.

Black, Sandra E. and Strahan, Philip E., 2002, "Entrepreneurship and Bank Credit Availability", *Journal of Finance*, 57, 2807 – 2833.

Black, Stanley W. and Moersch, Mathias, 1998, "Financial Structure,

Investment and Economic Growth in OECD Countries", in *Competition and Convergence in Financial Markets: The German and Anglo-American Models*, Eds: Stanley W. Black and Mathias Moersch, New York: North-Holland Press, 157 – 174.

Blanchard, Olivier and Giavazzi, Francesco, 2002, "Current Account Deficits in the Euro Area: The End of the Feldstein-Horioka Puzzle?", *Brookings Papers on Economic Activity*, 33 (2), 147 – 186.

Brandt, L. , Thomas Rawski, 2008, *China's Great Economic Transformation*, Cambridge University Press.

Bencivenga, V. and B. Smith, 1991, "Financial Intermediation and Endogenous Growth", *Review of Economic Studies*, 58, 195 – 209.

Bergsten, C. Fred, 2007, "The Dollar and the Global Imbalances", CESifo Forum, Ifo Institute for Economic Research at the University of Munich, Vol. 8 (4).

Bonaccorsi di Patti, Emilia & Dell'Ariccia, Giovanni, 2004, "Bank Competition and Firm Creation", *Journal of Money, Credit and Banking*, 36 (2), 225 – 251.

Boot, A. W. A. , and A. V. Thakor, 2000, "Can Relationship Banking Survive Competition?", *Journal of Finance*, 55, 679 – 713.

Boyeau Debray, G. and Wei S. , 2005, "Pitfalls of a State2Dominated Financial System: the Case of China", NBER working paper, No. 11214.

Cetorelli, N. , 1997, "The Role of Credit Market Competition on Lending Strategies and on Capital Accumulation", Federal Reserve Bank of

Chicago, working paper, No. WP-97-14.

Cetorelli, N. and M. Gambera, 2001, "Banking Structure, Financial Dependence and Growth: International Evidence from Industry Data", *Journal of Finance*, 56, 617-648.

Caminal, R., Matutes, C., 1997, "Can Competition in the Credit Market be Excessive", Center for Economic Policy Research, Discussion paper No. 1725.

Carlin, Wendy & Mayer, Colin, 2003, "Finance, investment, and growth", *Journal of Financial Economics*, 69 (1), 191-226.

Carroll, C. D., J. Overland, and D. N. Weil., 2000, "Saving and Growth with Habit Formation", *American Economic Review*, 90 (3): 341-355.

Chenery, H. B., 1960, "Patterns of Industrial Growth", *American Economic Review*, 50, 624-654.

Christopoulos Dimitris K. and Efthymios G. Tsionas, 2004, "Financial Development and Economic Growth: Evidence from Panel Unit Root and Cointegration Tests", *Journal of Development Economics*, 73, 55-74.

Dejong, D. N., Nankervis, J. C., Savin. N. E. and Whiteman, C. H., 1992, "Integration Versus Trend Stationarity in Time Series", *Econometrica*, 60 (2), 423-433.

Demirgdic-Kunt, Asli and Vojislav Maksimovic, 1998, "Law, Finance, and Firm Growth", *Journal of Finance*, 53, 2107-2137.

Demirguc-Kunt, Asli & Maksimovic, Vojislav, 2002, "Funding Growth in Bank-based and Market-based Financial Systems: Evidence from Firm-

Level Data", *Journal of Financial Economics*, 65 (3), 337 – 363.

Demetriades, P. O. and Luintel, K. B., 1997, "The Direct Costs of Financial Repression: Evidence from India", *Review of Economics and Statistics*, 79 (2), 311 – 320.

Demetriades, P. O. and K. B. Luintel., 2001, "Financial Restraints in the South Korean Miracle", *Journal of Development Economics*, 64, 459 – 479.

Diaz-Alejandro, C., 1985, "Good-bye Financial Repression, Hello Financial Crash", *Journal of Development Economics*, 19 (1 – 2), 1 – 24.

Dowrick, Steve and D. T. Nguyen. 1989, "OECD Comparative Economic Growth 1950 – 85: Catch-up and Convergence", *American Economic Review*, 9 (3): 341 – 471.

Drysdale, P. and Y. Huang, 1997, "Technological Catch-Up and Economic Growth in East Asia and the Pacific", *The Economic Record*, 73 (222), 201 – 211.

Easterly, W., 1990, *Endogenous Growth in Developing Countries with Government-induced Distortions*, Mimeo, World Bank, Washington, DC.

Easterly, William & Rebelo, Sergio, 1993, "Marginal Income Tax Rates and Economic Growth in Developing Countries", *European Economic Review*, 37 (2 – 3), 409 – 417.

Eberhardt, Markus and Francis Teal, 2009, "A Common Factor Approach to Spatial Heterogeneity in Agricultural Productivity Analysis", University of Oxford, CSAE WPS/2009 – 05.

Edward S., Khan M. S., 1985, "Interest Rate Determination in Developing Countries: A Conceptual Framework", IMF Staff Papers.

Eichengreen, B., Mussa, M., Dell'Ariccia, G., Detragiache, F., Milesi-Ferretti, G. and Tweddie, A., 1998, *Liberalizing Capital Movements: Some Analytical Issues*, Washington, D. C, IMF.

Fan, Gang, 1994, "Incremental Changes and Dual Track Transition: Understanding the Case of China", *Economic Policy*, 19 (s), 99 – 122.

Farrell, D., Lund, S., Rosenfeld, J., Morin, F., Gupta, N. and Greenberg, E., 2006, "Putting China's Capital to Work: The Value of Financial System Reform", McKinsey Global Institute.

Felstein M., and C. Horioka, 1980, "Domestic Saving and International Capital Flows", *Economic Journal*, 90, 314 – 329.

Fieleke, Norman, 1982, "National Saving and International Investment, in Saving and Government Policy", Conference Series No. 25, Boston: Federal Reserve Bank of Boston, 138 – 157.

Frankel, Jeffery, 1992, "Measuring International Capital Mobility: A Review", *American Economic Review*, 82, 2, 197 – 202.

Friedman, Milton, Schwartz, Anna J., 1982, *Monetary Trends in the United States and the United Kingdom: Their Relation to Income, Prices and Interest Rates, 1982, 1867 – 1975*, Chicago University Press, Chicago.

Fry, M., 1997, "In Favour of Financial Liberalisation", *Economic Journal*, 107, 754 – 770.

Gelb, A., 1988, *Financial Policies, Efficiency, and Growth: An Analy-*

sis of Broad Cross-section Relationships, World Bank, Washington, DC.

Goldstein M., Lardy N., 2008, "China's Exchange Rate Policy: An Overview and Some Key Policy Issues", In: Goldstein M. & Lardy N. (eds), Debating China's Exchange Rate Policy, Washington DC: Peterson Institute for International Economics, 1 – 60.

Goldsmith, R., 1969, Financial Structure and Development, New Haven, Yale University Press.

Greenwood, J. and B. Jovanovic, 1990, "Financial Development, Growth, and the Distribution of Income", Journal of Political Economy, 98 (5), 1076 – 1107.

Grossman G., Helpman E., 1991, Innovation and Growth in the Global Economy, MIT Press, Cambridge, MA.

Guiso, Luigi; Sapienza, Paola and Zingales, Luigi, 2002, "Does Local Financial Development Matter?", NBER Working Paper w8923, National Bureau of Economic Research, May 2002.

Gurley, J. and E. Shaw, 1955, "Financial Aspects of Economic Development", American Economic Review, 45 (4), 515 – 538.

Guzman, Mark G., 2000a, "The Economic Impact of Bank Structure: A Review of Recent Literature", Economic and Financial Policy Review, Q2, 11 – 25.

Guzman, Mark G., 2000b, "Bank Structure, Capital Accumulation and Growth: A Simple Macroeconomic Model", Economic Theory, 16 (2), 421 – 455.

Hellman, T., Murdock, K. and Stiglitz, J., 1997, "Financial Restraint: Toward a New Paradigm", in *The Role of Government in East Asian Economic Development: Comparative Institutional Analysis*, (eds.) M. Aoki, H.-K. Kim and M. Okuno-Fujuwara, Clarendon Press, Oxford, pp. 163 – 207.

Hellman, T., Murdock, K. and Stiglitz, J., 2000, "Liberalisation, Moral Hazard in Banking and Prudential Regulation: Are Capital Controls Enough?", *American Economic Review*, 90, 147 – 165.

Hellwig, M., 1991, "Banking, Financial Intermediation and Corporate Finance", in: A. Giovannini and C. Mayer, eds., *European Financial Integration*, Cambridge University Press, Cambridge, 35 – 63.

Holmes, M. and Park, T. A., 2000, "Portfolio Decisions of Small Agribusinesses: Evidence from the 1993 National Survey of Small Business Finances", Working paper.

Homer, S. and Sylla, R., 1991, *A History of Interest Rates*, New Brunswick, NJ: Rutgers University Press.

Hicks, 1969, *A Theory of Economic History*, Oxford: Clarendon.

Hotelling, H., 1933, "Analysis of a Complex of Statistical Variables into Principal Components", *Journal of Educational Psychology*, 24: 417 – 441, 498 – 520.

Huang. Y., 2001, "Dealing with the Bad Loans of the Chinese Banks", *Journal of Asian Economics*, 12 (2): 197 – 214.

Huang, Yiping, 2001, *Last Steps Across the River: Enterprise and Bank-*

ing Reform in China, Canberra: Asia Pacific Press.

Huang, Yiping & Tingsong Jiang, 2010, "What does the Lewis Turning Point Mean for China? A Computable General Equilibrium Analysis", *China Economic Journal*, 3, 2, 191 – 207.

Huang, Yiping and Xun Wang, 2011, "Does Financial Repression Inhibit or Facilitate Economic Growth? A Case Study of Chinese Reform Experience", *Oxford Bulletin of Economics and Statistics*, 73 (6), 833 – 855.

Huang, Y. , 2010a, "China's Great Ascendancy and Structural Risks: Consequences of Asymmetric Market Liberalization", *Asian-Pacific Economic Literature*, 24, 1, 65 – 85.

Huang, Y. , 2010b, "Dissecting the China Puzzle: Asymmetric Liberalization and Cost Distortion", CCER Working Paper, No. E2010003.

Jackson, John E. and Ann R. Thomas, 1995, "Bank Structure and New Business Creation. Lessons from an Earlier Time", *Regional Science and Urban Economics*, 25, 323 – 353.

Jayaratne, Jith and Philip E. Strahan, 1996, "The Finance-growth Nexus: Evidence from Bank Branch Deregulation", *Quarterly Journal of Economics*, CXI.

Johansson, A. C. and Wang, X. , 2011, "Financial Repression and Structural Imbalances. Stockholm School of Economics", China Economic Research Center Working Paper, 2011 – 2019.

Johansen, S. , 1988, "Statistical Analysis of Cointegrating Vectors",

*Journal of Economic Dynamics and Control*, 12, 231 – 254.

Johansen, S. , 1991, "Estimation and Hypothesis Testing of Cointegration Vectors in Gaussian Vector Autoregressive Models", *Econometrica*, 59 (6), 1551 – 1580.

Johansen, S. , Mosconi, R. and Nielsen, B. , 2000, "Cointegration Analysis in the Presence of Structural Breaks in the Deterministic Trend", *Econometrics Journal*, 3 (2), 216 – 249.

Jung, W. S. , 1986, "Financial Development and Economic Growth: International Evidence", *Economic Development and Cultural Change*, 34 (2), 333 – 346.

Kaldor, N. , 1961, "Capital Accumulation and Economic Growth", in Lutz, F. A. and Hague, D. C. (eds), *The Theory of Capital: Proceedings of a Conference of the International Economic Association*, London: Macmillan.

Klein, Michael W. , and Olivei Giovanni, 1999, "Capital Account Liberalization, Financial Depth and Economic Growth", NBER Working Paper, No. 7384.

Kongsamut, P. , Rebelo, S. and Xie, D. , 2001, "Beyond Balanced Growth", *Review of Economic Studies*, 68, 869 – 882.

KoseM. Ayhan. , Bill Blankenau. , Kei-Mu Yi, 1999, "World Real Interest Rates and Business Cycles in Open Economies: A Multiple Shock Approach", *Computing in Economics and Finance*.

Kose, M. A. , Prasad, E. , Rogoff, K. and Wei, S. J. , 2009, "Financial

Globalization: A reappraisal", IMF Staff Papers, 56 (1), 8 – 62.

Krugman, P., 2010, *Taking on China and Its Currency*, New York Times, March, 14.

Kuznets, S., 1957, "Quantitative Aspects of the Economic Growth of Nations: II. Industrial Distribution of National Product and Labor Force", *Economic Development and Cultural Change*, 5, 4 (s), 1 – 112.

Kuznets, S., 1973, "Modern Economic Growth: Findings and Reflections", *American Economic Review*, 63, 247 – 258.

King, R. G. and Levine R., 1993, "Finance and Grwoth: Schumpeter Might Be Right", *Quarterly Journal of Economics*, 108, 717 – 738.

King, R. G. and Levine R., 1993, "Finance, Entrepreneurship, and Grwoth: Theory and Evidence", *Journal of Monetary Economics*, 32, 513 – 542.

Kouri, Pentti J. K. & Porter, Michael G., 1974, "International Capital Flows and Portfolio Equilibrium", *Journal of Political Economy*, 82 (3), 443 – 467.

Kraay, A., 1998, "In Search of the Macroeconomic Effects of Capital Account Liberalization", manuscript, The World Bank.

La Porta, R., Lopez-de-Silanse, F., Shleifer, A and Vishny, R. W., 1997, "Legal Determinants of External Finance", *Journal of Finance*, 52, 1131 – 1150.

La Porta, R., Lopez-de-Silanse, F., Shleifer, A. and Vishny, R. W., 1998, "Law and Finance", *Journal of Political Economy*, 106, 1113 –

1155.

La Porta, R. , Lopez-de-Silanse, F. and Shleifer, A. , 2002, "Government Ownership of Banks", *Journal of Finance*, 57, 265–301.

Lardy, Nicholas, 1998, *China's Unfinished Economic Revolution*, Washington, DC: Brookings Institution Press.

Lardy, N. R. , 2008, "Financial Repression in China", Policy Brief, Peterson Institute of International Economics, Washington D. C.

Laurenceson, J. and Chai, J. C. H. , 2003, *Financial Reform and Economic Development in China*, Edward Elgar, Cheltenham.

Lee, J. and Strazicich, M. C. , 1999, "Minimum LM Unit Root Test", Working Paper Series, Department of Economics, University of Central Florida, Orlando, Florida.

Lee, J. and Strazicich, M. C. , 2003, "Minimum lagrange multiplier unit root test with two structural breaks", *Review of Economics and Statistics*, 85 (4), 1082–1089.

Levine, R. , 1998, "The Legal Environment, Banks and Long Run Economic Growth", *Journal of Money, Credit and Banking*, 30, 596–613.

Levine, R. , 1999, "Law, Finance and Economic Growth", *Journal of Financial Intermediation*, 8 (1–2), 8–35.

Levine, R. , 2002, "Bank-based or Market-based Financial Systems: Which is Better?", *Journal of Financial Intermediation*, 11 (4), 398–428.

Levine, R. , N. Loayza and T. Beck, 2000, "Financial Intermediation and Growth: Causality and Causes", *Journal of Monetary Economics*, 46 (1): 31–77.

Levine, R., 2005, "Finance and Growth: Theory, Mechanisms and evidence", in Aghion, P. and S. N. Durlauf (eds.), *Handbook of Economic Growth*.

Levine, R. and S. Zervos, 1998, "Stock Markets, Banks, and Economic Growth", *American Economic Review*, 88: 537–558.

Lucas, Robert E. Jr., 1988, "On the Mechanism of Economic Development", *Journal of Monetary Economics*, 22 (1): 3–42.

Li, K. W., 1994, *Financial Repression and Economic Reform in China*, Praeger Publishers, Connecticut.

Li, D., 2001, "Beating the Trap of Financial Repression in China", *Cato Journal*, 21 (1): 77–90.

Lin, J. Y., F. Cai and Z. Li., 1995, *The China Miracle: Development Strategy and Economic Reform*, The Chinese University of Hong Kong Press, Hong Kong.

Ljungwall, C. and Li J, 2007, "Financial Sector Development, FDI, and Economic Growth in China", Peking University, CCER Working Paper, No. E2007005.

Ma Guonan, Robert McCauley, 2007, "Do China's Capital Controls still Bind? Implications for Monetary Autonomy and Capital Liberalization", BIS Working Paper, No. 233.

Maddison A., 2006, *The World Economy: A Millennnial Perspective*,

OECD Press.

Makin, A. J., 1994, *International Capital Mobility and External Account Determination*, New York, St. Martin's Press.

Maswana, J., 2008, "China's Financial Development and Economic Growth: Exploring the Contradictions", *International Research Journal of Finance and Economics*, 19, 89 – 101.

Merton, Robert C., 1995, "Financial Innovation and the Management and Regulation of Financial Institutions", *Journal of Banking & Finance*, 19 (3 –4), 461 –481.

Merton, R. C. and Z. Bodie, 1995, "A Conceptual Framework for Analyzing the Financial Environment", In D. B. Crane et al., eds., *The Global Financial System, a Functional Perspective*, Cambridge, Mass: Harvard Business School Press, 12 – 16.

McKibbin, J. W. and K. K. Tang, 2000, "Trade and Financial Reform in China: Impacts on the World Economy", *The World Economy*, 23, 8, 979 – 1003.

McKinnon, R. I., 1973, *Money and Capital in Economic Development*, The Brookings Institution, Washington DC.

McKinnon, R., 1991, "Financial Control in the Transition from Classical Socialism to a Market Economy", *Journal of Economic Perspectives*, 5 (1), 107 –22.

McKinnon, R., 1993, *The Order of Economic Liberalization: Financial Control in the Transition to a Market Economy* (second edition), Baltimore, Johns Hopkins University Press.

McKinnon, R., 1994, "Financial Growth and Macroeconomic Stability in China, 1978 – 1992: Implications for Russia and Other Transitional Economies", *Journal of Comparative Economics*, 18 (3), 438 – 69.

McKinnon, R. and Pill, H., 1996, "Credible Liberalizations and International Capital Flows: The 'Overborrowing Sydrome'", in Ito, T. and Krueger, A. (eds), *Financial Deregulation and Integration in East Asia*, Chicago: University of Chicago Press, pp. 7 – 37.

Merton, Robert C., and Zvi Bodie, 1995, "A Conceptual Framework for Analyzing the Financial Environment", Harvard Business School Working Paper, No. 95 – 062.

Montiel, Peter and Carmen M. Reinhart, 1999, "Do Capital Controls and Macroeconomic Policies Influence the Volume and Composition of Capital Flows? Evidence from the 1990s", *Journal of Money and International Finance*, 18, 619 – 635.

Mosconi, R., 1998, *MALCOLM: The Theory and Practice of Cointegration Analysis in RATS*, Libreria Editrice Cafoscarina, Venezia.

Obstfeld, Maurice, 1986, "Capital Mobility in the World Economy: Theory and Measurement", Carnegie-Rochester Conference Series on public Policy, 31, 1 – 24.

Naughton, B., 1995, *Growing Out of the Plan: Chinese Economic Reform, 1978 – 1993*, New York: Cambridge University Press.

Naughton, B., 1998, "China's Financial Reform: Achievements and

Challenges", BRIC Working Paper, 1998, No. 112.

Nelson, C. and C. Plosser, 1982, "Trends and Random Walks in Macroeconomics Time Series: Some Evidence and Implications", *Journal of Monetary Economics*, 1982, 10, 139 – 162.

Ng, S. and Perron, P., 2001, "Lag Length Selection and the Construction of Unit Root Tests with Good Size and Power", *Econometrica*, 69 (6), 1519 – 1554.

Ngai, R., and Pissarides, C., 2006, "Structural Change in a Multisector Model of Growth", Manuscript, London School of Economics.

Pagano, M., 1993, "Financial Markets and Growth: An Overview", *European Economic Review*, 37, 613 – 622.

Patrick, Hugh T., 1966, "Financial Development and Economic Growth in Undeveloped Countries", *Economic Development and Cultural Change*, 14, 174 – 189.

Pearson, K., 1901, "On Lines and Planes of Closest Fit to Systems of Points in Space", University College, London.

Pesaran, M. Hashem, 2006, "Estimation and Inference in Large Heterogeneous Panels with a Multifactor Error Structure", *Econometrica*, 74 (4), 967 – 1012.

Petersen, M. A. and R. G. Rajan, 1994, "The Benefits of Lending Relationships: Evidence from Small Business Data", *Journal of Finance*, 49, 3 – 37.

Petersen, Mitchell A & Rajan, Raghuram G, 1995, "The Effect of Credit Market Competition on Lending Relationships", *The Quarterly Journal of Economics*, 110 (2), 407 – 443.

Quinn, D. P., 1997, "The Correlates of Changes in International Financial Regulation", *American Political Science Review*, 9.

Raghuram G. Rajan, 1992, "Insiders and Outsiders: The Choice between Informed and Arm's-Length Debt", *Journal of Finance*, 47 (4), 1367 – 1400.

Rajan, Raghuram and Luigi Zingales, 1998a, "Financial Development and Growth", *American Economic Review*, 88 (3), 559 – 586.

Rajan Raghuram G. and Luigi Zingales, 1998b, "Which Capitalism? Lessons Form The East Asian Crisis", *Journal of Applied Corporate Finance, Morgan Stanley*, 11 (3), 40 – 48.

Robinson, J., 1979, *The Generalization of the General Theory and Other Essays*, The 2$^{nd}$ Edition, London: Macmillan.

Roubini, N. and X. Sala-i-Martin, 1992, "Financial Repression and Economic Growth", *Journal of Development Economics*, 39, 5 – 30.

Rousseau, Peter L., 1999, "Finance, Investment and Growth in Meiji-era Japan", *Japan and the World Economy*, 11 (2), 185 – 198.

Rousseau, Peter L., and Richard Sylla, 1999, "Emerging Financial Markets and Early U. S. Growth", NBER Working Paper No. 7528.

Rousseau, P. L. and Sylla, R., 2001, "Financial Systems, Economic Growth and Globalization", NBER working paper No. 8323.

Rousseau, P. L. & Wachtel, P., 1998, "Financial Intermediation and

Economic Performance: Historical Evidence from Five Industrial Countries", *Journal of Money, Credit and Banking*, 30, 657 – 678.

Sachs, Jeffrey D. and Wing Thye Woo, 2000, "Understanding China's Economic Performance", *Journal of Policy Reform*, 4, 1, 1 – 50.

Shaffer, Sherrill, 1998, "The Winner's Curse in Banking", *Journal of Financial Intermediation*, 7 (4), 359 – 392.

Shaw, A. S., 1973, *Financial Deepening in Economic Development*, New York: Oxford University Press.

Shleifer Andrei, Robert W. Vishny, 1997, "A Survey of Corporate Governance", *The Journal of Finance*, 52, 2, 737 – 783.

Schumpter, Joseph A., 1911, *A Theory of Economic Development*, Cambridge, MA: Harvard University Press.

Sidrauski, M., 1967, "Rational Choices and Patterns of Growth in a Monetary Economy", *American Economic Review*, 57, 534 – 544.

Stiglitz, J. E., 1985, "Credit Markets and the Control of Capital", *Journal of Money, Credit, and Banking*, 17 (1), 133 – 152.

Stiglitz, J. E., 1994, "The Role of the State in Financial Markets", In M. Bruno and B. Pleskovic (eds.), *Proceeding of the World Bank Annual Conference on Development Economics*, 1993: Supplement to the *World Bank Economic Review and the World Bank Research Observer*, World Bank, Washiongton, D. C., 19 – 52.

Stiglitz, J. E., 2000, "Capital Market Liberalization, Economic Growth and Instability", *World Development*, 28, 1075 – 1086.

Stiglitz, J. and Weiss, A., 1981, "Credit Rationing in Markets with Imperfect Information", *American Economic Review*, 71, 393 – 410.

Summers, Lawrence, 1988, "Tax Policy and International Competitiveness", Jacob Frenkel, ed., *Internantional Aspects of Fiscal Policies*, Chicago: University of Chicargo Press, 349 – 375.

Tadesse, Solomon, 2002, "Financial Architecture and Economic Performance: International Evidence", *Journal of Financial Intermediation*, 11 (4), 429 – 454.

Tobin, James, 1983, "'Domestic Saving and International Capital Movements in the Long Run and the Short run' by M. Feldstein", *European Economic Review*, 21 (1 – 2), 153 – 156.

Trew, A. W., 2006, "Finance and Growth: A Critical Survey", *Economic Record*, 82 (259), 481 – 490.

Weinstein, David E. and Yafeh, Yishay, "On the Costs of a Bank-Centered Financial System: Evidence from the Changing Main Bank Relations in Japan", *Journal of Finance*, 53 (2), 635 – 672.

Wooldgidge, Jeffrey M., 2002, *Econometric Analysis of Cross Section and Panel Data*, The MIT Press.

Zhang, Zhiwei., 2009, "Dark Matters in China's Current Account", Paper presented as the China Economist Society Conference on Greater China Economic Integration, March 30 – 31, Macau.

Zoellick, Robert B. and Justin Yifu Lin, 2009, "Recovery Rides on the 'G – 2'", Washington Post.

# 后 记

　　学术界习惯把政府对金融领域的干预和限制金融市场化的措施称为金融抑制或者金融约束。然而，从中国改革开放以来的经济发展过程看，金融抑制理论或金融约束理论并不是完全矛盾或者冲突的。金融抑制理论认为，金融抑制政策扭曲了利率等资金价格，损害了信贷资金的配置效率，是发展中国家经济落后的重要原因。因此，应采取金融自由化的政策促进发展中国家金融深化。而金融约束理论则从信息经济学的角度，认为发展中国家在经济发展的早期阶段，信息不完备，市场基础条件差，政府采取金融约束的政策，会起到帕累托改进的效果。

　　如果以2000年为界把中国改革开放以来的时间简单分成两个阶段，可以发现，2000年之前，中国经济和改革刚刚起步，信息条件和市场环境都相对较差，政府采取干预和限制金融体系的措施，可以在相对较短的时间内以较低的成本支持某些产业，已实现经济较快增长。而2000年后，尤其是中国加入WTO后，信息条件和市场环境与之前相比，都已得到较大改善，如果政府继续采取限制和干预金融体系的措施，只能加大对利率等资金价格和信贷资源的分配扭曲程度，从而损害经济效率，不利于经济增长。更重要的是，价格信号的扭曲和信贷资源的错配，还会造成金融风险上升。

可见，金融体系的干预和限制措施对经济增长的净效应会随着发展阶段而改变。中国政府采取这些措施目的是，通过对金融体系的管制，在保持宏观经济和金融体系稳定的前提下，实现经济的快速增长。而金融改革的过程就是在信息和市场条件不断完善的过程中，不断消除扭曲性的金融抑制政策，同时不断提高管理金融体系的能力。从这个意义上，我认为用金融管制这个概念，比金融抑制和金融约束，更能准确地解释和定位中国改革开放以来在金融体系采取的限制、干预和管理等措施。

本书的主要内容来自我的博士论文，以及在博士论文基础上修改完善后发表的文章。而博士论文的顺利完成离不开导师的悉心指导，因此，在这里我想特别感谢我的导师——黄益平教授。借此梳理一下我跟黄老师做论文以来的经历，也是一件有意思的事情。

我是2017年9月进入北京大学中国经济研究中心（CCER）读博士的。了解经济中心的人都知道，中心的博士培养在国内应该是最严格的。入学后的第一年就是紧张刺激的三高（高级微观、高级宏观和高级计量）学习和考试。然后，就是资格考试。我们之前的两届都有学生由于未通过资格考试而被淘汰的。我们还算幸运，大部分都留了下来。资格考试通过后，我认真考虑过自己的兴趣。我以前学的是国际经济学，偏重国际贸易，本来打算来中心后接着做这方面的研究，如从企业异质性的角度研究国际贸易（这也是现在该领域的热点）。不过这样做，好像只是为了继承之前的习惯和经历，并非自己的兴趣所在。我自己真正感兴趣的，却是宏观经济和金融，包括宏观经济政策、通胀、金融开放、金融发展等。但是当我逐渐搞清楚自己的兴趣时，选导师却成了问题。因为中心跟我研究兴趣比较接近的老师较少。这时，中心的讲座课请了花旗集团的亚太区首席经济学家黄益平博士来中心作关于金融危机的讲座。这是我听过的关于金融危机的分析中，最清楚、逻辑性最强的讲座，所以对黄老师印象就非常好。当时还在想，如果中心要是能请黄老师过来做教授的话，那他绝对会是非常受学生欢迎的老师！

令我感到不可思议的事情是，从一个同学那里得到很确切的消息，黄老师要离开花旗来中心工作！暑假时中心组织了 CCER－NBER 年会，黄老师作为中心的老师出席，给我印象最深的是他的坦诚和直率。黄老师在演讲时说，我离开学术一段时间了，不过我正在努力赶上。顿时让人觉得这位老师很值得尊敬！后来中心网站上也登出了黄老师的简历。看了黄老师的经历和黄老师以前做过的研究，觉得这才是我真正想跟着做研究的导师！于是给黄老师写了邮件，向他说明了我想跟他做博士的意愿。他很快给我回信说他还在旅行，等回中心主动联系我。黄老师在选择学生上，是比较谨慎的。经过几次了解后黄老师才答应让我做他的学生，跟他写论文。我很激动，很开心！当时就想，能跟这么好的老师，我一定努力好好做研究，不让老师失望。

跟黄老师一起做研究，是件很享受的事情。他做学术很严谨，不过指导学生的风格,让人很舒服!他很少批评人,经常鼓励学生,这就让你很轻松,而且自己会给自己足够的动力去做好。黄老师在花旗的经历,使得他对中国的宏观经济和金融市场(如通货膨胀、货币政策、资本账户开放、人民币国际化等)有深入细致的了解和自己的观点。正因为如此,我跟黄老师做关于中国通货膨胀的成因分析、中国资本项目管制的有效性等研究时,他会在方向上给我很好的指导,并将自己考虑很久的问题和观点跟我讨论,所以接下来找数据、做分析就能有明确的方向性,效率自然也会提高很多。

博士论文的题目,也是讨论了很多次,才逐渐明确下来的。最初黄老师要求我每周向他报告一周内的工作和论文进展。这一方面得益于跟黄老师的讨论,另一方面也得益于跟黄老师当国际金融助教的经历。其中有一部分内容是关于金融发展与经济增长的。黄老师提出中国金融发展中的一个现象,就是金融抑制。一个有意思的问题是,中国的金融抑制和经济增长到底是什么关系?改革开放以来,中国经济的高增长与中国金融体系典型的金融抑制并存。有观点认为,中国改革开放以来取得的高增长得益于中国的金融抑制。也有观点认为,尽管有金融抑制,然而中国的金融自由化程度在不断提高,而恰恰是这种不断改进的金融自由化,促进了经济增长。有相互争论的观点,而重要的是,这些争论往往停留在政策讨论上,少有细致的量化分析。因此,先量化测度中国的金融抑制指标,就是要做的第一件事。这不是件容易的事,因为按照一般文献的做法,金融抑制是指抑制金融体系发展的政策,如低利率政策、高准备金率、信贷配给、资本账户管制等。这些变量均为政策性变量,要量化测度从1978年改革开放至2008年的每一个指标并非易事。这个工作做完后,才开始分析金融抑制与经济增长的关系。结论跟我们的直觉是符合的:1979—2008年,中国的金融抑制显著地阻碍了经济增长。

按照黄老师的评论,这似乎并没有完全回答我们要分析的问题。金融抑制阻碍了经济增长,然而其中的机制是什么呢?一个很重要的机制就是金融抑制阻碍了金融发展,降低了金融资源的配置效率,阻碍了增长。那么这种机制在中国是否存在?中国的金融发展是否显著地促进了经济增长自然成了接下来要研究的问题。金融发展体现在金融规模的扩大和金融结构的合理变化上。事实上,做跨国比较研究可以发现,中国的金融规模无论从总量还是相对量来看,都比较大,然而金融结构仍然是以国有金融机构为主,中小金融机构占比较少,中小企业融资困难的问题始终没有得到解决。我们用省区数据研究的结果证实了我们的直觉,金融规模不利于经济增长,而改善金融结构则有助于促进经济增长。那么,是否存在最优金融规模,中国较大的金融规模又是怎么决定的,又成了有待研究的学术问题。这样,跟黄老师讨论下来,论文的思路也就比较清晰了,基本的框架结构也就形成了。

除了学术,黄老师在其他方面,也很会为学生考虑。比如只要有机会,他会争取让学生跟他一起去参加学术会议;每个学生过生日,只要他在北京,就会招呼大家一起吃饭庆祝;我们小组每周的运动就是黄老师积极提议的;跟学生一起去颐和园、龙庆峡郊游……有太多值得回忆的事了!

　　做他的学生,真的是件幸福的事情!唯有以后继续努力,才能不辜负他的指导和期望。祝福黄老师身体健康,一切顺利!

2018 年 5 月 11 日

于北京大学艺园